KB245659

가볍게 뛰어넘어

한 권으로 끝내는 신HSK 문법

저자약력

장영(張暎) 전북대 중어중문학과 졸업(1984)
성균관대 중문학 석사(1986)
성균관대 중문학 박사(1994)
대만국립사범대학 수학(1990)
중국사회과학원 문학연구소 방문학자(1994)
현 서해대 관광중국어과 부교수
현 서해대 관광중국어과 학과장
현 전북통번역 자원봉사회 이사

저서 ≪史記≫ (까치, 공저, 1995)
≪京本通俗小說≫역주 (지영사, 1998)
중국어회화 간체자 및 기초어휘 연습 (학문사, 1999)
전북관광중국어 (신아출판사, 2002)
반만년의 숨결1 (진흥출판사, 공저, 2002)
반만년의 숨결2 (아사히출판사, 공저, 2003)
베스트 현대중국어문법 (송산출판사, 2004)
반만년의 숨결3 (아사히출판사, 공저, 2004)
반만년의 숨결4 (아사히출판사, 공저, 2005)
베이징 여행중국어 (신아출판사, 2005)
출국부터 바로 통하는 BEST 여행중국어 (송산출판사, 2006)
『三言』 20選 譯註 (송산출판사, 2011)

논문 당·송대의 시·사를 통해 본 "은자"의 성격고 (1990) 중국문학연구 8집
≪京本通俗小說≫研究 (1994) 성균관대 박사논문
논 "발적변태"소설 (1997) 중국천진 사회과학 92집
과거제도에 대한 중국지식인의 의식변화고찰 (1997) 군산전문대학 20집
『三言』을 통해본 중국고대유민의 의식고찰(2000) 중국인문과학19집
<蔣興哥重會珍珠衫>에 보이는 明代 客商의 애정윤리관에 관한 고찰(2010) 중국인문과학 46집
등 다수

가볍게 뛰어넘어 **한 권으로 끝내는 신HSK 문법**

저 자 장 영
발 행 인 윤우상
책 임 편집 최준명, 윤병호
표지디자인 Design Didot
인 쇄 일 2011년 2월 10일
발 행 일 2011년 2월 20일
발 행 처 송산출판사
주 소 서울특별시 서대문구 홍제4동 104-6
전 화 (02)735-6189
팩 스 (02)737-2260
홈 페 이 지 www.songsanpub.co.kr
E－m a i l songsan1@korea.com
등 록 일 1976년 2월 2일 제9-40호

ISBN 978-89-7780-168-4 13720

한 권으로 끝내는 신HSK 문법

장 영 저

송산출판사

머리말

  신 HSK 준비를 위한 실용적이며 체계적인 중국어문법책의 필요성을 절감하여 이 책을 출판하게 되었다.

  그 동안 문법을 강의하면서 느낀 부족한 부분을 수정 보완하고, 또한 새로운 것을 보충하여 더욱 좋은 책이 될 수 있도록 일신하였다.

  특히, 2010년부터 시행하는 신 HSK 5급의 제 3부분 '书写'부분의 고득점을 위해서는 형용사·동사의 중첩, 문장에서의 관형어·부사어·보어의 위치파악과 특수구문 중에서 비교문·연동문·겸어문·파자문·피동문의 어순 특성을 효율적으로 학습해야만 한다. 그래야만 회화와 작문에서도 큰 성과를 거둘 수 있다.

  이에 본서에서는 이런 점에 역점을 두어, 새로 매 연습문제 작문부분을 중국 원어민 발음으로 CD로 제작하여 작문부분을 좀 더 효율적이고 유기적으로 학습하게 하고, 또한 신·구 HSK 실전모의고사 및 그 해설을 3회분씩 병행 수록하여 HSK를 고득점으로 획득할 수 있도록 보완하였다.

  이 책을 통해, 학습자들이 중국어 문법을 좀 더 빠르게 향상시키고, 신 HSK 5급 이상을 취득하는데 자신감과 확신을 갖게 되길 기대한다. 아울러 이 책의 오류와 부족한 부분에 대하여 독자 여러분들의 아낌없는 조언을 기다린다.

  끝으로, 이 책이 나오기까지 아낌없는 지원과 조언을 주신 윤우상 사장님과 그 동안 새로운 조판 제작과 반복되는 수정 요청에 언제나 친절하게 협조해 주신 편집부의 윤병호 과장님, 최준명 대리님께 심심한 감사를 드린다.

2011년 2월

저자 장 영

이 책의 특징

첫째, 내용이 쉽고 명확하다.

전반에 걸쳐 먼저 형식부분을 도표화 하여 문장구조를 간단명료하게 이해할 수 있도록 하였다. 특히, 학습자가 어렵게 생각하는 특수 문장편이나 복문편은 계통적이고 종합적으로 서술하여, 한눈에 쉽고 명확하게 이해할 수 있도록 하였다. 또한 용법이 비슷하여 혼동하기 쉬운 부분은 그 차이점을 비교하여 서술함으로써, 쉽게 이해할 수 있도록 하였다.

둘째, 내용이 실용적이다.

예문은 실용적 구문위주로 예시하여 실용성을 강조하였다. 또한 다양한 신·구 HSK 연습문제와 작문문제를 통해, 이미 익힌 문법사항과 연관시켜 더욱 효과적으로 시험에 대비할 수 있게 하고, 일상적 상황에 대처할 수 있는 실용구문을 익히도록 하였다.

셋째, 학습자가 취약하게 느끼는 보어부분을 완전히 해결하였다.

중국어의 보어는 중국어문법 구조상에서 중대한 영향을 끼치므로, 학습자들은 중국어문법 중 가장 어려운 부분 중의 하나로 여겨왔다. 이러한 까닭에, 이 책에서는 보어부분을 중시하여 심도 있게 서술하였다. 특히, 결과보어는 상용하는 동보구조를 열거하여 일목요연하게 풀이해 놓았으며, 복합방향보어는 먼저 본의를 서술하고, 이어서 학습자들이 가장 장악하기 어려운 파생적 의미를 모두 해석하였다. 이는 특히 다른 중국어문법책들과 다른 점이다. 이로 볼 때, 이 책은 수박 겉핥기식의 서술이 아니라, 중국어의 핵심적 내용을 언급한 중국어문법 전공서이다.

넷째, 신 HSK에 취약한 특수 문장이나 복문의 핵심을 완벽하게 분석하였다.

이 책은 특수 문장과 복문의 핵심사항을 총망라하여 완벽하게 분석하여, 신 HSK 고득점에 자신감을 갖도록 하였다. 또한 복잡 다양한 복문 표현을 알기 쉽게 설명하여, 학습 후에도 쉽게 기억할 수 있도록 하였다.

다섯째, 신·구 HSK 실전모의고사를 3회분씩 병행 수록하고 해설하였다.

실전연습으로 마무리하여, 다시 한 번 자신의 신 HSK 문법수준을 점검할 뿐만 아니라, 약한 부분의 요점을 명확히 짚고 넘어갈 수 있도록 하였다.

여섯째, 연습문제의 중작부분을 중국 원어민의 발음으로 CD로 제작하였다.

먼저 한국어로 말하고 이어서 중국어로 두 번 말하는 방식으로 녹음하여, 딱딱해지기 쉬운 작문부분을 학습자들이 언제 어디서나 편리하게 듣고 학습하도록 하여, 효과를 극대화시켰다.

목　차

제1장　문장의 이해

제2장　품사의 이해

제3장　문장성분의 이해

제1장 문장의 이해

01 평서문

1 긍정문

여기에서 긍정문은 단문의 주술문으로 설명한다. 주술문은 술어의 구성 성질에 따라 명사술어문·형용사술어문·동사술어문·주술술어문으로 구분된다.

01 명사술어문(주어 + (是) + 명사)

명사(구)나 수량사 등이 술어의 주요성분이 된다. 이때 '是'는 주어와 명사술어를 연결해 주는 계사(系词)로 생략할 수 있으나, 부정할 때는 반드시 있어야 한다.

- 他是我的朋友。 그는 나의 친구이다.
- 今天星期三。 오늘은 수요일이다.

02 동사술어문(주어 + 동사 + (목적어))

동사가 술어의 주요성분이 된다. 동사술어문만 목적어가 올 수 있다.

- 我去。 나는 간다.
- 我吃中国菜。 나는 중국요리를 먹는다.

03 형용사술어문(주어 + (很) + 형용사)

형용사가 술어의 주요성분이 된다.

- 花开。 꽃이 핀다.
- 她很漂亮。 그녀는 아름답다.

> **주의 | 很의 사용**
>
> ※ 만약 형용사가 단독으로 술어가 되면, 비교나 대조의 의미를 갖게 되므로 문장이 불완전하게 된다. 이럴 때는 "很"을 형용사 술어 앞에 붙여 줘야만 이런 느낌을 없애고 온전한 문장이 된다. "很"은 본래 '매우, 대단히'란 뜻의 부사지만, 가볍게 발음할 때는 정도 부사의 용법은 없고 형용사가 온전한 술어가 되는 역할만 하며, 강하게 발음하면 '매우, 대단히'라는 정도의 의미를 갖게 된다.
>
> · 这个贵。
>
>   이것은 비싸(지만, 저것은 싸다.) (   )안의 의미가 포함되어 있음.
>
> · 这个很贵。 이것은 비싸다.

04 주술술어문(대주어 + 소주어 + 술어)

주술구조가 술어의 주요성분이 된다.

- 他身体好。 그는 건강이 좋다.
- 他眼睛大。 그는 눈이 크다.

_1_ 다음 괄호 안의 정확한 답을 고르시오.

01 他(　　　　　　　)。

　A 学习很努力　　　　　　B 很努力学习

　C 很学习努力　　　　　　D 学习努力很

02 这个孩子(　　　　　　　)。

　A 聪明很　　　　　　　　B 很聪明

　C 聪明很的　　　　　　　D 很得聪明

03 香蕉(　　　　　　　)。

　A 四块五一共三斤　　　　B 一共四块五三斤

　C 三斤一共四块五　　　　D 三斤四块五一共

04 北京的(　　　　　　　)。

　A 交通也很发展快　　　　B 发展交通也很快

　C 交通发展也很快　　　　D 发展也很快交通

05 我(　　　　　　　)。

　A 都不认识谁　　　　　　B 谁都不认识

　C 都谁不认识　　　　　　D 不认识谁都

2 다음 문장을 중작 하시오.

01 오늘은 월요일이다.

02 그녀는 상해사람이다.

03 왕 군은 20세이다.

04 이 옷은 30원이다.

05 그는 집에서 쉰다.

06 나는 중국어를 배운다.

07 어제 나는 바빴다.

08 한국의 지하철은 편리하다.

09 그녀는 머리카락이 매우 길다.

10 그는 키가 크다.

01 '不'과 '没(有)'

'不'과 '没(有)'는 모두 부정을 나타내는 부사지만 용법은 다르다. 즉 '不'는 대개 사실·판단·바람·성질 등에 대한 부정을, '没有'는 동작행위의 발생이나 상태·변화에 대한 부정을 나타낸다. 그 구체적인 용법은 다음과 같다.

(1) 不

① 과거·현재·미래의 일상적 혹은 습관적인 동작(행위)의 부정

- 我不吃早饭。 나는 아침밥을 안 먹는다.
- 我不睡午觉。 나는 낮잠을 자지 않는다.
- 他以前不抽烟，现在也不抽烟。
  그는 이전에 담배를 피우지 않았고, 지금도 피우지 않는다.

② 현재·미래의 동작(행위) 부정

- 我现在不去。 나는 지금 안 간다.
- 明天不休息。 내일은 안 쉰다.

③ 판단이나 존재 동사(是·像·在·存在)의 부정

- 现在不是看红叶的季节。 지금은 단풍놀이 계절이 아니다.
- 他不是我的老师。 그는 나의 선생님이 아니다.
- 她不像她妈妈。 그녀는 그녀의 엄마를 닮지 않았다.

④ 심리적인 동사(了解·知道·喜欢 등)의 부정

- 来中国以前，我不喜欢吃香菜。
  중국에 오기 전에는 향채를 즐겨먹지 않았다.

⑤ 조동사의 부정

- 我不能解决这个问提。 나는 이 문제를 해결할 수 없다.
- 小时候，我不会骑自行车。 어릴 때, 나는 자전거를 탈 줄 몰랐다.

✱ '能'과 '敢'은 경우에 따라 '没'로 부정할 수도 있다.
· 我昨天病了，没能去上课。 나는 어제 아파서 수업에 갈 수 없었다.

⑥ 형용사의 성질이나 상태 부정
- 房间里的空气不新鲜。 방안의 공기가 신선하지 않다.
- 这个西红柿不红。 이 토마토는 빨갛지 않다.

⑦ 부사의 정도나 범위 부정
- 那个湖不太大。 그 호수는 그다지 크지 않다.
- 他们不都是中国人。 그들은 모두 중국인이 아니다.

(2) 没(有)

① 과거 동작(행위)의 부정
- 昨天没下雨。 어제는 비가 오지 않았다.
- 昨天我没换钱。 어제 나는 돈을 바꾸지 않았다.

② 과거·현재의 동작(행위)의 발생이나 완성의 부정
- 我没学过汉语。 나는 중국어를 배운적이 없다.
- 老师还没来。 선생님께서 아직 오시지 않았다.

③ 소유나 존재를 나타내는 '有'의 부정
- 我没有摄像机。 나는 비디오카메라를 갖고 있지 않다.
- 房间里没有人。 방 안에 사람이 없다.

④ 형용사 성질이나 상태의 변화 부정
- 天没晴，今天还去不了。 날씨가 개이지 않아, 오늘도 갈 수 없다.
- 这个西红柿没红。 이 토마토는 빨개지지 않았다.

⑤ 결과보어에 대한 부정
- 桂林的住宿房间还没(有)订好。 계림의 숙박을 아직 정하지 않았다.

※ '不'와 '没有'의 용법비교

❶ 我不吃早饭。(사실 부정) 나는 아침밥을 안 먹는다.

　我没吃早饭。(동작 발생 부정) 나는 아침밥을 안 먹었다.

❷ 那个西红柿不红。(성질 부정) 그 토마토는 빨갛지 않다.

　那个西红柿没红。(변화 부정) 그 토마토는 빨게지지 않았다.

O2 부분부정

부사 '很' '都' '一定'(모두~은 아니다)이나 의문사 '怎么(그다지~않다)'가 부정을 나타내는 단어와 함께 쓰이면 부분부정이 된다.

- 他这几天不很高兴。 그는 요새 그다지 기쁘지 않다.
- 这些公司不都是合资企业。 이런 회사들 전부가 합자기업은 아니다.
- 我不一定每星期都参加周末舞会。
  나는 매주 주말 댄스파티에 나가는 것은 아니다.
- 他不怎么喝酒。 그는 그다지 술을 마시지 않는다.
- 这支笔，我没怎么用就坏了。 이 펜은 내가 얼마 쓰지 않아서 고장 났다.
- 他没多少书。 그는 그다지 책이 없다.

주의 | 전체부정

❋ '很' '都' 뒤에 '不'가 오면, 전체부정이 된다.

·没有空调，没有热水，很不方便。
　에어컨도 없고, 더운 물도 안 나와서, 매우 불편하다.

·他们都不是汉族人。 그들은 모두 한족이 아니다.

O3 이중부정

부정을 나타내는 단어가 문장 안에 두 번 사용되면 이중부정이 된다. 이중부정은 매우 강한 긍정을 나타낸다.

(1) 非(=非得/非要)～不可(=不行/不成)

(～하지 않으면 안 된다, 꼭～(해야) 한다)

강한 소망을 나타낸다. '非' 뒤에는 일반적으로 동사가 오며, 호칭·대명사·절이 오기도 한다. '非'와 '不可'사이의 술어 성분은 아직 실현되지 않은 일을 나타낸다. 구어체에서 '不可(=不行/不成)'는 생략하기도 한다.

- 我们非把原因追究到底不可。
  결국 우리들은 원인을 끝까지 추구하지 않으면 안 된다.
- 今天的会, 你非来不可。 오늘의 회의에 당신은 오지 않으면 안 된다.
- 哄孩子睡觉非妈妈不可。 아이가 자도록 달래는 것은 엄마 아니면 안 된다.
- 要想请老刘来, 非老张去请不可。
  만약 유 형을 초청하고 싶다면, 장 형이 청하러 가지 않으면 안 된다.

(2) 不 + 조동사 + 不

조동사에 따라 의미가 다르다.

① '不能不～'(～하지 않을 수 없다)
- 我有事情, 不能不等他。
  나는 일이 있기 때문에, 그를 기다리지 않을 수 없다.
- 他说的话很对, 我不能不考虑。
  그가 하는 말은 매우 옳아서, 나는 고려하지 않을 수 없다.

② '不会不～'(～하지 않을 리가 없다)
- 他不会不知道。 그는 모를 리가 없다.
- 别着急, 急救车不会不来的。 초조해하지 마세요, 구급차가 꼭 올 겁니다.

③ '不得不～'(～하지 않으면 안 된다)
- 这件事我不得不告诉他。 이 일을 나는 그에게 알리지 않을 수 없다.
- 工作太忙, 他不得不把旅行日程延期了
  일이 너무 바빠서 그는 부득불 여행일정을 연기했다.

(3) 不是不～ (～안 하는 것이 아니다)
- 我不是不知道。 내가 모르는 것이 아니다.

(4) 没有~不 (~하지 않는 ~없다)
모두 예외가 없음을 강조한다.

- 我们班没有人不参加。 우리 반에는 참가하지 않는 사람이 없다.
- 没有人不讨厌他。 그를 미워하지 않는 사람이 없다.
- 在我们公司里没有一个人不尊敬他。
  우리 회사에서는 그를 존경하지 않는 사람은 한 사람도 없다.

1 다음 문장에서 제시어의 정확한 위치를 고르시오.

01) A 我做的 B 菜 C 他不喜欢吃的 D。(没有)

02) 明天的京剧 A 我们班没有 B 一个同学 C 去 D 看。(不)

03) A 这么简单的道理 B 他 C 明白的 D。(不会不)

04) A 这件事 B 你办不可，C 别人 D 不了解情况。(非)

05) A 今天 B 我 C 学会 D 做这个菜不可。(非)

2 다음 괄호 안의 정확한 답을 고르시오.

01) 学校里(　　　　　　　　　)。
　　A 没有不认识他一个人
　　B 不认识一个人没有他
　　C 没有他不认识一个人
　　D 没有一个人不认识他

02) 我的好朋友有困难，我(　　　　　　　　　)帮助他。
　　A 是
　　B 难道
　　C 不没有
　　D 不会不

03) 看样子(　　　　　　　　　)。
　　A 今天下午非下雨不可
　　B 非今天下午不可不雨
　　C 今天非下午下雨不可
　　D 非下雨今天下午不可

04) (　　　　　　　　　)不可。
　　A 非今天的会你来
　　B 今天的会非你来
　　C 今天的非会你来
　　D 非你今天的会来

05) 你不早点睡，(　　　　　　　　　　)。

  A　非起不来明天不可
  B　非明天起不来不可
  C　起不来明天非不可
  D　明天非起不来不可

3 다음 문장을 중작 하시오.

01) 우리는 오늘 수업을 안 한다.

02) 내일 나는 학교에 가지 않는다.

03) 내 여동생은 일본음식을 먹지 않는다.

04) 나는 그를 좋아하지 않는다.

05) 나는 전에 밥을 할 줄 몰랐다.

06) 이런 습관은 좋지 않다.

07) 나는 오늘의 단어를 예습하지 않았다.

08) 나는 어제 술을 마시지 않았다.

09) 나는 돈이 없다.

10) 옷이 아직 마르지 않았다.

11) 이 사과는 그다지 비싸지 않다.

12) 나는 그다지 운동을 좋아하지 않는다.

13) 중국어 통역은 그가 아니면 안 된다.

14) 이 일은 모르는 사람이 없다.

15) 나는 안 가려고 하는 것이 아니다.

3 강조문

강조구문은 '是~的' '连~都 / 也~' '一~也 / 都~' 등 세 가지 종류의 구문이 있다. '是~的'강조문은 '제5장 특수문장의 이해'편에서 상세히 설명하기로 한다.

01 连~都 / 也~

강조부분은 '连~都/也' 사이에 위치하며, 이 때 '连'은 생략해도 된다.

(1) '连+명사+都/也~' 구문 (~조차도)
주어·목적어를 강조한다.

- 连小孩子们都知道。 아이들조차도 알고 있다.
- 他连这样简单的字都不认识。

  그는 이렇게 간단한 글자조차도 알지 못한다.
- 那个地方连公共汽车也没有。 그 곳은 시내버스조차도 없다.

(2) '连+동사+都/也~+동사~' 구문 (~조차)
동사를 강조하며, 이때 동사는 반드시 중첩한다. '都/也' 뒤의 동사는 대개 부정형식이나 잊어버림을 나타내는 동사가 온다. 목적어는 문두에 두는 경우가 많다

- 这么贵的戒指, 我连见都没见过。

  이렇게 비싼 반지를 나는 본적조차 없다.
- 我连想都没想过。 나는 생각조차 해본 적이 없다.

(3) '连+동사구~+都/也~+동사~' 구문 (~조차, ~한다 해도)
동사구를 강조한다. '都/也' 뒤의 동사는 대개 부정형식이나 잊어버림을 나타내는 동사가 온다.

- 他太忙, 连吃饭都没有时间。

  그는 너무 바빠, 밥 먹을 시간조차 없다.
- 他生气了, 连你给他打电话, 他都不接。

  그는 화가나 당신이 전화한다 해도 받지 않을 것이다.
- 连你请他来, 他都不会来。

  당신이 그를 초청한다 해도 그는 오지 않을 것이다.

O2 一~也 / 都+不 / 没~ (하나도 ~하지 않다)

'连一~都/也'의 '连'이 생략된 형식으로, 동사는 보통 부정형으로 쓰인다. 목적어를 강조할 때 목적어를 동사의 앞 또는 문두에 놓는다.

- 屋子里(连)一个人也没有。 방안에 한 사람도 없다.
- 他一分钱也不乱花。(=一分钱他也不乱花。)
  그는 돈 한 푼도 함부로 낭비하지 않는다.

주의 | 一点儿也 / 都

⊛ '一点儿也 / 都'는 '전혀(~없다)'라는 관용구로 쓰인다.
·她做的菜一点儿也不好吃。 그녀가 만든 요리는 전혀 맛이 없다.

1 다음 문장에서 제시어의 정확한 위치를 고르시오.

01) 妈妈经常寄信来，A 我过去的老师 B 总写信 C 鼓励我 D 努力学习。(也)

02) A 我的英语 B都 C 不如 D，怎么能跟你比？(连他)

03) A 来北京以后我连一次 B 也 C 没去过 D。(颐和园)

04) A 我 B 车牌上的字 C 都没看清楚，D 车就开过去了。(连)

05) 进了那个神秘的房间，他们 A 连 B 一句话都 C 不让我 D。(说)

2 다음 괄호 안의 정확한 답을 고르시오.

01) 老刘真粗心，(　　　　　　　　)，就把信寄出去了。
 A 连没写都信封上的地址
 B 信封上的地址连都没写
 C 都没写连信封上的地址
 D 连信封上的地址都没写

02) 这个房间太暗了，(　　　　　　　　　　)。
 A 阳光见不着一点儿也
 B 一点儿阳光也见不着
 C 也见一点儿阳光
 D 见不着也一点儿阳光

03) 他工作忙得(　　　　　　　　)。
 A 连一分钟都休息
 B 一分钟都没休息
 C 连休息都一分钟
 D 连休息没一分钟

04) 他在这里(　　　　　　　　　　　)。

    A 连也一个朋友没有

    B 也一个朋友连没有

    C 连朋友一个没有也

    D 连一个朋友也没有

05) 大家的意见(　　　　　　　　)就说不同意。

    A 她连听也听了

    B 她连也听了

    C 她连听也不听

    D 她连听了也不听

3 다음 문장을 중작 하시오.

01) 그는 수영조차도 할 줄 모른다.

02) 나는 이전에 한 차례도 운동회에 참가한 적이 없다.

03) 이런 말은 듣는 것조차 귀찮다.

04) 이번 달은 그가 하루도 쉰 적이 없다.

05) 그는 요즘 바빠서, 주말조차도 쉴 시간이 없다.

O2 의문문

O1 술어문 + 어기조사?

(1) 술어문 + 吗?

모르는 사실에 대한 상대의 대답(긍정 또는 부정)을 요구하는 의문문이다. 문미를 가볍게 올려 읽는다. 대답은 의문문에 사용된 술어를 그대로 사용해 대답하는 것이 보통이다.

- 문 : 你喝花茶吗? 당신은 화차를 마시겠습니까?
- 답 : 喝。 예. / 不喝。 아니오. (동사술어문)

(2) 술어문 + 吧?

추측한 사실에 대한 물음으로, 묻는 사람은 흔히 상대의 동의를 기대한다.

- 문 : 那个学生是英国人吧? 그 학생은 영국인이지?
- 답 : 是。 예. / 不是。 아니오.

(3) 주어부 + 呢?

① 술어부가 생략된 채로 주어 (주로 인칭대명사) 뒤에 쓰이는데, ~은(는)요?'의 의미이다.

- 我想去参观, 你呢?

  나는 참관하러 가고 싶은데요, 당신은요?(갈 것인지 안 갈 것인지를 물음)

② 의문문 뒤에 붙으면, 완곡한 어기를 나타낸다.

- 我们吃什么呢? 우리 무엇을 먹을까요?
- 这唱片贵不贵呢? 이 음반 비싼가요?

O2 정반의문문

술어의 주요성분(계사(系词)·동사·형용사·조동사)을 긍정과 부정으로 병렬하여 만든 의문문이다. 상대방의 대답(긍정 또는 부정)을 요구한다.

(1) 기본형

‘주어 + 긍정 + 부정 + (목적어)?’ 혹은 ‘주어 + 긍정 + 목적어 + 부정?’

- 他是不是中国人?(=他是中国人不是?) 당신은 중국인 입니까?
- 你有没有手机? 당신은 핸드폰이 있습니까?
- 你抽不抽烟? 당신은 담배를 피웁니까?

(2) 이미 동작이 일어난 경우나, 술어 뒤에 시태조사 ‘了’ ‘着’ ‘过’가 붙은 정반의문문의 경우, 문미에 ‘没有’를 붙인다. ‘了’는 목적어가 없을 경우는 술어 뒤에, 목적어가 있을 경우는 목적어의 앞뒤에 모두 놓을 수 있다.

- 他来了没有? 그는 왔습니까?
- 你吃了午饭没有? (=你吃午饭了没有?) 당신은 점심식사를 했습니까?
- 你带着没有? 당신은 갖고 있습니까?
- 你听过没有? 당신은 들은 적이 있습니까?

(3) 술어가 ‘喜欢’ ‘知道’ ‘好吃’ ‘可以’와 같은 2음절 동사 · 형용사 · 조동사일 경우, 정반의문문 중 긍정형 부분의 제2음절을 생략할 수 있다.

- 这个菜好不好吃? 이 음식은 맛있습니까?

plus⁺

※ ‘是不是’ 정반의문문 용법

❶ 어떤 사실이나 정황에 대해 긍정적인 추측을 하면서 다시 확인하려 할 때 사용한다. ‘是不是’는 주로 술어 앞에 위치하며, 문두나 문미에 오기도 한다.
　· 你们明天是不是去长城? 너희들은 내일 만리장성에 갈 거지?

❷ 상대방의 동의를 구하려 할 때 사용한다(~하는 것이 어떠냐?). 주로 술어 앞에 위치하며, 때로는 주어 앞에 올 수 있지만, 문미에 올 수는 없다.
　· 我们是不是去看一看? 우리들 가서 보는 것이 어떠니?

O3 의문사가 있는 의문문

의문대명사를 사용하여 묻는 의문문이다. 문장 안에서 주어·술어·목적어·관형어·부사어 등의 역할을 한다.

(1) 谁(누구)

사람을 묻는다.

- 那位小姐是谁? 그 아가씨는 누구십니까?

(2) 什么(무엇·무슨), 哪(어느)

사물을 묻는다.

- 你喜欢什么音乐? 당신은 무슨 음악을 좋아하십니까?
- 你是哪国人? 당신은 어느 나라 사람입니까?

(3) 哪儿(=哪里, 어디), 什么地方(어떤 곳)

장소를 묻는다.

- 您现在在哪儿工作? 당신은 지금 어디에서 근무하십니까?
- 这是什么地方? 여기는 어떤 곳입니까?

(4) 什么时候(언제)

시간을 묻는다.

- 他(是)什么时候回来的? 그는 언제 돌아왔습니까?

(5) 为什么(왜), 怎么(왜·어떻게), 怎么了(무슨 일이니?·어떻게 되었어?), 怎么样(어떻습니까?)

원인·방식·상태를 묻는다.

- 她为什么不高兴? 그녀는 왜 기분이 좋지 않습니까?
- 你是怎么来的? 당신은 어떻게 오셨습니까?
- 他怎么了? 그는 어찌 되었습니까?
- 这领带怎么样? 이 넥타이는 어떻습니까?

(6) 几(몇)와 多少(얼마)

수량을 묻는다. '几'는 1~9 사이의 숫자를 물을 때 사용하며, 명사와의 사이에는 반드시 양사가 필요하다. '多少'는 10 이상의 숫자를 물을 때 사용하며, 명사와의 사이에 양사가 없어도 된다.

- 你有几支铅笔? 당신은 몇 자루의 연필을 가지고 있습니까?
- 你们班有多少学生? 당신 반에는 몇 명의 학생이 있습니까?

(7) 多(얼마)

뒤에 단음절 형용사와 결합하여, '어느 정도' '얼마만큼'을 묻는다.

- 你今年多大了? 당신 금년 몇 살입니까?
- 汉江有多长? 한강은 얼마나 깁니까?
- 张先生有多高? 장 선생은 얼마나 큽니까?

04 선택의문문

접속사 '还是'를 사용하여 두 가지 이상의 상황을 병렬하고, 상대방이 그 중 하나를 선택하여 대답하는 의문문이다. 어기조사 '呢·啊'를 사용하여 어기를 부드럽게 하는 경우가 많다. '是'구문의 경우를 제외하고는, 앞의 '是'는 생략해도 된다.

(1) 술어의 선택 : 주어 + 是 + A + 还是 + B?

- 你是韩国人还是中国人? 당신은 한국인입니까 아니면 중국인입니까?
- 你(是)走还是跑? 너 걸을래 아니면 뛸래?

(2) 주어의 선택 : (是) + 주어A + 술어 + 还是 + 주어B + 술어?

이때는 술어를 반복해야 한다.

- 明天(是)小周来, 还是小孙来?
  내일 주 군이 옵니까 아니면 손 군이 옵니까?

(3) 목적어의 선택 : 주어 + 술어 + 목적어A + 还是 + 술어 + 목적어B?

이때는 술어를 생략해서는 안 된다.

- 你吃饭, 还是吃面? 당신은 밥을 먹겠어요, 아니면 면을 먹겠어요?

05 정중한 의문문

먼저 자신의 의견을 제시하고 상대방의 의사를 정중히 묻는 의문문이다. '好吗?(好不好?)' '行吗?(行不行?)' '可以吗?(可不可以?)' '怎么样?'의 방법이 있다.

동의할 때는 '好' '好啊' '行' '可以' 등으로 대답하고, 동의하지 않을 때에는 보통 '对不起'를 써서 동의하지 못해 미안함을 표시하고, 그 이유를 말한다.

- 문 : 我们跟他一起去, 好吗? 우리들 그와 함께 가도 되겠습니까?
  답 : 也好。좋아요.
- 你先吃饭吧, 好不好? 당신 먼저 식사하세요, 어떠세요?

06 확인의문문

긍정적인 짐작을 하면서 자신의 의견을 말한 후, 상대방에게 확인을 얻고자 하는 의문문이다. '是吧?' '是吗?' '是不是?' '对吧?' '对吗?' '对不对?' 등의 형태가 있다.

긍정하면 '是' '是啊' '对' '对啊'로 답한 후 자세한 내용을 말하며, 부정하면 '不' '不是' '不对'로 답한 후 자세한 내용을 말하면 된다.

- 문 : 他走了, 是吧? 그는 갔죠, 그렇죠?
- 답 : 不, 他没走。아니요, 그는 가지 않았습니다.
- 문 : 这儿的东西很贵, 对吧? 여기의 물건은 아주 비싸요, 맞죠?
- 답 : 对, 这儿的东西很贵。네, 여기의 물건은 매우 비싸요.

07 의문부호 '?' 만 사용한 의문문

평서문의 문미를 끌어올려 읽어, 억양으로 의문을 나타내는 의문문이다. 이때는 분명하지 않거나 믿어지지 않는다는 의미가 포함되어 있다.

- 你也去? 당신도 간다고?
- 五个小时? 다섯 시간?

1 다음 문장에서 제시어의 정확한 위치를 고르시오.

01 这个学期, A 教 B 他们班 C 汉语 D? (谁)

02 A 请问, B 南京街 C 多长 D? (有)

03 他 A 写 B 汉字又快 C 又 D 好看? (怎么)

04 这个 A 蛋糕 B 俩人吃 C 大 D 啊? (不大)

05 你 A 要 B 素包子 C 肉包子 D? (还是)

2 다음 괄호 안의 정확한 답을 고르시오.

01 教师节我们休息半天, 你们放假(　　　　)?

    A 吗　　　　　　　　　　　B 啊

    C 呢　　　　　　　　　　　D 吧

02 那个人姓王还是姓李(　　　　)?

    A 吧　　　　　　　　　　　B 吗

    C 了　　　　　　　　　　　D 啊

03 张老师能(　　　　)?

    A 不能给我辅导吗　　　　　B 不能给我辅导

    C 给我辅导不能吗　　　　　D 给我不能辅导吗

04 我们的教学楼有三层, 你们的(　　　　)?

    A 有几层吗　　　　　　　　B 几层有

    C 几有层　　　　　　　　　D 有几层

05 大家一起喝茶聊天, (　　　　)?

    A 多好吗　　　　　　　　　B 好不好吗

    C 不好吗　　　　　　　　　D 好啊

3 다음 문장을 중작 하시오.

01) 당신은 영화를 보러 갑니까?

02) 나는 내일 수업을 하는데, 당신은요?

03) 내일은 화요일이지요?

04) 당신은 어디에 갑니까?

05) 엄마는 언제 돌아옵니까?

06) 당신 반은 모두 몇 명입니까?

07) 당신은 녹음기 있습니까?

08) 당신들은 요즘 몇 시에 아침을 먹습니까?

09) 너희들은 내일 가느냐, 아니면 모레 가느냐?

10) 선생님 저 화장실에 가고 싶은데, 괜찮습니까?

11) 우리 함께 여행 갑시다, 어때요?

12) 당신이 새로 온 유학생이군요, 그렇지요?

13) 우리 국수 먹읍시다, 어때요?

14) 우리 함께 식사합시다, 좋죠?

15) 당신이 이번에 중국에 온 것은 중국어를 배우려는 것 맞죠?

03 명령문

명령·금지·건의·청구 등을 나타낸다.

01 명령

동사나 동사구로 문장이 시작될 경우 명령을 나타낸다.
'你' '你们'이 주어로 쓰인 문장도 명령을 나타낼 수 있다.

- 走! 가라!
- 坐下! 앉아!
- 你过来! 너, 이리 와!

02 금지

(1) 구어체에서는 주로 '不要' '别' '不必' '不用' '甭' 등을 사용하며, 문어체에서는 주로 '禁止' '请勿' 등을 사용한다. (~하지 마라, ~하지 마세요)

- 不要忘记。 잊지 마라.
- 别开玩笑。 농담하지 마라.
- 不必客气。 사양하지 마라.
- 不用担心。 걱정하지 마라.
- 甭生气! 화내지 마라!
- 禁止吸烟! 흡연하지 마라!
- 请勿拍照! 촬영하지 마세요!

(2) 别(不要)+동사+了(이제 그만 ~해라)

- 别写错了! 이제 틀리게 쓰지 마라!
- 不要再喝了! 이제 그만 마셔라!

03 건의

문미에 어기조사 '吧'를 붙여, 완곡한 어기로 건의의 의미를 나타낸다.
(~합시다, ~하시죠)

- 休息一会儿吧! 잠시 쉽시다!
- 你试试吧! 당신이 해보세요!

04 청구

문두에 일반적으로 '请' '劳驾' '麻烦' 등을 붙여, 겸손한 어기로 청구의
의미를 나타낸다.(~하세요)

- 请喝茶! 차 드세요!
- 劳驾, 让让路。 미안합니다만, 길을 좀 비켜주세요.
- 麻烦您, 帮我看一下东西。 수고스럽지만, 물건을 좀 봐주세요.?

1 다음 문장을 중작 하시오.

01) 꺼져버려!

02) 빨리 일어나라!

03) 쓸데없는 말 마라!

04) 농담하지 마라.

05) 초조해하지 마라.

06) 슬퍼하지 마라.

07) 주차하지 마라.

08) 손대지 마시오.

09) 우리 갑시다.

10) 저에게 사진 한 장 찍어주세요.

04 감탄문

감탄·과장·찬양의 기분을 나타낸다. 문중에 '多(么)' '真' '大' '好' '极' '死' 등의 부사들이 쓰인다.

01 多么~啊!(얼마나)

이때 '多'는 구어에서는 종종 제2성으로 발음하며, 또 '么'를 생략하기도 한다.

> ① 多(么) + 형용사 + 啊!
> ② 多(么) + 동사 + (목적어) + 啊!

- 这些花儿多漂亮啊! 이 꽃들이 얼마나 아름다운지!
- 时间过得多快呀! 시간이 얼마나 빠르게 지나는지!
- 他多想去中国旅行啊! 그는 얼마나 중국에 여행가고 싶어 하는지!
- 你的客厅多大啊! 당신 집의 응접실이 정말 크군요!

02 真 + 형용사 + 啊! (정말)

- 真漂亮啊! 정말 예쁘다!
- 小伙子真棒! 젊은이가 정말 대단하군!

03 太 + 형용사 + 了! (너무)

- 花儿太美了! 꽃이 너무 예쁘구나!

04 好 + 형용사/동사 + (목적어) + 啊! (무척)

- 丁香花好香啊! 라일락이 무척 향기롭군!

05 형용사 + 极了! (너무)

- 那好极了! 그런다면 너무 좋겠다!

<u>06</u> 형용사 + 死了! (죽겠다!)

- 累死了! 피곤해 죽겠다!

※ '啊' 音의 발음변화

어기조사 '啊'의 발음은 앞 음절의 운미에 따라 변하게 되는데, 그 규칙은 다음과 같다.

❶ ng → a(啊)

·这些花儿多么漂亮啊! 이 꽃들이 얼마나 아름다운지!
·你今天怎么这么高兴啊? 당신은 오늘 왜 이리도 기뻐하나요?

❷ a(i), e(i), i, o, ü → ya(呀)

·快来呀! 빨리 와!
·刚才看的电影多有意思呀! 방금 본 영화가 얼마나 재미있는지!
·这些小孩子们多么活泼呀! 이 아이들이 얼마나 활달한지!

❸ ao, ou, u → wa(哇)

·你好哇! 잘 지냈어요!
·他们踢足球踢得多么好哇! 그들이 축구를 얼마나 잘 차는지!

❹ n → na(哪)

·汉语真难哪! 중국어 정말 어렵구나!
·原来你是中国人哪! 알고 보니 당신은 중국 사람이군요!
·马上可以学会, 多简单哪! 금방 배울 수 있어, 얼마나 간단한지!

1 **다음 문장을 중작 하시오.**

01) 이 아이가 얼마나 귀여운지!

02) 얼마나 맑고 아름다운 가을인가!

03) 봐라, 오늘 날씨가 얼마나 무더운지!

04) 이곳의 경치가 얼마나 아름다운지!

05) 천안문 광장이 얼마나 큰지!

06) 그는 우리들에 대해 얼마나 관심이 많은지!

07) 이 방법이 아주 좋다!

08) 이 물건은 너무나 비싸다!

09) 중국에 올 수 있어서 나는 정말 기쁘다!

10) 그 영화는 참 재미있다!

제2장 품사의 이해

    중국어의 '词(단어)'란 사상을 표현하는 언어의 최소단위로 모두 13가지 종류이다. 사는 다시 실사(实词)와 허사(虚词) 두 형태로 구분되며, 단독으로 문장성분이 될 수 있는 단어들을 실사에 넣고, 단독으로 문장성분이 될 수 없는 것들을 허사의 범주에 넣는다.

    실사에는 명사(名词)·대명사(代名词)·동사(动词)·조동사(助动词)·수사(数词)·양사(量词)·형용사(形容词)·부사(副词) 여덟 가지가 속하며, 허사에는 전치사(前置词)·조사(助词)·접속사(接续词)·감탄사(感叹词)·의성사(拟声词) 다섯 가지가 속한다.

01 명사

사람·구체적 혹은 추상적 사물을 나타내며, 기타 장소나 시간을 나타내는 단어도 포함된다.

01 시간사

년·월·일·요일·시간 등 시간적 의미를 나타내며, 문장에서 주어·술어·시량보어·부사어·관형어의 역할을 한다.

 (1) 종류

종류			시간사
시 점	시 간	정확한 시간	一点整(1시 정각), 一点(过)五分(1시 5분), 两点一刻(2시 15분), 三点半(3시 반), 六点三刻(6시 45분), 差五分五点(5시 5분전), 两点二分(2시 2분), 十二点(12시), 秒(초)
		부정확한 시간	有一天(=一天. 어느 날), 有一年(=一年. 어느 해)
		어느 기점을 전후한 시간	三年前(3년 전), 五年后(5년 후), 开学前后(개학 전후)
	날 짜		二零一八年(2018년), 十月(10월), 十五号(15일)
	시 기		去年(작년), 上个月(지난 달), 昨天(어제), 下星期三(다음 주 수요일), 下午(오후)
기 간			十分钟(10분 동안), 两个小时(2시간), 一个晚上(하룻저녁), 一天(하루), 一个星期(일주일), 一个月(한 달), 两年(이 년)

- 现在九点一刻。 현재 9시 15분이다.
- 明天是我哥哥的生日。 내일은 내 형의 생일이다.
- 我在首尔学习了三年汉语。 나는 서울에서 3년 간 중국어를 배웠다.

02 방위사

방향이나 위치를 나타내는 명사를 방위사라고 한다. 이러한 방위사는 일반명사와 마찬가지로 주어·목적어·관형어·부사어로 쓰일 수 있으며,

관형어의 수식을 받을 수도 있다. 방위사가 관형어로 쓰일 때는 뒤에 '的'을 붙이며, 관형어의 수식을 받을 때는 뒤에 '的'을 쓸 수도 안 쓸 수도 있다. 방위사는 그 특성에 따라 단순방위사와 복합방위사 두 종류로 나눈다. '以前'과 '以后'는 시간을 나타낼 때만 사용된다.

 종류

단순방위사	복합방위사						뜻
	+边(儿)	+面(儿)	+头	+间	以+	之+	
上(위)	上边 bian	上面 mian	上头 tou		以上	之上	위(쪽), 이상
下(아래)	下边 bian	下面 mian	下头		以下	之下	아래(쪽), 이하
前(앞)	前边 biān	前面 mian	前头		以前	之前	앞(쪽), 이전
后(뒤)	后边 bian	后面 miàn	后头		以后	之后	뒤(쪽), 이후
里(안)	里边 bian	里面 mian	里头		以里		속, 안(쪽), 이내
外(밖)	外边 bian	外面 mian	外头		以外	之外	바깥(쪽), 이외, 이상
左(좌)	左边 bian혹은biān	左面 miàn					왼쪽, 좌측
右(우)	右边 bian혹은biān	右面 miàn					오른쪽, 우측
东(동)	东边 bian	东面 miàn			以东		동쪽
西(서)	西边 bian혹은biān	西面 miàn			以西		서쪽
南(남)	南边 bian혹은biān	南面 miàn			以南		남쪽
北(북)	北边 biān	北面 miàn			以北		북쪽
旁(옆)	旁边 biān						옆, 부근, 근처
中(중간)				中间			속, 안, 중, 가운데, 중간
内(안)					以内	之内	이내

- 旁边就是邮局。 옆이 바로 우체국이다.
- 外边下雨。 밖에 비가 내린다.
- 窗户前边有一盆花。 창 앞에 화분이 하나 있다.

목적어
- 人民公园在河的南边儿。 인민공원은 하천의 남쪽에 있다.
- 同学们站两边儿, 老师站中间儿。
  학생들은 양쪽으로 서고, 선생님은 중간에 서 있다.

관형어
- 中间的画是他的作品。 중간의 그림은 그의 작품이다.
- 上边的书是我的。 위쪽의 책은 내 것이다.

부사어
- 我以前去过。 나는 이전에 가 본 적이 있다.
- 咱们以后多加联系。 우리 앞으로 자주 연락해요.

주의 | 장소사로 바꿀 경우

✱ 일반명사나 호칭을 장소사로 바꿀 경우, 일반명사 뒤에는 '上 · 里'를
붙이며, 호칭 뒤에는 '这儿 · 那儿'을 붙인다.

※ '里(경성)'의 용법

❶ 学校·教室·银行·饭店·工厂·商店·房间 등의 장소사에서는 '里'를 생략할 수 있다. 단, 주어로 쓰일 때는 꼭 써야한다.

· 我在图书馆(里)看书。 나는 도서관에서 책을 본다.
· 他现在在学校(里)。 그는 지금 학교에 있다.
· 教室里在上课。 교실에서는 수업중이다.

❷ 书包·衣柜·瓶子 등 일반명사가 장소를 나타낼 때는 '里'를 꼭 붙여야 한다.

· 我的护照在那个书包里。 내 여권은 저 책가방 안에 있다.

❸ 국명이나 지명 뒤에는 '里'를 사용할 수 없다.

· 他在中国工作。 그는 중국에서 일한다.

※ '上' '中' '下'의 용법비교

❶ '在~上' : 방면이나 범위를 나타낸다.
  [방면] · 年轻教师要在教学办法上向老教师学习。
       젊은 교사는 교학방법에 있어서 노 교사에게 배우려고 한다.
       · 东方学生在学习上一般很努力。
       동양학생들은 학습상에 있어서 일반적으로 매우 노력한다.
  [범위] · 我是在回家的半路上遇到她的。
       나는 집으로 돌아가는 중에 그녀를 만났다.
       · 在明天的会议上，你一定要表明你自己的态度。
       내일의 회의 석상에서 너는 반드시 너 자신의 태도를 밝혀야 한다.

❷ '在~中' : 동작의 진행과정이나 범위를 나타낸다.
  [과정] · 他们在讨论中发现了一些新问题。
       그들은 토론중에 새로운 문제들을 발견했다.

[범위] · 在我的印象中他是个性格开朗的人。

　　　내 인상 속에 그는 성격이 명랑한 사람이다.

　　· 在最近的几个月中，大家表现得都不错。

　　　최근 몇 개월 동안 모두 잘 연기했다.

❸ '在~下' : 전제조건을 나타낸다. 그 사이에 条件·环境·情况·帮助·制度·背景 등의 명사를 수반한다.

[조건] · 在老师和同学们的帮助下，我的汉语水平提高得很快。

　　　선생님과 친구들의 도움 하에, 내 중국어 실력이 빨리 향상되었다.

　　· 在这样的条件下，我们不能进行工作。

　　　이런 조건하에서는, 우리들은 일을 진행할 수 없다.

plus⁺

※ 以后(시간명사)와 后来(부사)의 용법 비교

❶ 以后(이후) : 과거와 미래의 시간에 모두 쓰이며, 단독으로 쓰일 때는 미래에만 쓰인다.

　· 他走了以后你才来。 그가 간 뒤에야 네가 왔다.

　· 三年以前我跟他分手了，以后，再也没有见过面。

　　3년 전에 나는 그와 헤어졌다. 이후 다시는 볼 수 없었다.

　· 一星期以后结束。 일주일 이후에 끝난다.

　· 这个问题不是一天两天就能解决的，以后我们再商量吧。

　　이 문제는 하루 이틀에 해결할 수 있는 것이 아니니, 이후에 우리 다시 상의합시다.

　· 以后，我们还要研究这个问题。

　　이후, 우리들은 이 문제를 더 연구해야 한다.

❷ 后来((그)후) : 단독으로만 사용되며, 과거의 시간에 쓰인다.

　· 两个国家经过多年的战争，后来，终于统一了。

　　국가는 다년간의 전쟁을 거친 후에, 마침내 통일되었다.

　· 以前他在玻璃厂工作，后来，又到附近的机器厂去工作了。

　　이전에 그는 유리공장에서 일했으며, 그 후에 또 부근의 기계공장에 가서 일하였다.

　· 三月以后（○）　　　　　三月后来（×）

1 다음 괄호 안의 정확한 답을 고르시오.

01 椅子(　　　)放着几本书，一会儿你别忘了把书带走！

  A 里   B 上
  C 中   D 内

02 他在饮食(　　　)非常讲究，街边的小饭馆他都看不上。

  A 中   B 里
  C 之上   D 上

03 他在大会(　　　)号召大家发扬愚公精神。

  A 里   B 外
  C 上   D 下

04 在那样的情况(　　　)，父亲只好变卖了所有的家产。

  A 里   B 中
  C 上   D 下

05 在我的印象(　　　)他是一个吝啬，同时也是一个很自私的人。

  A 中   B 内
  C 外   D 上

06 夜(　　　)十二点的时候，外面突然下起了倾盆大雨。

  A 上   B 中
  C 里   D 内

07 你在我眼(　　　)最美，每一个微笑都让我陶醉。

  A 上   B 下
  C 中   D 内

08 在老师和同学们的帮助(　　　)，我终于写好了这份调查报告。

A 中 　　　　　　　　　　B 上

C 下 　　　　　　　　　　D 内

09 在和他的交往(　　　)，我慢慢地了解了他的过去。

A 上 　　　　　　　　　　B 中

C 里 　　　　　　　　　　D 下

10 写作文的时候，要注意(　　　)呼应。

A 内外 　　　　　　　　　B 里外

C 前后 　　　　　　　　　D 左右

2 다음 문장을 중작 하시오.

01 내일은 나의 형 생일이다.

02 오늘은 9월 1일 목요일이다.

03 개학 후 첫 삼 주가 가장 바쁘다.

04 이것은 한 달 이전의 소식이다.

05 도서관에 많은 학생이 있다.

06 백화점 옆에는 공원이 있습니다.

07 도서관은 운동장 서쪽에 있다.

08 나의 형이 방안에 있다.

09 앞쪽의 건물은 모두 새로 지은 건물이다.

10 작년에 편지 한 통 온 후에는, 다시 편지가 오지 않았다.

02 대명사

명사·동사·형용사·수사·부사 등을 대신하는 낱말을 대명사라고 하며, 인칭
대명사·지시대명사·의문대명사가 있다.

1 인칭대명사

사람을 나타낸다.

01 구분

인칭	단수	복수
1인칭	我 나	我们 우리들(상대방 포함 혹은 불포함) 咱们 우리들(상대방 꼭 포함)
2인칭	你 너 您 당신(존칭)	你们 너희들, 당신들
3인칭	他 그 她 그녀 它 그것	他们 그들 她们 그녀들 它们 그것들
기타 인칭대사	人家 다른 사람·그들·나, 别人 남·타인, 大家 여러분·여러 사람, 自己 자신	

02 기타 인칭대명사의 용법

(1) 人家(rénjia)

① 남
- 人家的事你不用管。남의 일에 상관하지 마라.
- 人家能做到的, 我们也能做到。남이 할 수 있는 것은 우리도 할 수 있다.

② 그
- 人家学生们都很聪明。그 학생들은 모두 총명하다.
- 你看人家小刘学习多用功啊! 유 군이 얼마나 열심히 공부하는지 좀 봐!

③ 나 : 이때는 친밀감이나 유머적인 의미를 포함한다.

- 你说想去看电影, 人家好容易买来了电影票, 你又不去了!
  네가 영화 구경 가고 싶다고 해서, 내가 간신히 표를 사오니까, 또 가지 않겠다고!

② 别人

① 남(biéren) : 포괄지칭에 쓰이며, 구어체에서 많이 쓰인다.

- 要为别人考虑。 남을 위해 고려해야 한다.

② (그 밖의) 다른 사람(biérén)

- 家里只有母亲和我, 没有别人, 你来玩吧!
  집에는 어머니와 나뿐이며, 다른 사람은 없으니, 놀러와!

③ 大家(dàjiā) : 모두

① 일정한 범위 내의 모든 사람을 가리킨다.(화자와 청자 포함)

- 大家快来看。 모두들 빨리 와서 보세요.

② 복수 인칭대명사 뒤에서 한 번 더 강조한다.

- 咱们大家一起唱, 好吗? 우리 모두 함께 부를까요?

④ 自己(zìjǐ)

본인을 강조할 때 쓰인다.

- 自己的事自己做。 자신의 일은 스스로 해야 한다.
- 怎么你自己不写呢? 어째서 당신이 직접 쓰지 않나요?

2 지시대명사

사물이나 사람·시간·장소 등을 나타낸다.

종류	기본형	사람 · 사물		장소	시간	성질 방식 정도
		단수	복수			
근칭	这 (이것)	这个(이것) 这个人(이사람)	这些(이것들) 这些人 (이 사람들)	这儿 (=这里) (여기)	这会儿 (이때)	这么(이렇게) 这样 (이러한, 이렇게) 这么样(이렇다)
중·원칭	那 (그것·저것)	那个(그것, 저것) 那个人 (그 사람,저 사람)	那些 (그것들, 저것들) 那些人 (그 사람들, 저 사람들)	那儿 (=那里) (거기·저기)	那会儿 (그때)	那么(그렇게) 那样(그러한) 那么样(그렇다)
부정칭	哪 (어느 것)	哪个(어느 것) 哪个人 (어느 사람)	哪些 (어느 것들) 哪些人 (어느 사람들)	哪儿 (=哪里) (어디)		哪样(어떠한)

- 我们可以这么办。 우리들 이렇게 할 수 있다.
- 邮局应该那么写。 우체국은 그렇게 써야 한다.
- 空调得那么放。 에어컨은 그렇게 틀어야 한다.
- 天气怎么这么冷啊! 날씨가 왜 이렇게 춥지!
- 这个炸鸡怎么这么咸啊! 이 닭튀김은 왜 이렇게 짜지!
- 你的衣服怎么那么脏啊! 당신의 옷은 왜 그렇게 더럽지!
- 那儿的人怎么那么多啊! 그곳의 사람들은 왜 그렇게 많지!

plus⁺

※ ‘这么’ ‘那么’ 와 ‘这样’ ‘那样’의 용법비교

❶ ‘这样’ ‘那样’은 관형어로써 명사를 수식할 때 결구조사 ‘的’가 꼭 와야하며, ‘一＋양사’가 명사 앞에 있으면 ‘的’를 생략할 수 있다. 그러나 ‘这么’ ‘那么’는 명사를 수식할 수 없다.

·我喜欢这样的巧克力。(○) 나는 이러한 쵸콜릿을 좋아한다.
　我喜欢这样巧克力。　(×)
·没想到他是这样一种人。(○)
　그가 이런 사람일 것이라고는 생각지도 못했다.
·我喜欢这么(的)巧克力。(×)

❷ '这么'‘那么'는 관형어로써 수량사 앞에 쓸 수 있으나, '这样'‘那样'은 쓸 수 없다.

·他借了这么三四本书。(○) 그는 이렇게 책을 세 네권 빌렸다.
　他借了这样三四本书。(×)

3 　의문대명사

종류는 다음과 같다.

종류	의문사
사람	谁(누구), 哪(어느)
사물	什么(무엇·어떤), 哪(어느)
상황·방식·원인	为什么(왜), 怎么(왜·어떻게), 怎么样(어떻습니까?)
시간	什么时候(=多会儿·哪会儿)(언제) ※ 多会儿·哪会儿이 什么时候보다 훨씬 회화적으로, 구어에서만 사용된다.
장소	什么地方(어디), 哪儿(어디)
수량	几(몇), 多少(얼마)
정도	多(어느 정도)

1 다음 문장에서 제시어의 정확한 위치를 고르시오.

01 A 老百姓，B 不指望 C 什么大富大贵，就 D 图个日子安稳。(咱们)

02 A 这个人，还就 B 喜欢 C 吃 D 臭豆腐。(他)

03 很多人错误地 A 认为 B 年老 C 得病是必然的，D 并不科学。(这)

04 这个地区 A 海拔太高，B 山上不 C 长树，D 多是些低矮的灌木和草丛。(怎么)

05 事情 A 还没办成，我 B 不知道该 C 向顶头上司 D 汇报。(怎么)

2 다음 괄호 안의 정확한 답을 고르시오.

01 妈妈，今天我跟妹妹去夜校学习，晚饭就别等(　　　　)了。

A 咱们　　　　　　　　　　B 我们
C 人家　　　　　　　　　　D 别人

02 我的手机在(　　　　)。

A 小李　　　　　　　　　　B 小李那儿
C 小李里　　　　　　　　　D 小李手

03 去年她住院(　　　　)都由侄媳妇照顾她，儿女都没了影儿。

A 那会儿　　　　　　　　　B 这会儿
C 一会儿　　　　　　　　　D 过会儿

04 如果我买到机票，(　　　　)通知你呢？

A 哪儿　　　　　　　　　　B 谁
C 怎么　　　　　　　　　　D 什么

05 你的身材这么好，穿上(　　　　)衣服不好看？

A 什么　　　　　　　　　　B 谁
C 哪里　　　　　　　　　　D 怎么

3 다음 문장을 중작 하시오.

01 당신이 직접 가서 그에게 말하세요.

02 시험은 몇 시에 시작합니까?

03 우리들은 며칠에 개학합니까?

04 그곳의 경치가 무척 아름답다.

05 저런 머리 스타일이 최근 유행이다.

06 방금 누가 나를 찾아 왔습니까?

07 당신은 어디에서 근무합니까?

08 이 요리는 어떻게 만듭니까?

09 요즘 당신은 건강이 어떻습니까?

10 당신 식구는 몇 명입니까?

○3 동사

동사는 동작·행위·존재·변화 등을 나타낸다. 중국어 동사는 우리말이나 영어 동사와는 달리 변화가 없어, 각기 하나의 형태만 알면 된다. 시제에 대한 변화형이 없는 대신 시태조사가 동사 뒤에 붙어, 동작·행위의 양태를 나타낸다. 동사는 크게 목적어를 갖지 않는 자동사(不及物动词)와 목적어를 갖는 타동사(及物动词)로 나눌 수 있다. 여기서는 동사의 태와 동사의 중첩에 대하여 중점 서술한다.

1 | 동사의 태

시제(时制, Tense)와 태(态, Aspet)는 별개의 것이다. 중국어에 있어 시제는 동사의 변화 등을 통하여 표현하는 영어 등과는 달리 동사의 시제변화가 없다. 어떤 동작이 발생한 시간인 과거·현재·미래는 주로 시간명사나 시간을 나타내는 부사(구) 등에 의해 표시되므로, 시제라는 개념이 거의 없다고 할 수 있다.

 반면에 중국어에서는 시제보다는 동태, 즉 동작의 상태를 더욱 중요한 개념으로 여긴다. 하나의 동작은 ①임박 ②경험 ③진행 ④지속 ⑤완료 등 서로 다른 단계에 있을 수 있다. 다시 말해 '태'란 어떤 동작의 임박·진행·지속·완료·경험이라고 하는 동작의 시간적 양태와 과정을 말한다. 이러한 태의 단계를 ①임박태 성분(要~了·快要~了·就要~了) ②경험태 조사(过) ③진행태 성분(正·正在·在·呢·正在~呢) ④지속태 조사(着) ⑤완료태 조사(了) 등으로 표시하게 되는데, 이를 '동사의 태'라고 하고, 이때의 '过' '着' '了' 등을 시태조사(时态助词=동태조사(动态助词))라고 한다.

1 임박태

어떤 동작이나 상황이 곧 발생하거나 출현함을 나타낸다.

긍정형 : ① 주어 + 要 + 동사 + (목적어) + 了。(곧 ~하려고 하다)
      ② 주어 + 就要 + 동사 + (목적어) + 了。
      ③ 주어 + 快(要) + 동사 + (목적어) + 了。
부정형 : 주어 + 还没 + 동사 + (목적어) + 呢。(아직 ~하지 않았다)
의문형 : 주어 + (就·快) + 要 + (목적어) + 了吗?(곧 ~할 것입니까?)

 ・汽车要开了。차가 떠나려고 한다.
 ・我们还没毕业呢。우리는 아직 졸업하지 않았다.
 ・会议就要开始了吗? 회의가 곧 시작합니까?

01 용법

(1) 要~了(곧 ~하려고 하다)

어떤 동작이나 상황이 곧 발생하거나 출현함을 나타낸다.

(2) 就(快・将)+要+술어+了(곧~하려고 하다)

'要' 앞에 '快'나 '就'를 덧붙여, '要~了'보다 시간이 더욱 긴박함을 나타낸다.

① 就要~了 : 앞에 시간사를 쓸 수 있다.

- 天就要黑了。하늘이 곧 어두워지려 한다.
- 我们明年六月就要去留学了。
  우리들은 내년 6월에 곧 유학을 가려고 합니다.

② 快(要)~了 : 앞에 시간사를 쓸 수 없으며, '快~了'로 축약할 수 있다.

- 快要下雨了。곧 비가 내리려고 한다.
- 他的大儿子快结婚了。그의 큰아들이 곧 결혼하려고 한다.

③ 将要~了 : 문어체에서 많이 쓰인다.

- 我们将要分别了。우리는 곧 헤어질 것이다.

1 **다음 문장을 중작 하시오.**

01) 비가 오려고 한다.

02) 수업이 곧 시작되려고 한다.

03) 잠깐만 기다리세요. 그가 곧 올 겁니다.

04) 곧 공연이 시작될 거니까 들어갑시다.

05) 기차가 5시에 곧 떠나니까 빨리 갑시다.

이 때 '过'는 경성으로 읽는다.

01 '경험'의 의미 (~한 적이 있다, ~했었다)

과거 동작이나 행위의 경험을 나타낸다. 동사 뒤에 경험태조사 '过'를 붙인다.

> **형식**
>
> 긍정형 : 주어 + 동사 + 过(+목적어)。 (~한 적이 있다)
>
> 부정형 : 주어 + 没(有) + 동사 + 过~。 (~한 적이 없다)
>
> 의문형 : 주어 + 동사 + 过~吗? (~한 적이 있습니까?)
>
> 　　　　주어 + 동사 + 过 + 의문사?
>
> 　　　　주어 + 동사 + 过~没有? (정반형)
>
> 　　　　주어 + 동사 + 没 + 동사 + 过~? (정반형)

긍정형 • 我吃过中国菜。 나는 중국음식을 먹어 본 적이 있다.

부정형 • 我没坐过飞机。 나는 비행기를 타 본 적이 없다.

의문형 • 你爬过那座山吗? 당신은 그 산에 오른 적이 있습니까?

• 除了饺子以外, 你还吃过什么?
　만두 이외에 너는 또 무엇을 먹어봤니?

• 你去过北京没有? 당신은 북경에 가 본 적이 있습니까?

• 你爬没爬过那座山? 당신은 그 산에 오른 적이 있습니까?

> **주의 | 동사 뒤에 '过'**
>
> ✪ 대답할 때 긍정이든 부정이든 동사 뒤에 '过'를 붙인다.
>
> 　·문 : 你吃过中国菜吗? 당신 중국요리 먹어 본 적이 있습니까?
>
> 　답 : 吃过。/ 没吃过。 먹어 본 적이 있습니다. / 먹어 본 적이 없습니다.
>
> ✪ 동사가 두 개인 연동문인 경우에는 두 번째 동사 뒤에 '过'를 놓는다.
>
> 　·我去那儿访问过。 나는 그곳을 방문한 적이 있다.

02 '완료'의 의미 ((이미)~했다)

동작이나 행위의 완료를 나타낸다. 동사 뒤에 '过~+了(문미의 어기조사)'의 형태로, 예정된 일이나 습관적·주기적으로 일어나는 일에 주로 쓰인다.

> **긍정형** : 주어 + 동사 + 过 + (목적어) + 了
> **부정형** : 주어 + (还)没 + 동사 + (목적어) + (呢)
> **의문형** : 주어 + 동사 + 过 + (목적어) + 吗?

긍정형
- 我已经吃过饭了。 나는 이미 밥을 먹었다.
- 这本书我看过了，你拿走吧! 이 책을 나는 다 봤으니, 너 가져가라!

부정형
- 我还没吃饭呢。 나는 밥을 아직 먹지 못했다.

의문형
- 你吃过饭了吗? 당신은 식사를 했습니까?

긍정으로 대답할 때에 동사 뒤에 '过了'를 붙이며, 부정은 '没有'만으로 하고 '过'는 붙이지 않는다.

· 문 : 午饭, 你吃过了吗? 점심, 당신 드셨습니까?

  답 : 吃过了。 / 还没吃呢。 먹었습니다. / 아직 안 먹었습니다.

주의 | '过'의 사용

☀ 자주 일어나거나, 반복됨을 나타내는 단어 뒤에서는 '过'를 쓸 수 없다.

  ·那个节目经常播送过。(×)

☀ '有一天', '有时候'처럼 불확정적인 시간사 뒤에서는 '过'를 쓸 수 없다.

  ·有一天, 我去过长城。(×)

☀ '형용사 + 过'는 주로 비교의 뜻을 나타낸다(~했었다).

  ·他小时候胖过。 그는 어렸을 때 뚱뚱했었다. (지금은 뚱뚱하지 않음)

이때 부정형식은 '没 + 형용사 + 过'이며, 형용사 앞에 '这么'가 있고, 없고에 따라 의미가 달라진다.

  ·这个房间从来没干净过。(이 방은 여지껏 깨끗한 적이 없다) (항상 더러웠음)
  这个房间从来没这么干净过。(이 방은 여지껏 이렇게 깨끗한 적이 없다)
  (지금 특별히 깨끗함)

1 다음 문장에서 제시어의 정확한 위치를 고르시오.

01) 在他住 A 集体宿舍的半年时间里，他上课没有 B 迟到 C 一回 D。（过）

02) 我曾经 A 去 B 那个学校 C 报 D 名。（过）

03) A 我 B 从来 C 在那个商店 D 买过东西。（没有）

04) 我以前在 A 大学学习 B 时曾经去 C 听 D 音乐系刘教授的课。（过）

05) 我已经让 A 他给 B 广东的公司打 C 电话 D 了。（过）

2 다음 괄호 안의 정확한 답을 고르시오.

01) 他在北京住时（　　　　　　　　）。

    A 曾经去那家商店买过东西
    B 曾经去那家商店买东西过
    C 经常去过那家商店买东西
    D 经常去那家商店买过东西

02) 我从来（　　　　　　　　）。

    A 在这个地方没见过这么多外国人
    B 在这个地方没见这么多外国人过
    C 没在这个地方见这么多外国人过
    D 没在这个地方见过这么多外国人

03) 你上次来北京（　　　　　　　　）？

    A 去过长城吗
    B 去长城过吗
    C 长城去吗
    D 去长城过了吗

04 我小时候(　　　　　　　　)。

    A 常常听过她唱京剧

    B 听过她常常唱京剧

    C 常常听她唱京剧了

    D 听过她唱京剧

05 他高中毕业以后(　　　　　　　　)。

    A 在那家公司打工过

    B 在过那家公司打工过

    C 在那家公司打过工

    D 在过那家公司打工

3 다음 문장을 중작 하시오.

01 나는 그와 만난 적이 있다.

02 나는 이런 약을 먹어본 적이 있다.

03 나는 북경에 두 번 가 본 적이 있다.

04 나는 지금까지 병이 난 적이 없다.

05 나는 그에게 편지를 써 본 적이 없다.

06 당신은 생선회를 먹어본 적이 있습니까?

07 당신은 식사 하셨나요?

08 당신은 중국인과 이야기를 나눈 적이 있습니까?

09 당신은 경극을 본 적이 있습니까?

10 당신은 그 영화를 본 적이 있습니까?

동작의 진행 상태를 표현하는 것으로, '在' '在~呢' '正在' '正在~呢' '正~呢' '呢' 등으로 나타낸다. 또한 동작의 진행은 과거·현재·미래에 모두 발생할 수 있다. 즉, 과거나 미래의 동작이 어떤 시간에 진행되는 것을 나타내려면, '在'나 '正在' 등을 써서 나타낼 수 있다.

긍정형 : 주어 + 在(正在·正) + 동사 + (목적어) + (呢)。(~하고 있다)
부정형 : 주어 + 没(在) + 동사 + (목적어)~。
의문형 : 주어 + (正)在 + 동사 + (목적어) + 吗?

긍정형
- 他们正在商量呢。(현재)
  그들은 상의하고 있다.
- 现在大家都一直在等你。(현재)
  지금 모두가 쭉 당신을 기다리고 있다.
- 昨天我们去老师家的时候，他正在打电话。(과거)
  어제 우리가 선생님 댁에 갔을 때, 선생님은 전화를 하고 계셨다.
- 明天你来的时候，他可能在看书。(미래)
  내일 당신이 왔을 때, 그는 책을 읽고 있을 것이다.

부정형
- 我没睡觉，我在读小说呢。 나는 자지 않고 소설을 읽고 있다.

의문형
- 你在看电视吗？ 당신은 텔레비전을 보고 있습니까?

01 용법

(1) '在 / 正在 / 正', '呢'는 반드시 함께 써야 하는 것이 아니므로, 표현방법이 다양하다.

- 我在做作业。 나는 숙제를 하고 있다.
  =我在做作业呢。
  =我正在做作业。
  =我正在做作业呢。
  =我正做作业呢。
  =我做作业呢。
  ※我正做作业。(×)

② 동사의 앞에 전치사구가 있을 경우, '在 / 正在 / 正'은 그 앞에 둔다.
- 他正跟同学打乒乓球呢。 그는 급우와 탁구를 치고 있다.

③ 지속을 강조할 경우에는 '着'을 병용할 수 있다.
- 我在写着信呢。 나는 편지를 쓰고 있다.
- 他正跟朋友谈着话呢。 그는 친구들과 이야기를 하고 있다.
- 雨还下着呢。 비가 아직도 내리고 있다.

plus⁺

※ 진행태로 쓸 수 없는 동사
❶ 감각이나 지각을 나타내는 동사
: 知道 · 认识 · 感觉 · 明白 · 感动 · 清楚 등
❷ 판단이나 소유·존재 등을 나타내는 동사
: 是 · 在 · 存在 · 叫 · 具有 · 属于 등
❸ 출현이나 소실을 나타내는 동사
: 生 · 死 · 忘 · 开始 · 停止 · 掉 등
❹ 심리상태를 나타내는 동사
: 喜欢 · 愿意 · 可惜 · 恨 · 怕 등
❺ 방향을 나타내는 동사
: 来 · 去 · 回 · 进 · 出 · 起 · 过 등

1 다음 문장에서 제시어의 정확한 위치를 고르시오.

01 我 A 进屋 B 看见, 他 C 趴在桌子上 D 画画呢。(正在)

02 对不起 A, 请您 B 待会儿再打过来, 王教授 C 正睡觉 D。(呢)

2 다음 괄호 안의 정확한 답을 고르시오.

01 手术室没人, 护士们(　　　　　　　)。
　　A 没正为手术作准备
　　B 没正为手术作准备
　　C 没在为手术作准备
　　D 没正在为手术作着准备

02 快看! 那只小猴子正在(　　　　　　　)。
　　A 爬上去那棵高高的椰子树呢
　　B 爬那棵高高的椰子树呢
　　C 爬过去那棵高高的椰子树呢
　　D 爬那棵高高的椰子树上去呢

3 다음 문장을 중작 하시오.

01 우리들은 차를 마시고 있다.

02 그는 전화를 걸고 있다.

03 그는 기숙사에서 자고 있다.

04 지금 내 친구에게 메모를 쓰고 있다.

05 어제 내가 그의 집에 갔을 때, 그는 밥을 먹고 있었다.

06 그는 텔레비전을 보고 있는 것이 아니라, 숙제를 하고 있다.

07 나는 소설책을 보고 있지 않고, 잡지를 보고 있다.

08 그는 누구에게 전화하고 있습니까?

09 그들은 무엇을 하고 있습니까?

10 그가 왔을 때, 당신들은 수업 중이었습니까?

4 지속태

지속태는 동작이 지속되고 있거나, 동작이 완료된 상태가 지속되고 있음을 나타내며, 동사 뒤에 지속태 조사 '着'을 붙여 만든다. 때로는 '正~呢'나 '呢'를 붙여 동작의 지속과 진행을 동시에 나타낸다. 진행태와 구별한다면, 진행태는 '~하면서 있다'와 같이 동작이 움직이며, 지속태는 '~하고 있다'로서 동작의 움직임이 없다.

형식

> 긍정형 : 주어 + 동사 + 着~。(~하여 있다, ~하고 있다)
> 부정형 : 주어 + 没(有) + 동사 + 着~。(~하여 있지 않다)
> 의문형 : 주어 + 동사 + 着~ + 吗?(~이 있습니까?)
>   주어 + 동사 + 着~ + 没有?(정반형)
>   주어 + 동사 + 着 + 没 + 동사 + 着~?(정반형)

긍정형
- 墙上挂着一幅画儿。벽에 그림 한 폭이 걸려 있다.
- 我正等着你呢。나는 너를 기다리고 있다.
- 他听着音乐呢。그는 음악을 듣고 있다.

부정형
- 没有, 窗户没开着。아니오, 창문은 열려 있지 않습니다.
- 收音机没开着。라디오가 켜져 있지 않습니다.
- 信封上没写着寄信人的姓名。
  편지봉투 위에 발신인의 이름이 쓰여 있지 않다.

의문형
- 门锁着吗? 문이 잠겨 있습니까?
- 小卖部的门开着没有? 매점 문은 열려 있습니까?
- 你带着雨伞没有? 당신은 우산을 갖고 있습니까?
- 收音机开着没开着? 라디오가 켜져 있습니까?

01 용법

(1) 상태의 지속을 나타낸다.(~하여 있다)

- 桌子上放着收音机。책상 위에 라디오가 놓여 있다.
- 教室墙上挂着一张世界地图。교실 벽에 세계지도가 걸려 있다.
- 教室里的灯还亮着。교실 안의 불이 아직 켜져 있다.

(2) 첫 번째 동작이 두 번째 동작의 방식을 나타낸다.
(~하면서 ~하다)

- 他骑着车上班。그는 자전거를 타고 출근한다.
- 他喜欢站着上课。그는 서서 수업하는 것을 좋아한다.
- 站着别动。서 있는 채로 움직이지 마라.

(3) 'V着V着'(~하다가 저도 모르게 / ~하던 중에)

한 동작이 지속되면서, 다른 동작이 연이어서 발생하는 것을 나타낸다. 형식은 '주어+동사着동사着+(就)+동사구+了'이다.

- 孩子哭着哭着就睡着了。아이는 울다가 저도 모르게 잠들었다.
- 她说着说着哭了起来。그녀는 말하던 중에 울기 시작했다.

(4) 평가(~해보니 ~하다)

형식은 '동사+着+형용사+~'이다.

- 那种衬衫, 穿着又轻又暖。
  그런 종류의 와이셔츠는 입어보니, 가볍고도 따뜻하다.
- 这个菜, 吃着很香。이 요리는 먹어 보니, 매우 맛있다.

plus⁺

※ 지속태로 쓸 수 없는 동사

❶ 지속을 나타내지 못하는 동사
: 在 · 是 · 出 · 去 · 结束 · 逝世 · 消灭 · 逃 · 离开 등

❷ 동사 자체에 지속의 의미가 있는 동사
: 知道 · 需要 · 认识 · 赞成 · 同意 · 像 등

❸ 앞에 조동사를 수반한 동사
: 能说 · 会写 · 想买 · 愿意去 등

❹ 결과보어를 수반한 동사
: 说明 · 打败 · 打倒 · 推翻 등

1 다음 문장에서 제시어의 정확한 위치를 고르시오.

01 安静些, 同学们都 A 正 B 写 C 作业 D 呢! (着)

02 他手里拿 A 一把鲜花 B, 向这边走 C 过来 D。(着)

03 他一下 A 飞机就热情地握 B 我的手跟 C 我说 D:"见到你很高兴。"(着)

04 他进 A 房间来才看见 B, 有 C 那么多朋友在等 D 他。(着)

05 我 A 常 B 用的那本词典怎么 C 在我的书架上 D 放着?(没)

2 다음 괄호 안의 정확한 답을 고르시오.

01 这个房间的墙上(　　　　　　　　　　)。
    A 一直挂一幅有名的画着
    B 一直一幅有名的画挂着
    C 一直挂了一幅有名的画着
    D 一直挂着一幅有名的画

02 他平时最喜欢(　　　　　　　　)。
    A 听着音乐看书
    B 听音乐着看书
    C 听音乐看着书
    D 听着音乐看着书

03 昨天是学校开学的日子,(　　　　　　　　　　)。
    A 学校门口停在很多车
    B 学校门口停着很多车
    C 很多车停着学校门口
    D 很多车学校门口停着

04 你今天出去时为什么(　　　　　　　　)?
    A 不带雨伞着
    B 不雨伞带着
    C 没带着雨伞
    D 不带着了雨伞

05) 我姐姐(　　　　　　　　)。

  A 在着厨房里帮妈妈做饭

  B 在厨房里帮着妈妈做饭

  C 在厨房里帮着妈妈做着饭

  D 在着厨房里帮妈妈做着饭

3 다음 문장을 중작 하시오.

01) 밖은 비가 내리고 있다.

02) 벽에 몇 장의 그림이 걸려 있다.

03) 탁자 위에 사진첩이 한 권 놓여 있다.

04) 그의 방에는 불이 아직 켜져 있다.

05) 문은 열려져 있지 않은데, 창문은 열려 있다.

06) 여권은 책상 위에 있지 않다.

07) 그는 서서 국수를 먹고 있다.

08) 그는 웃으면서 우리들과 인사를 하였다.

09) 탁자에 무엇이 놓여 있습니까?

10) 옷장이 열려 있습니까?

5 了

완료태로 쓰일 때 : 주로 동사의 뒤에 위치한다.

동작이나 행위의 완료를 나타낸다. 동작이나 행위가 완료되었다고 반드시 과거를 나타내지 않으며, 과거·현재·미래에서 모두 발생할 수 있다. 시간사가 없을 경우에는 대개 '현재'에 동작이 완료되었음을, 과거나 미래를 나타내는 명사 '昨天' '去年' '明天' '明年' 등이 오면, 과거나 미래 시제의 동작이 완료되었음을 나타낸다.

형식

긍정형 : 주어 + 동사 + (간단한 목적어) + 了。(~했다)
　　　　 주어 + 동사 + 了 + (간단한 혹은 복잡한 목적어)。(~했다)
부정형 : 주어 + (还)没 + 동사 + (목적어)。(아직 ~하지 않았다)
의문형 : 주어 + 동사 + 了 + (목적어)~吗? (~했습니까?)
　　　　 주어 + 동사 + 了 + (목적어) + 没有? (정반형)
　　　　 주어 + 동사 + 没 + 동사 + 목적어? (정반형)
　　　　 주어 + 동사 + 了 + 의문사?

긍정형
- 我吃饭了。(과거) 나는 밥을 먹었다.
- 他昨天买了一本书。(과거) 그는 어제 책 한 권을 샀다.
- 我刚写了两封信。(현재) 나는 막 편지 두 통을 썼다.
- 明天我吃了早饭就去找你。(미래)
  내일 나는 아침을 먹고 너를 찾아가겠다.

부정형
- 他没买那本中文书。그는 그 중국어 책을 사지 않았다.

의문형
- 比赛开始了吗? 시합이 시작되었습니까?
- 你买飞机票了没有? 당신은 비행기 표를 샀습니까?
- 他打了电话没有? 그는 전화했습니까?
- 你看没看今天的报纸? 당신은 오늘 신문을 보았습니까?
- 你买了什么? 당신은 무엇을 샀습니까?

01 용법

(1) 목적어가 필요 없는 자동사가 올 경우에는 문미에 '了'를 써서 완료를 나타낸다.

• 我朋友从首尔来了。 나의 친구가 서울에서 왔다.

(2) 1) 목적어가 올 경우는 일반적으로 동사술어와 목적어 사이에 '了'를 써서 완료를 나타낸다. 이때는 간단한 목적어는 못 오며, 목적어(직목) 앞에 주로 수량사나 기타 관형어가 오게 된다.

  • 星期六我们看了一部教学电影。
    토요일 우리들은 교육영화를 한 편 보았다.
  • 他看了我的书。 그는 내 책을 보았다.
  • 我告诉了他这句话的意思。
    나는 그에게 이 문장의 뜻을 알려줬다.

2) 만약 목적어가 간단하거나 하나의 단어인 경우에는 일반적으로 아래조건 중 하나를 충족시켜야 한다.

  ① 술어나 주어 앞에 부사어(시간부사 등)가 온다.
  • 我已经告诉了他。 나는 이미 그에게 알렸다.
  • 昨天我们跟张先生一起照了相。
    어제 우리는 장 선생과 함께 사진을 찍었다.
  ② 문장이 끝나지 않고 반드시 다른 말(就/再/才+동사/절)이 와서, 뒤에 동작이 앞 동작 완성 이후에 진행됨을 나타낸다.
  • 他每天吃了饭就看报。 그는 매일 식사를 하고 신문을 본다.
  • 他买了东西再来。 그는 물건을 사고 다시 올 것이다.
  • 明天我们吃了早饭就去学校。
    내일 우리는 아침을 먹고 곧바로 학교에 갈 것이다.
  ※ 위 문장에서 문미에 '了'가 올 경우에는 어떤 상황이 발생한 후에 계속 되는 동작이 이미 완료된 것을 나타낸다.
  • 昨天我吃了早饭就去学校了。
    어제 나는 아침을 먹고 곧바로 학교에 갔다.
  ③ 고정된 동목구조로 구성된다.
  • 他睡了半个小时觉。 그는 30분간 잠을 잤다.
  ④ 동작을 나타내는 결과보어가 온다.
  • 妈妈洗完了衣服。 엄마는 옷을 다 빨았다.

3) 2)의 조건에 들지 않을 경우, 어기조사 '了'를 문미(목적어 바로 뒤)에 써야만 완료태 문장이 완성된다. 이 경우에는 시태조사 '了'는 생략되며, 어기조사 '了'가 동작의 완성과 새로운 변화를 동시에 나타낸다.

- 他看(了)书了。 그는 책을 보았다.
- 我做(了)练习了。 나는 연습문제를 풀었다.
- 他吃(了)午饭了。 그는 점심을 먹었다.

(3) 다음과 같은 경우는 시태조사 '了'를 쓸 수 없다

① 습관적이며 주기적인 동작일 경우

- 我在中国的时候每天学汉语。
  나는 중국에 있었을 때 매일 중국어를 배웠다.
- 我们每到节日都举行晚会。
  우리는 명절이 될 때마다 파티를 연다.

② 동사가 刚·才·正在·总是·常常·经常·时常·一直·每 등의 시간부사의 수식을 받을 경우

- 以前他常常来看我。
  이전에 그는 자주 나를 만나러 왔다.
- 他昨天才到。 그는 어제서야 도착했다.

③ 希望·盼望·感到·爱·恨·羡慕·想念·反对 등 완료의 의미를 갖지 않는 동사일 경우.

④ 认为·以为 등 판단을 나타내는 동사일 경우.

⑤ 是·在·姓·像 등 동사적 성질이 강하지 않은 동사일 경우.

⑥ 문장에 应该·可以·要·想 등 조동사가 있을 경우.

⑦ 문장에 有(的)时候·有时 등 불분명한 시간사가 있을 경우.

plus⁺

※ '了(시태조사)'와 '过(경험태 조사)'의 용법비교

❶ '了'는 동작의 완성을, '过'는 경험을 강조한다.

· 我看了这本小说，还不错。

나는 이 소설을 읽었는데, 그런대로 괜찮다.

· 我看过这本小说，还不错。

나는 이 소설을 읽은 적이 있는데, 그런대로 괜찮다.

❷ '了'는 동작이 완성되어 현재까지 지속됨을 나타낼 수도 있으나, '过'는 과거의상황이 현재까지 지속됨을 나타낼 수 없다.

· 他去年跟爸爸去了中国。 그는 작년에 아빠와 중국에 갔다.

· 他去年跟爸爸去过中国。 그는 작년에 아빠와 중국에 간 적이 있다.

❸ '了'는 결과가 있음을 나타내지만, '过'는 반드시 결과가 있음을 나타내지는 않는다.

· 他学了游泳。 그는 수영을 배웠다.(할 줄 안다는 의미가 함축)

· 他学过游泳。 그는 수영을 배운 적이 있다.

(할 줄 알 수도 있고 모를 수도 있음)

5   了

어기조사로 쓰일 때 : 반드시 문미(文尾)에 위치한다.

01 새로운 상태의 변화를 나타낸다.

형식

> 긍정형 : 주어 + 술어(+了) + (목적어) + 了。
> 부정형 : 주어 + 不 + (조동사) + 술어~ + 了。(그만 ~하겠다)
> 의문형 : 주어 + 술어~ + 了 + 吗? (~했습니까?)
>   주어 + 술어~ + 了 + 没有? (정반형)
>   주어 + 술어 + 没 + 술어~? (정반형)

긍정형
- 现在是老师了。

  지금은 선생님이 되었다.(명사술어문) → 이전에는 학생이었음
- 现在我会说中文了。

  현재 나는 중국어를 말할 수 있게 되었다.(동사술어문)

  → 이전에는 못했음
- 他有女朋友了。

  그는 여자 친구가 생겼다.('有'동사술어문) → 이전에 없었음
- 现在他在办公室了。

  지금 그는 사무실에 있다.('在'동사술어문) → 이전에는 없었음
- 东西现在贵了。

  물건이 지금은 비싸졌다.(형용사술어문) → 이전에는 쌌음
- 天气凉快了。

  날씨가 시원해졌다.(형용사술어문) → 이전에는 더웠음

부정형
- 我不吃了。 나는 그만 먹겠다. → 원래는 먹을 생각이었음

의문형
- 饭好了吗? 밥이 되었습니까?
- 你吃了早饭没有? 당신은 아침을 먹었습니까?
- 你写没写信? 당신은 편지를 썼습니까?

02 어떤 상황의 지속을 나타낸다.

> 긍정형 : 주어 + 동사 + (목적어) + 수량사 + 了。
> 주어 + 동사 + 了 + 수량사 + 목적어 + 了。
> 부정형 : 주어 + 수량사 + 没 + 동사구 + 了。
> 要是 + 수량사 + 不 + 동사구, ～就～了。
> 시간사 + 주어 + 有 + 수량사 + 没 + 동사구。
> 주어 + 没 + 동사 + 수량사 + 목적어,就 + 동사 + 了 +수량사。

긍정형
- 我离开家两个月了。

  나는 집을 떠난 지 2개월이 되었다. → 지금도 떠나 있음

- 我学了六个月中文了。

  나는 중국어를 6개월 배웠다. → 지금도 계속 배움

부정형
- 我们好几年没见了。 우리들은 몇 년간 보지 못하였다.

- 你要是两年不说, 你的中国话就忘了。

  당신은 만약 2년 동안 말하지 않으면, 중국어는 곧 잊어버릴 것이다.

- 他上个星期有三天没来上课。

  그는 지난주에 삼일 동안 수업을 받지 않았다.

- 那天他没洗一个小时澡, 只洗了半个小时。

  그날 그는 한 시간 목욕하지 않고, 반 시간 목욕했다.

주의 | '了'의 사용

★과거에 행한 동작이라도 완료를 강조하지 않으면 '了'를 쓰지 않는다.

　·他五年前在北京工作。

　　그는 5년 전에는 북경에서 일하고 있었다.

★'동사+ 了+ 수량사(시량보어)+ 목적어+ 了'형식은 과거부터 현재까지 지속된 일(현재완료)을, '동사+ 了+ 수량사(시량보어)+ 목적어'형식은 과거에 있었던 일(과거완료)을 나타낸다.

　·我学了一年汉语了。

　　나는 중국어를 1년 배웠다. → 지금도 배우고 있음

　·我学了一年汉语。

　　나는 중국어를 1년 배웠다. → 지금은 배우고 있지 않음

1 **다음 문장에서 제시어의 정확한 위치를 고르시오.**

01) 星期日我有事，不能 A 去 B 参观 C 展览 D。（了）

02) 妈妈回 A 家 B 之前，就给 C 我打 D 电话。（了）

03) 30多 A 岁 B 的人了，性格变 C 不了 D。（了）

04) 现在我们班已经 A 开始 B 学 C 语法和汉字 D。（了）

05) 宋明忽然改变了主意，不去 A 百货大楼 B 买 C 东西 D。（了）

06) 昨晚，他吃完 A 晚饭 B 就到 C 办公室去 D。（了）

07) 你们 A 到底 B 请假 C 没有 D？（了）

08) 他们 A 会说 B 汉语 C 了 D？（吗）

09) 她回家后，发现 A 丈夫已经 B 把饭做 C 好 D。（了）

10) 那 A 几个人 B 去哪儿 C 了 D？（呢）

2 **다음 괄호 안의 정확한 답을 고르시오.**

01) 等我（　　　　　　　　　）就可以吃饭了。
 A 做了好这个菜
 B 做好了这个菜
 C 做这个菜了好
 D 做这个菜好了

02) 你到哪儿去了？我（　　　　　　　　　）都没找到你。
 A 给你打电话了四次
 B 打了电话四次给你
 C 给你打了四次电话
 D 打了电话给你四次

03) 小王(　　　　　　　　　　　　)。

    A　让了我带一些特产给他的老师

    B　让我带一些特产了给他的老师

    C　让我带了一些特产给他的老师

    D　让我带一些特产给了他的老师

04) 他明天不能回国，因为(　　　　　　　　　　)。

    A　他没买到了机票

    B　他没买到机票了

    C　他没买到机票

    D　他没买机票到了

05) 你(　　　　　　　　)? 听说你到西藏旅游去了。

    A　怎么来了

    B　是怎么来的

    C　什么时候来了

    D　和谁一起来了

3 다음 문장을 중작 하시오.

01) 우리는 어제 만리장성에서 사진을 찍었다.

02) 나는 그에게 CD 3장을 사주었다.

03) 내일 점심 때 수업이 끝나면, 우리는 그의 집에 가려고 한다.

04) 나는 오늘 조간신문을 보지 않았다.

05) 당신은 이 책을 읽어보았습니까?

06) 지금은 가을이 되어, 날씨가 시원해졌다.

07) 수업이 시작되었으니, 모두들 빨리 들어오세요.

08) 그는 방금 아주 기뻐했으나, 지금은 기뻐하지 않는다.

09) 그는 밥을 먹고서 곧장 외출했다.

10) 우리들은 이미 중국어를 1년 동안 배웠다.

2 | 동사의 중첩(重叠)

대부분의 동사는 중첩형으로 변화할 수 있다.

01 용법과 뜻

(1) 시간의 짧음을 나타낸다. (좀~하다)

- 咱们休息休息。 우리 좀 쉽시다.
- 我们听听音乐吧。 우리 음악을 좀 들읍시다.

(2) 시도의 의미를 나타낸다. (시험 삼아~해 보다)

'AA看' 형식이 상용된다.

- 这个菜怎么样, 你尝尝。 이 음식이 어떤지, 당신 맛 한번 보세요.
- 这件衣服你穿穿看。 당신 이 옷을 입어 보세요.

(3) 가벼운 어기를 나타낸다

일상적인 동작이나 시간적 제한을 두지 않고 하는 동작에 주로 쓰인다.

- 周末, 我一般看看书, 听听音乐。
  주말에는 나는 보통 책도 좀 보고, 음악도 좀 듣는다.
- 下棵以后, 他们常常去打打球, 跑跑步。
  수업이 끝난 후 그들은 늘 공을 치거나 조깅을 합니다.
- 你每星期六都应该去公园散散步。
  당신은 토요일마다 공원에 가서 산책을 좀 해야 한다.
- 休息的时候, 你可以活动活动。 쉴 때에는 당신은 활동 좀 해도 됩니다.

(4) 부드러운 어기를 나타낸다

어떤 일을 건의하거나 부탁할 때, 또는 자신이 어떤 일을 원할 때 쓰인다. 공손한 표현의 일종이다.

- 我的钱包不见了, 你帮我找找。 내 지갑이 안 보이니 너 좀 찾아줘.

※我的钱包不见了, 你帮我找。 내 지갑이 안 보이니 너 좀 찾아줘.(딱딱한 어기)

- 能不能把你的照片给我看看? 너의 사진을 나에게 좀 보여줄 수 있니?

02 유형

(1) 단음절 동사의 중첩

동사를 중첩하여 'AA형' 혹은 'A一A형'으로 만든다. 첫째는 원래 성조대로 발음하고, 둘째와 '一'는 경성으로 발음한다.

단음절동사	AA型/A一A型
想(생각하다)	想想/想一想(좀 생각해 보다)
看(보다)	看看/看一看(좀 보다)
说(말하다)	说说/说一说(좀 말하다)

• 给我看看。 나에게 좀 보여주세요.

(2) 쌍음절 동사의 중첩

'ABAB형'으로 만들며, 둘째 넷째 음절은 경성으로 발음한다.

쌍음절동사	ABAB型
休息(쉬다)	休息休息(좀 쉬다)
练习(연습하다)	练习练习(좀 연습하다)
品尝(맛보다)	品尝品尝(좀 맛보다)

• 我们休息休息吧。 우리 좀 쉽시다.

(3) 쌍음절 이합사(离合词)의 중첩

AAB형식으로, 일부 '동사+ 목적어'구조의 쌍음절 이합사는 동사 부분만 중첩한다.

• 散散步　 좀 산보하다
• 聊聊天　 좀 한담하다
• 帮帮忙　 좀 돕다
• 补补课　 보충수업을 좀 하다
• 他们在公园里散了散步, 下午五点回来的。
　 그들은 공원을 좀 산책하고, 오후 5시에 돌아왔다.

④ AA看형(ABAB看형)

'시험 삼아 ~해보다'의 시도 의미를 강조한다.

- 这些饺子你吃吃看。 이 만두를 당신 좀 먹어 보세요.

03 중첩형의 변형

(1) '동사 + 一 + 동사'형

'동사+동사'형태는 일상적 행위를 말할 때 쓰이는데 반해, '동사+ 一+동사' 형태는 아직 발생하지 않은 행위를 나타낼 때 쓰인다.

- 你看一看。 잠깐 보세요.

(2) '동사 + 了 + 동사'형

이미 완료된 동작에 쓰인다.

- 我们谈了谈中国的情况。 우리들은 중국의 정황을 좀 얘기했다.
- 他拿起那本书，看了看，又放下了。

  그는 그 책을 들어, 좀 보고서, 다시 내려놓았다.
- 刚才他还在我的办公室坐了坐，这会儿可能在回家的路上。

  방금 그는 나의 사무실에 잠시 앉았었는데, 지금은 집에 돌아가는 길일 것이다.
- 문 : 房间收拾了没有? 방은 정리가 됐나요?

  답 : 简单收拾了收拾。 간단히 좀 정리했어요.

04 중첩형이 될 수 없는 동사

① 존재 · 판단 · 소유 등을 나타내는 것 : 是 · 有 · 在 · 像

② 심리상태를 나타내는 것 : 爱 · 怕 · 喜欢 · 知道 · 羡慕

③ 방향을 나타내는 것 : 出 · 进 · 起 · 过 · 朝

④ 발전 · 변화를 나타내는 것 : 生 · 开始 · 继续 · 停止 · 发展 · 成长

05 중첩형의 사용 제한

(1) 진행태 동사는 중첩할 수 없다.

- 他们正在看电视呢。（○） 그들은 지금 텔레비전을 보고 있다.

  他们正在看看电视呢。（×）

(2) 동태조사 '了' '过' '着' 와 연용할 수 없다.

예1 • 我看了这本书。(○) 나는 이 책을 보았다.

　　我看看了这本书。(×)

예2 • 她早上洗过衣服。(○) 그녀는 아침에 옷을 빨은 적이 있다.

　　她早上洗洗过衣服。(×)

예3 • 他喜欢听着音乐写作业。(○)

　　그는 음악을 들으면서 숙제하는 것을 좋아한다.

　　他喜欢听听着音乐写作业。(×)

(3) 행위자가 제어할 수 없는 동사는 중첩할 수 없다.

• 他喝醉了。(○) 그는 술에 취했다.

　　他喝醉了醉。(×)

(4) 동사 뒤에 보어(결과 · 시량 · 동량 · 정도)가 있을 경우, 중첩할 수 없다.

예1 • 客人要来了，你最好把房间收拾收拾。(○)

　　손님이 오실 테니, 네가 방을 좀 정리해 두는 것이 좋겠다.

　　客人要来了，你最好把房间收拾收拾整齐。(×)

예2 • 我在火车站等了她五分种。(○)

　　나는 기차역에서 그녀를 5분간 기다렸다.

　　我在火车站等了等她五分种。(×)

예3 • 我想看看这本书。(○) 나는 이 책을 좀 보고 싶다.

　　我想看看一下儿这本书。(×)

예4 • 教室打扫得很干净。(○) 교실이 깨끗하게 청소되었다.

　　教室打扫打扫得很干净。(×)

(5) 지시대사가 없는 수량사(불특정 목적어)와 연용 할 수 없다.

• 我要看看这本书。(○) 나는 이 책을 보려고 한다.

　　我要看看一本书。(×)

⑥ **동사가 관형어 · 부사어 · 목적어가 될 경우, 중첩할 수 없다.**

예1 • 你看的是什么书呀？（○）네가 본 것은 무슨 책이냐?

你看看的是什么书呢？（×）

예2 • 我看书的时候，他来了。（○）내가 공부하고 있을 때, 그가 왔다.

我看看书的时候，他来了。（×）

예3 • 他打算学汉语。（○）그는 중국어를 배울 작정이다.

他打算学学汉语（×）

⑦ **연동문의 첫 번째 동사는 중첩할 수 없다.**

• 他骑自行车上班。（○）그는 자전거를 타고 출근한다.

他骑骑自行车上班。（×）

⑧ **겸어문의 첫 번째 동사는 중첩할 수 없다.**

• 他请我们吃饭。（○）그는 우리들에게 식사를 청했다.

他请请我们吃饭。（×）

주의 | 중첩형의 사용제한

✵ 중첩할 수 없는 동사는 '一下儿(좀 · 한번)'이나 '一会儿(잠깐)'로 중첩형과 똑같은 의미를 나타낼 수 있다.

· 她哭了一会儿。그녀는 잠깐 울었다.

· 请你来一下。좀 와 주세요.

✵ 동사 중첩의 부정형식은 의문문 · 반어문 · 이중 부정문에 주로 쓴다.

· 这本书非常好，你不看看吗？이 책은 매우 좋은데, 너 좀 보지 않을래?

· 快考试了，不复习复习怎么行？곧 시험이야, 복습을 안 하면 어떻게 하니?

· 他的病，不休息休息不行。그의 병은 쉬지 않으면 안 돼.

※ 기타 품사의 중첩

❶ 명사의 중첩

일부 단음절 명사는 중첩할 수 있는데, '전체·모두'의 뜻을 나타낸다.

· 节省水电，人人有责。 절수 절전은 누구에게나 책임이 있다.

· 家家有本难念的经。 어느 집에도 문제는 있는 법이다.

❷ 수사의 중첩

극소수의 숫자만이 중첩형을 만든다. '一一'은 '하나하나'의 의미를 나타낸다.

· 一一给你说明。 하나하나 설명해 드릴게요.

❸ 양사의 중첩

양사를 중첩하면 '~마다·어느 것도'의 뜻을 나타낸다.

· 他说的句句都是实话。 그가 말한 것은 구구절절이 사실이다.

· 本本画报都很有意思。 화보는 모두 다 재미있다.

❹ 수량사의 중첩

각각 별개의 형태로 많이 존재하고 있는 모양을 나타낸다.

· 桌子上摆着一盘(一)盘的水果。 테이블에 과일이 접시마다 놓여 있다.

· 学生们五个五个地进行小组对话。 학생들은 5명씩 그룹 토의를 하고 있다.

❺ 형용사의 중첩

7절 형용사 편에서 서술하기로 한다.

1 다음 문장에서 제시어의 정확한 위치를 고르시오.

01 你先去 A，等我 B 一回来就把 C 情况告诉我 D。(调查调查)

02 快 A 考试了，B 不 C 怎么 D 行呢？(复习复习)

03 这么乱的宿舍 A 还 B 不 C 快 D，要不怎么接待客人？(打扫打扫)

04 我们 A 学校 B 都 C 认识 D 刘老师。(人人)

05 这个作家的作品 A，他 B 都 C 看 D 过。(本本)

2 다음 괄호 안의 정확한 답을 고르시오.

01 请把鞋脱下来(　　　　)。
   A 检查一检查　　　　　　　B 检查检查
   C 检查了检查　　　　　　　D 检检查查

02 遇到新问题，一定要好好(　　　　)，千万不能武断。
   A 研究研究　　　　　　　　B 学习学习
   C 处理处理　　　　　　　　D 想像想像

03 请帮我们公司(　　　　)我们最近开发出的新产品。
   A 宣传了宣传　　　　　　　B 宣传宣传
   C 宣传一宣传　　　　　　　D 宣宣传传

04 外边热死了，赶快打开空调，让我(　　　　)。
   A 凉快一凉快　　　　　　　B 凉快凉快
   C 凉凉快快　　　　　　　　D 凉快

05 大妈忙出来招呼我们进屋里(　　　　)。
   A 暖和　　　　　　　　　　B 暖暖和和
   C 暖和暖和　　　　　　　　D 暖和一暖和

06 这个问题我们(　　　　)，觉得你这么做很好。
   A 研究研究　　　　　　　　B 研究一研究
   C 研究了研究　　　　　　　D 研研究究

07 他们两个人正在房间里(　　　　　)。

    A 下下棋呢　　　　　　　　B 下下棋棋呢

    C 下棋下棋呢　　　　　　　D 下棋呢

08 我看，他的病那么严重，(　　　　　)不行。

    A 不休息休息　　　　　　　B 休息不休息

    C 休息一休息　　　　　　　D 没休息休息

09 学校给我们开的选修课(　　　　)都很有意思。

    A 门门　　　　　　　　　　B 一门门

    C 一门一门　　　　　　　　D 一门

10 房间里(　　　　)脏衣服说明他很懒。

    A 堆堆　　　　　　　　　　B 一堆一堆的

    C 一堆　　　　　　　　　　D 堆堆的

3 다음 문장을 중작 하시오.

01 잠깐 기다려주세요, 생각 좀 해보고요.

02 당신의 사진을 저에게 좀 보여주실 수 있습니까?

03 당신은 이 방에서 무슨 냄새가 나는지 좀 맡아보세요.

04 우리들 저녁밥 먹고 나가서 산보합시다.

05 제가 당신들에게 소개 좀 하겠습니다.

06 이것은 내가 만든 요리이니, 당신 맛 한번 보세요.

07 이 신발은 아주 예쁘니, 당신 한번 신어보세요.

08 이 옷이 잘 어울리니, 당신 한번 입어보세요.

09 이 종류의 차가 무척 향기로우니, 당신 한번 마셔보세요.

10 방금 나는 사전을 찾아보고서야, 비로소 이 글자를 잘못 썼다는 것을 알았다.

조동사는 동사 앞에 놓여 동사를 보조하는 성분으로, 중국어 명칭은 능원동사(能愿动词)이다. 능력(能·会·可以), 가능(能·会·可以), 허가(能·可以), 소망(想·要·愿意), 필요(要·得·必须), 당위(应该), 의지(要·肯), 용기(敢), 불허(不许·不准), 계획(打算) 등을 나타낸다.

01 能(能够)

(1) 능력(~할 수 있다)

주관적인 능력을 나타낸다. 그 능력은 일정한 정도나 수준에 도달한 능력과 일정 수준 이상으로 잘하는 능력 또는 내재적 능력을 포괄한다. 또한 회복의 능력도 나타낸다. '会'용법은 '能'보다 협소하므로, '会'를 '能'으로 대치할 수 있지만, '能' 대신에 '会'를 사용할 수는 없다.

형식

> 긍정형 : 주어 + 能 + 동사~。(~할 수 있다)
> 부정형 : 주어 + 不能 + 동사~。(~할 수 없다)
> 의문형 : 주어 + 能 + 동사~吗? (~할 수 있습니까?)
> 　　　　주어 + 能不能 + 동사~?

긍정형
- 他能办这件事。 그는 이 일을 처리할 수 있다.
- 他会游泳, 他能游五百米。 그는 수영을 할 줄 아는데, 500m를 수영할 수 있다.
- 大象能搬运东西。 코끼리는 물건을 운반할 수 있다.
- 他很能写, 一写就是一大篇。
  　　　　그는 글을 아주 잘 쓴다. 썼다하면 장편의 글을 쓴다. (可以×)
- 他的病好多了, 又能爬山了。 그는 병이 호전되어서 또 등산할 수 있게 되었다.

부정형
- 我有事不能去。 나는 일이 있어서 갈 수 없다.

의문형
- 你能不能去一趟? 당신은 한 번 갔다 올 수 있습니까?

(2) 허가(~해도 된다)

허락 또는 이치나 도리상의 허가를 물을 때 '可以'와 같은 용법으로 쓸 수 있다. 주로 의문문과 부정문에 쓰인다.

- 街上不能吐痰。 길에 가래를 뱉어서는 안 된다.

- 我能(可以)进去吗? 제가 들어가도 됩니까?

- 当然可以。 당연히 된다. (허가의 대답에는 꼭 '可以'만 쓸 수 있음)

- 不能进去。 / 不可以进去。 들어갈 수 없다.
  (불허의 대답에는 둘 다 쓸 수 있지만, 주로 '不能'을 씀)

(3) 가능(~할 수 있다)

어떤 객관적인 조건하에서의 가능성을 예측하거나 추측한다.

- 下这么大雨, 你能(会)回家吗?
  비가 이렇게 많이 오는데, 당신은 집에 돌아갈 수 있습니까?
- 这么晚, 他还能(可以×)来吗? 이렇게 늦었는데 그가 올 수 있을까?

O2 会

(1) 능력(~할 줄 안다)

학습이나 경험을 통하여 처음 습득한 초보적인 수준의 능력을 나타낸다.

> 긍정형 : 주어 + 会 + 동사~。 (~할 줄 안다)
>
> 부정형 : 주어 + 不会 + 동사~。 (~할 줄 모른다)
>
> 의문형 : 주어 + 会 + 동사~吗? (~할 줄 압니까?)
>
> 　　　　 주어+ 会不会 + 동사~?

- 我会说汉语。 나는 중국어를 말할 줄 안다.
- 我会打字。 나는 타자를 칠 줄 안다.
- 我会游泳。 나는 수영을 할 줄 안다.

- 我不会喝酒。 나는 술 마실 줄 모릅니다.

- 你会说汉语吗? 당신은 중국어를 할 줄 압니까?
- 你会不会做饭? 당신은 밥을 지을 줄 압니까?

(2) 가능(~일 것이다, ~할 것이다)

실현가능성을 예측하거나 추측한다. 비의문문에서는 문미에 보통 확신 어기의 '的'을 수반한다. 일반적으로 장래의 가능성을 나타내지만, 과거 나 현재의 일을 나타낼 수도 있다.

> 긍정형 : 주어 + 会 + 동사~(的)。 (~일 것이다, ~할 것이다)
>
> 부정형 : 주어 + 不会 + 동사~(的)。 (~일 리가 없다)
>
> 의문형 : 주어 + 会不会 + 동사~呢? (~할 것인가?)
>
> 　　　　 주어 + 会 + 동사~吗?

긍정형
- 他明天会来的。 그는 내일 올 것입니다.
- 没想到会这么顺利。 이렇게 순조로울 줄은 정말 몰랐다.

부정형
- 明天不会下雨的。 내일은 비가 올 리가 없다.
- 现在他不会在家里。 그는 지금 집에 없을 것이다.

의문형
- 他会回来吗? 그가 돌아올까?
- 他怎么会知道的? 그는 어떻게 알았을까?

(3) 능숙(~을 잘한다)

'很' '真' '最' '特别' 등의 정도부사와 어울려 '~을 잘 한다'는 뜻으로 쓰인다.

- 他很会唱歌。 그는 노래를 잘 한다.

주의 | 본동사로 쓰일 때

★ 본동사로 쓰일 때(会 + 명사 혹은 수량사)는 '~할 줄 안다'는 의미로 쓰인다.

· 我会一点儿汉语。 나는 중국어를 조금 할 줄 안다.

○3 可以

(1) 능력(~할 수 있다)

주관적인 능력을 나타내며, 그 능력은 일정한 정도나 수준의 능력을 말한다. 부정형은 '不能'이나 가능보어의 부정형을 쓰며, '不可以'를 쓸 수 없다.

긍정형
- 她可以说五种外语。 그녀는 5개 국어를 할 수 있다.
- 我一天可以记住三十个生词。 나는 하루에 30개의 새 단어를 외울 수 있다.

부정형
- 他不能说三种外语, 只能说两种。
  그는 세 가지 외국어를 할 수 없고 다만 두 가지만 할 수 있다.

(2) 가능(~할 수 있다)

객관적인 가능성을 나타낸다. 부정형식은 '不能'이나 가능보어의 부정형을 쓰며, '不可以'를 쓸 수 없다.

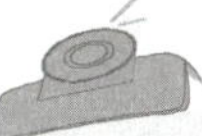

형식

긍정형 : 주어+可以+동사~。 (~할 수 있다)

부정형 : 주어+不能+동사~。 (~할 수 없다)

　　　　주어 + 가능보어의 부정형~。

의문형 : 주어+可以+동사~吗? (~할 수 있습니까?)

　　　　주어+可不可以+동사~?

긍정형
- 这个体育馆可以容纳两万人。 이 체육관은 2만 명을 수용할 수 있다.
- 这件事我可以马上办到。 이 일을 나는 즉시에 처리할 수 있다.
- 那儿很近，当天可以回来。
  그 곳은 무척 가까워, 당일 돌아올 수 있다.
- 天气热了，可以游泳了。 날씨가 더워져 수영해도 된다.

부정형
- 这个房间里不能住五个人。 이 방에서 5명이 살 수 없다.

의문형
- 明天你可不可以早点儿来?
  내일 당신은 좀 일찍 와 줄 수 있습니까?

(3) 허가(~해도 된다)

허락 또는 이치나 도리상의 허가를 나타낸다. 주로 긍정문에 쓰인다. 부정형식은 '不能'이나 '不可以' 모두 쓸 수 있으나, 주로 '不能'을 쓴다.

> **형식**
>
> 긍정형 : 주어 + 可以 + 동사~。 (~해도 된다)
>
> 부정형 : 주어 + 不能 + 동사~。 (~하면 안 된다)
>
>   주어 + 不可以 + 동사~。
>
> 의문형 : 주어 + 可以 + 동사~吗? (~해도 됩니까?)
>
>   주어 + 可不可以 + 동사~?

긍정형
- 你可以用我的词典。 당신은 제 사전을 써도 됩니다.

부정형
- 你不可以在这儿照相。 당신은 여기에서 사진을 찍으면 안 됩니다.

의문형
- 这儿可以照相吗? 여기서 사진을 찍어도 됩니까?
- 我可不可以用一下儿? 제가 좀 써도 됩니까?

(4) 가치(~할만 하다, 괜찮다)

무엇을 할 만한 가치가 있음을 나타낸다. 부정형식은 '不值得'이다.

- 这本书写得不错，你可以看看。 이 책은 잘 써져서, 당신이 볼만 합니다.
- 这篇文章还可以。 이 문장은 그런대로 괜찮다.

> **주의 | '不行'**
>
> ★ 묻는 말에 부정으로 대답할 때는 주로 '不行(안 된다)'을 쓴다.
>
> · 你可以借我一点儿钱吗? 당신은 나에게 돈을 좀 빌려 줄 수 있습니까?
>
> · 不行，我也没钱。 안 됩니다. 저도 돈이 없습니다.

04 想

(1) 소망 (~하고 싶다)

주관적인 소망을 나타낸다.

형식

> 긍정형 : 주어 + 想 + 동사~。 (~하고 싶다)
> 부정형 : 주어 + 不想 + 동사~。 (~하고 싶지 않다)
> 의문형 : 주어 + 想 + 동사~吗? (~하고 싶습니까?)
> 　　　　　주어 + 想不想 + 동사~?

긍정형 • 我想学中医。 나는 한의학을 배우고 싶다.

부정형 • 我不想吃午饭。 나는 점심을 먹고 싶지 않다.

의문형 • 你想喝什么? 당신은 무엇을 마시고 싶습니까?

• 你想买笔记本电脑吗? 당신은 노트북을 사고 싶습니까?

• 你想不想回故乡? 당신은 고향에 돌아가고 싶습니까?

주의 | 본동사로 쓰일 때

☆ 본동사로 쓰일 때(想+ 명사)는 '~을 그리워하다'는 의미로 쓰인다.

· 你想家吗? 당신은 집이 그립습니까?

05 要

(1) 필요(~해야 한다)

이치상 · 도리상의 객관적 필요를 나타낸다. 부정형식은 '不用 · 不必'이다.

형식

> 긍정형 : 주어 + 要 + 동사~。 (~해야 한다)
> 부정형 : 주어 + 不用(不必) + 동사~。 (~할 필요가 없다)
> 의문형 : 주어 + 要 + 동사~吗? (~해야 합니까?)
> 　　　　　주어 + 要不要 + 동사~?

긍정형 • 去中国要办签证。중국에 가려면 비자수속을 밟아야 한다.

부정형 • 你不用担心。당신은 걱정할 필요가 없다.

의문형 • 去那儿要换地铁吗? 거기에 가려면 지하철을 갈아타야 합니까?

(2) 의지(~하려고 한다)

주관적 의지를 나타내며, '想'보다는 어기가 약하다. 부정형식은 '不要'가 아니라 '不想·不愿意'이다.

> **긍정형** : 주어 + 要 + 동사~。(~하려고 한다)
>
> **부정형** : 주어 + 不想 + 동사~。(~하고 싶지 않다)
>
> **의문형** : 주어 + 要 + 동사~吗? (~하려고 합니까?)
>
> 　　　　　주어 + 要不要 + 동사~?

긍정형 • 我要寄挂号信。나는 등기우편을 부치려고 한다.

부정형 • 我今天不想喝啤酒。나는 오늘 맥주를 마시고 싶지 않다.

의문형 • 你要喝啤酒吗? 당신은 맥주를 마시려고 합니까?

• 你要不要买大衣? 당신은 코트를 사려고 합니까?

주의 | '不要'

⊛ '不要'(~해서는 안 된다)는 상대방에게 강한 금지를 나타낼 때 사용하며, 구어에서는 '不要' 대신 '别'를 많이 사용한다.

· 不要撒谎。거짓말하지 마라.

· 别理他。그에게 신경 쓰지 마라.

⊛ 본동사로 쓰일 때(要+ 명사)는 '~이 필요하다'라는 의미로 쓰인다.

· 你要什么? 당신은 무엇이 필요합니까?

· 我要铅笔。연필을 주세요.

06 应该(=应当 · 该)

(1) 당위(마땅히 ~해야 한다)

이치상 · 도리상의 당위를 나타낸다.

> **형식**
>
> **긍정형** : 주어 + 应该 + 동사~。(마땅히 ~해야 한다)
> **부정형** : 주어 + 不应该 + 동사~。(~하면 안 된다)
> **의문형** : 주어 + 应该 + 동사~吗? (마땅히 ~해야 합니까?)
>   주어 + 应不应该 + 동사~?

긍정형
- 学生应该努力学习。학생은 마땅히 노력하여 공부해야 한다.
- 中国冬天冷, 你应该带大衣。
  중국은 겨울이 추우니까, 너는 외투를 가져가야 한다.

부정형
- 你不应该批评他。너는 그를 비평하지 말아야 한다.

의문형
- 我应该怎么说呢? 내가 어떻게 말해야 합니까?
- 我们应不应该告诉老师呢? 우리는 선생님에게 알려야 합니까?

(2) 추측(~할 것이다)

어떠한 이치나 경험을 근거한 추측을 나타낸다.

- 他是早上八点走的, 现在该(应该·应当)到学校了。
  그는 아침 8시에 떠났으니, 지금은 학교에 도착했을 것이다.
- 天冷了, 你该(应该·应当)加衣服了。
  날씨가 추워졌으니, 옷을 더 입어야 할 것이다.
- 你那么说, 他该(应该·应当)生气了。
  당신이 그렇게 말하면, 그는 화를 낼 것이다.
- 他们结婚五年了, 他们的女儿应当(应该·该)是四岁了。
  그들이 결혼한 지 5년이 되었으니, 그들의 딸은 4살일 것이다.

★ '该'는 가정문의 주절에 쓰여 도의상의 추측을 나타낸다.

　이 때 '应该' '应当'은 쓸 수 없다.

　　· 如果行李太重, 明天你就该后悔了。

　　만약 짐이 무거우면, 내일 당신은 후회하게 될 것이다.

　　· 如果你再不回去, 爸爸妈妈该说你了。

　　만약 네가 돌아가지 않는다면, 아빠 엄마가 너를 꾸짖을 것이다.

★ '该'는 문어체에서 지시대명사로 쓰여, '这个' '那个'의 뜻을 나타낸다.

　　· 新华社华盛顿电, 该市最近发生系列枪击事件。

　　신화사 워싱턴 보도, 이 도시에서 최근 일련의 총격 사건이 발생했다.

07 得(děi)

(1) 필요(~하지 않으면 안 된다)

이치상 · 도리상의 필요를 나타내며, '应该 · 要'보다 더욱 긍정적이며, 구어적이다. 부정형식은 '不得'가 아니라 '不用 · 甭 · 不必'이다.

긍정형 : 주어 + 得 + 동사~。(~하지 않으면 안 된다)
부정형 : 주어 + 不用(不必) + 동사~。(~할 필요가 없다)
의문형 : 주어 + 得 + 동사~吗? (~해야 합니까?)
　　　　※정반합 형식의 의문문은 사용하지 않음.

긍정형 · 弟弟的病很严重, 得动手术。동생의 병이 심해서 수술을 해야 한다.

　　　　· 回家晚了, 妈妈准得着急。

　　　　귀가가 늦어지면, 어머니가 반드시 초조해질 것이다.

부정형 · 你们不用办理手续。당신들은 수속을 할 필요가 없습니다.

의문형 · 小孩子也得买门票吗? 어린아이도 입장권을 사야 합니까?

(2) 추측(~할 것이다)

긍정적인 추측을 나타내며, '会'의 의미에 해당한다. 주로 구어체로 쓰이며, 문어체에서는 거의 사용하지 않는다.

- 考试不及格, 我爸爸准得生气。

  시험에 불합격하면, 나의 아빠가 반드시 화낼 것이다.

> **주의 | 본동사로 쓰일 때**
>
> ✱ 본동사로 쓰일 때(得+ 명사 혹은 수량사)는 'dé(얻다, 획득하다)' 혹은 'děi(필요하다, 걸리다)'로 발음하며, 'děi'로 쓰일 때는 '要'로 바꿀 수 있다.
>
> · 买这双皮鞋得多少钱? 이 구두를 살려면 얼마나 필요합니까?
>
> · 到火车站得一个小时。기차역까지 가는데 한 시간이 걸립니다.

08 愿意

(1) 소망(~하기를 바라다)

주관적인 소망을 나타낸다.

형식

긍정형 : 주어 + 愿意 + 동사~。(~하기를 바라다)
부정형 : 주어 + 不愿意 + 동사~。(~하기를 원치 않는다)
의문형 : 주어 + 愿意 + 동사~吗? (~하기를 원합니까?)
　　　　주어 + 愿不愿意 + 동사 + (呢, 啊)?

긍정형 • 天气很好, 大家都愿意出去。

날씨가 너무 좋아서, 모두들 나가고 싶어 한다.

부정형 • 我不愿意和你一起去。나는 당신과 함께 가고 싶지 않다.

의문형 • 他愿意教你吗? 그는 당신을 가르치고 싶어 합니까?

• 他愿不愿意帮助我们呢? 그는 우리를 도와주고자 원하나요?

09 必须

(1) 필요(꼭 ~해야 한다)

이치상 · 도리상의 강한 필요를 나타내며, 부정형식은 '不用 · 不必 · 不须'이다.

> **형식**
>
> 긍정형 : 주어 + + 동사~。(꼭 ~해야 한다)
> 부정형 : 주어 + 不用 + 동사~。(~할 필요 없다)
> 의문형 : 주어 + 必须 + 동사~吗? (~해야 합니까?)

긍정형 • 学生必须带学生证。 학생은 반드시 학생증을 휴대해야 한다.

부정형 • 咱们是朋友, 不用客气。 우리들은 친구이니 사양할 것 없다.

의문형 • 我们必须用中文写吗? 우리들은 꼭 중국어로 써야 합니까?

10 肯

(1) 의지(기꺼이 ~하다)

외부의 요청을 받아들여 실행하겠다는 주관적인 의지를 나타낸다.

> **형식**
>
> 긍정형 : 주어 + 肯 + 동사~。(기꺼이 ~하다)
> 부정형 : 주어 + 不肯 + 동사~。(~하려고 하지 않다)
> 의문형 : 주어 + 肯 + 동사~吗? (기꺼이 ~하겠습니까?)

긍정형 • 他肯听大家的意见。 그는 기꺼이 모든 사람의 의견에 귀를 기울인다.

부정형 • 他不肯说实话。 그는 진실을 말하려고 하지 않는다.

의문형 • 你肯听我的话吗? 당신은 나의 말을 기꺼이 듣겠습니까?

11 敢

(1) 용기(감히 ~할 수 있다)

어떤 일을 할 담력과 용기를 나타낸다.

> **형식**
>
> 긍정형 : 주어 + 敢 + 동사~。(감히 ~할 수 있다)
> 부정형 : 주어 + 不敢 + 동사~。(감히 ~할 수 없다)
> 의문형 : 주어 + 敢 + 동사~吗? (감히 ~할 수 있습니까?)

긍정형 • 我一个人敢去。 나는 감히 혼자 갈 수 있습니다.

부정형 • 我们都不敢反对他。 우리들 모두 감히 그에게 반대할 수 없다.

의문형 • 你敢告诉他吗? 당신은 감히 그에게 알릴 수 있습니까?

• 我怎么敢说你不好呢?

　내가 어찌 당신이 나쁘다고 감히 말할 수 있겠습니까?

12 不许 / 不准

(1) 불허(~하면 안 된다)

이치상·도리상의 불허를 나타내며, 대부분 부정형으로 쓰인다.

> **형식**
>
> 부정형 : 주어 + 不许 / 不准 + 동사~。(~하면 안 된다)
> 의문형 : 주어 + 许 + 동사~吗? (~해도 됩니까?)
> 　　　　 주어 + 许不许 + 동사~ + (啊, 呢)?

부정형 • 不许在教室里吸烟。 교실에서 담배를 피우면 안 된다.

• 小孩子不准喝酒。 어린아이는 술을 마시면 안 된다.

의문형 • 图书馆外边也不许(准)吸烟吗?

　도서관 밖에서도 담배를 피우면 안 됩니까?

• 公园里许不许抽烟? 공원에서 담배를 피워도 되나요?

13 打算

(1) 계획(～할 작정이다)

예정이나 계획을 나타낸다.

> 긍정형 : 주어 + 打算 + 동사～。(～할 작정이다)
>
> 부정형 : 주어 + 不打算(打算不) + 동사～。(～하지 않을 작정이다)
>
> 의문형 : 주어 + 打算 + 동사～吗?(～할 작정입니까?)
>
> 　　　　 주어 + 打不打算 + 동사～?

긍정형 · 我们打算去北京旅游。 우리들은 북경에 여행하러 갈 작정이다.

부정형 · 他不打算回国。 그는 귀국하지 않을 작정이다.

의문형 · 你打算上大学吗? 당신은 대학에 진학할 작정입니까?

· 你打不打算买录音机? 당신은 녹음기를 살 생각입니까?

1 다음 문장에서 제시어의 정확한 위치를 고르시오.

01 她一个人 A 就 B 把会议室 C 收拾 D 干净。（能）

02 孩子 A 想 B 跟我的同事们一起 C 去百货公司 D 买东西。（要）

03 小金不是在教室写作业，就是在宿舍看书，A 他 B 在 C 别的地方 D。（不会）

04 爸爸说弟弟 A 去 B 游泳池 C 练习游泳 D，在床上是学不会的。（应该）

05 像这样的电冰箱，A 用人民币 B 买 C 大概 D 2,000元左右。（得）

2 다음 괄호 안의 정확한 답을 고르시오.

01 这个打字员真厉害，一分钟(　　　　　)打180多个汉字!

    A 敢　　　　　　　　　　　　B 能
    C 会　　　　　　　　　　　　D 应

02 他游泳游得很好，不过这两天病了，医生说他不(　　　　)游泳。

    A 会　　　　　　　　　　　　B 想
    C 能　　　　　　　　　　　　D 肯

03 现在早晚凉了，你得注意加衣服，不然(　　　　)感冒的。

    A 该　　　　　　　　　　　　B 可
    C 能　　　　　　　　　　　　D 会

04 我们都相信，中国经济发展以后，国际地位肯定(　　　　)提高的。

    A 必须　　　　　　　　　　　B 能
    C 会　　　　　　　　　　　　D 得

05 一个人出门在外，(　　　　)注意安全啊!

    A 得　　　　　　　　　　　　B 可
    C 愿　　　　　　　　　　　　D 会

3 다음 문장을 중작 하시오.

01 당신은 중국음식을 먹을 수 있습니까?

02 나는 피아노를 칠 줄 모른다.

03 여기에 주차해도 됩니까?

04 질문할 때 한국어로 해서는 안 된다.

05 새로운 단어를 읽을 때 성조에 주의해야 한다.

06 아이들은 오늘 동물원에 가려고 한다.

07 나는 그 사람의 집에 가지 않겠다.

08 나는 선생님께 이 문제를 묻고 싶다.

09 학생들은 마땅히 성실히 배워야 한다.

10 당신은 이 일을 처리하지 않으면 안 된다.

05 수사

수를 나타내는 낱말이다. 수사는 기수사(基数词)와 서수사(序数词)로 구분되며, 기수사는 다시 정수(整数)·분수(分数)·소수(素数)·배수(倍数)로 구분된다.

01 기수사

(1) 정수

정수는 계수(系数)와 위수(位数) 두 종류로 분류된다. 계수사는 '零·一·二(两)·三·四·五·六·七·八·九'이고, 위수사는 '个·十·百·千·万·十万·百万·千万·亿' 등이다.

1) 정수 읽기

용법	용례
· '11~19' 수를 읽을 때는 '一'은 생략한다. · 백 단위 이상의 자릿수 앞의 '1'은 반드시 '一'자를 붙여 읽는다. · 십 단위 자릿수 앞의 '1'도 숫자의 도중에 나올 때는 '一'자를 붙여 읽는다.	19 : 十九 100 : 一百 1,000 : 一千 115 : 一百一十五 13,116 : 一万三千一百一十六
· 마지막 단위가 '0'일 경우 그 뒤 위수사는 생략할 수 있다. 단, 뒤에 양사가 오면 생략할 수 없다	4,500 : 四千五 11,000 : 一万一 11,000块 : 一万一千块
· 중간에 '0'이 있으면 '零'으로 읽고, 여러 개 있을 경우라도 한번만 읽는다.	102 : 一百零二 3,202 : 三千二百零二 4,005 : 四千零五 10,001 : 一万零一
· 중간에 '0'이 있고 끝 단위에도 '0'이 있는 경우 그 뒤 단위 수는 반드시 위수사를 읽는다.	6,070 : 六千零七十 10,100 : 一万零一百

2) 년도·전화번호·차량번호·방 번호

　① 자릿수는 읽지 않고 숫자만 한자리 씩 읽는다.

　② ‘0’은 ‘零’으로 읽으며, 갯수대로 읽는다.

　③ ‘一’은 ‘七’과 혼동을 피하기 위해 ‘yāo’로 읽는다(단, 연도를
　　　읽을 때는 ‘yī’로 읽음)

　④ ‘2’는 ‘二’로 읽는다.

- 1999년 : 一九九九年
- 2010년 : 二零一零年
- 3214007(전화번호) : 三二yāo四零零七.
- 1105(방 호수) : yāoyāolíngwǔ

3) 금액

　① ‘块(元)’ ‘毛(角)’중 하나의 단위만 쓸 경우, 구어체에서는 일반
　　　적으로 끝에 ‘钱’자를 붙여 읽는다.

　② ‘毛(角)’가 금액 마지막 자리에 오면 생략할 수 있다.

　③ 단독으로 쓰이거나 최상위에 오는 ‘2’는 ‘两’으로 읽으며, 마지
　　　막 자리의 ‘2’는 ‘两’ ‘二’ 모두로 읽을 수 있다.

- 2元 : 两块钱
- 10元 : 十块钱
- 0.20元 : 两毛钱
- 2.30元 : 两块二(毛)
- 10.50元 : 十块五(毛)
- 14.60元 : 十四块六(毛)
- 100.20元 : 一百块两毛(钱)

4) 가감승제

- 2+3=5 : 二加三等于五
- 4-1=3 : 四减一等于三
- 5-9=-4 : 五减九等于负四
- 3×8=24 : 三乘八等于二十四
- 15÷3=5 : 十五除(以)三等于五

(2) 분수

- 3과 2/3 : 三又三分之二

⊛ 퍼센트

· 25% : 百分之二十五

⊛ 할인율

· 20% 할인 : 八折
· 30% 할인하다 : 打七折

⊛ 이자

· 2할 이자 : 二分利息

(3) 소수

- 138.45 : 一百三十八点四五.

(4) 배수

- 34是17的两倍。 34는 17의 두 배이다.

주의 | '增加了'와 '增加到'의 비교

⊛ 중국어에서 '~배'라고 할 때, 우리말과 차이가 있다. 즉 '增加+了~倍'는
증가분만 나타내며, '增加+到~倍'는 원래의 수를 포함한 증가된 후의
배수를 나타낸다. 따라서 아래 두 예문의 우리말 해석은 같다.

· 增加了一倍。 두 배로 증가하였다.
· 增加到两倍。 두 배로 증가하였다.

O2 서수사

서수는 수량사 앞에 '第'를 붙인다.

- 第二个人　두 번째 사람
- 第五页第二行　제 5쪽 둘째 줄
- 第一节课　제 1교시 수업

O3 '二'와 '两'의 용법

(1) '二'로 읽는 경우

용법	용례
십 단위까지의 정수 '2'는 '二'로 읽는다.	2 : 二　　12 : 十二　　22 : 二十二
서수·소수·분수의 '2'는 '二'로 읽는다.	제2 : 第二,　　　　　0.2 : 零点二 1/2 : 二分之一

(2) '两'으로 읽는 경우

용법	용례
·'百' 단위는 '两' 또는 '二'로 읽는다. ·'千', '万', '亿' 단위는 주로 '两'으로 읽는다. 단, '2'가 두개 이상 연속되면 처음의 것은 '两'으로 읽고, 뒤의 것은 '二'로 읽는다.	200 : 两百 혹은 二百,　222 : 二百二十二 2,000 : 两千,　　　　2,200 : 两千二 20,000 : 两万,　　　22,000 : 两万二 22,222 : 两万二千二百二十二 220,000 : 二十二万 200,000,000 : 两亿
·양사 앞의 '2'가 한자리 수이면 '两'으로 읽는다. 그러나 양사 앞이라도 '10' 이상의 수이면 '二'를 쓴다.	两本书 책 두 권 十二辆汽车 자동차 12대 二十位老师 선생님 20분
·미터법도량형인 경우는 주로 '两'을 쓰며, 중국전통도량형 단위 앞에서는 주로 '二'을 쓴다.	两公斤 2kg,　　　两公里 2㎞ 二尺 두 자,　　　二两 100g (예외) 两斤 (> 二斤) 두 근

O4 어림수(概数)

(1) 인접한 두 개의 수를 병렬한다.

- 一两个　한두 개
- 两三万　이삼 만

(2) 左右(~정도, ~쯤)

돈 액수·나이·높이·시간·거리 등의 뒤에 사용되며, 실력(수준)에는 쓸 수 없다.

- 请您下午六点钟左右来。 당신 오후 6시 정도 오세요.
- 现在十点钟左右。 현재 10시쯤 되었어요.

(3) 上下(약 ~정도)

주로 돈 액수·나이·높이·무게·실력(수준) 등의 뒤에 사용되며, 시간·거리에는 쓸 수 없다.

- 一亩蔬菜收入三千元上下。 1묘의 채소 수입은 3천 원 정도이다.
- 小蒋是一个二十岁上下的青年。 장군은 약 20세 정도의 청년이다.
- 我估计大概八百斤上下。 나는 약 8백 근 정도라고 추정한다.
- 他们俩较量了一番，结果是不分上下。
  그들 둘이 한번 겨뤄보니, 결과는 막상막하였다.

(4) 前后(전후)

명사 혹은 동사 뒤에 사용되어, 대략의 시간을 나타낸다.

- 天亮前后，气温最低。 날이 밝기 전후해서, 기온이 가장 낮다.
- 考试前后最容易生病。 시험보기 전후에 가장 병나기 쉽다.

(5) 几(수~, 몇~)

확정되지 않은 수를 대신해서 쓴다.

- 他当了十几年高中教员。　그는 십 수 년간 고교교사를 했다.
- 几十个　수십 개

(6) 来(~정도, ~가량)

① 끝자리 수가 0인 경우는 양사 앞에 온다.

- 这儿有十来把椅子。 여기에는 10개 정도의 의자가 있다.
- 他父亲五十来岁。 그의 아버지 연세는 50세 정도이다.

② 끝자리 수가 1~9인 경우는 양사 뒤에 온다.

- 四公斤来重　4kg 정도의 무게
- 四里来路　4리 정도의 길
- 三个来月　3개월 가량
- 三十五块来钱　35원 가량

(7) 多(~여, ~남짓)

① 끝자리 수가 0인 경우는 양사 앞에 온다.

- 那个公寓里住着五十多个人。그 아파트에는 50여 명이 살고 있다.
- 三百六十多本书　360여 권의 책(360~370권)
- 一千三百多个字　1,300여 개의 글자(1,300~1,400자)
- 五十多种语言　오십여 종의 언어(50~60종)
- 十多年　십 수 년(11~19년)
- 十多天　십 수 일(11~19일)

★ '多'가 시간 단위사 뒤에 사용될 경우, 의미가 변한다.

- 十年多　십년 남짓(10년~11년 사이)
- 十天多　십일 남짓(10일~11일 사이)

② 끝자리 수가 1~9인 경우는 양사 뒤에 온다.

- 四斤多肉　네 근 남짓의 고기
- 两斤多水果　두 근 남짓의 과일
- 三年多　삼여 년
- 十五块多钱　십오원 남짓
- 增加了一倍多。두 배 남짓 증가하였다.

(8) 半(반)

① 앞에 숫자가 없는 경우는 양사 앞에 온다.

- 半个苹果　반 개의 사과
- 半个月　보름

② 앞에 숫자가 있을 경우는 양사 뒤에 온다.

- 两个半月　두 달 반
- 一个半小时　한 시간 반

1 다음 문장에서 제시어의 정확한 위치를 고르시오.

01 以后每隔三 A 个 B 月 C 左右 D, 由公司组织一次情况报告会。(半)

02 姨妈 A 新开的咖啡馆儿不大, 大概坐得下 B 三十 C 个 D 人。(来)

03 我等了他三十 A 分 B 钟, 他也没来, 后来听说他已经三 C 个月 D 没有来了。(多)

04 据说高速铁路建成后, 从北京到上海只需要 A 四 B 个 C 小时 D。(多)

05 这位作家生活很有规律, 早上八点零五分开始工作, 一般每天 A 写 B 六千 C 字 D。

(左右)

2 다음 괄호 안의 정확한 답을 고르시오.

01 他们公司现有(　　　　)名员工。

　　A 二千两百两十

　　B 二千二百二十两

　　C 两千二百二十二

　　D 两千两百两十二

02 参加这次春季马拉松赛跑的有(　　　　)人。

　　A 一万三千八百零六十

　　B 一万三千八百六十

　　C 一万零三千八百六十

　　D 一万三千零八百六十

03 今年我们把大米产量从去年的1,000吨增加到2,000吨, 就是比去年(　　　　)。

　　A 增加两倍

　　B 提高二分之一

　　C 提高两倍

　　D 增加了一倍

04 礼堂里坐着(　　　　　)开会的人。

 A 几百个

 B 几百十个

 C 几百个多

 D 几个百多

05 我们年级一共有(　　　　　)女学生。

 A 一百十一名

 B 一百零十一名

 C 一百一十一名

 D 一百一十零一名

06 国庆节(　　　　　)，我打算去香港旅游。

 A 前后

 B 左右

 C 上下

 D 先后

3 다음 문장을 중작 하시오.

01 이런 사과는 한 근에 2원 20전이다.

02 그녀의 월급은 대략 천 원이다.

03 나는 이천 이백 원을 갖고 있습니다.

04 걸어서 대략 십 몇 분 걸린다.

05 그의 아빠의 연세는 대략 50세 전후이다.

06 저녁 일곱 시 반쯤에 당신을 마중하러 걸 것이다.

07 그는 2년 여 동안 중국어를 배웠다.

08 나는 북경에서 20 여 일 머물렀다.

09 그는 하루에 30리 정도의 길을 뛰었다.

10 우리 회사에서 전람회까지는 한 시간 정도 걸린다.

06 양사

사물·동작행위·시간을 세는 단위를 나타내는 낱말이다. 크게 명량사(名量词)와 동량사(动量词)로 구분된다.

1 명량사

사물의 수량 단위를 표시한다. 보통 '양사'라고 말하며, 전용양사(专用量词)·부정양사(不定量词)·차용양사(借用量词)로 구분된다.

01 전용양사

개체양사(个体量词)·집합양사(集合量词)·준양사(准量词)로 구분된다.

(1) 개체양사

개체 사물을 표시하는 명사 앞에는 반드시 특정한 양사를 사용해야 한다.

양사	용법	용례
把(자루·개)	자루나 손잡이가 있거나, 손으로 쥘 만한 사물	一把雨伞(우산 하나) 一把钥匙(열쇠 하나)
本(권)	책이나 노트를 세는 단위	两本书(책 두 권)
部(부·권·편)	영화·책을 세는 단위	一部电影(영화 한 편)
只 zhī(쪽·짝·마리·척) ※번체자 : 隻	쌍을 이루는 물건의 낱개나 일부 동물·배를 세는 단위	一只手(한 손) 一只羊(양 한 마리) 一只船(배 한 척)
沓(묶음)	포개져 있는 종이를 세는 단위	一沓信封(편지봉투 한 묶음)
朵(송이·떨기·점)	꽃·구름 따위를 세는 단위	一朵鲜花(생화 한 송이)

양사	용법	용례
份(부·인분)	전체 중 일부분 또는 선물·신문·문건·일 등을 세는 단위	一份人民日报(인민일보 한 부) 一份饭(일 인분의 밥)
座(좌·동·채)	산·건축물·교량 등 비교적 크고 든든한 것이나 고정된 물체를 세는 단위	一座山(산 하나) 这座大厦(이 빌딩) 一座宫殿(궁전 하나)
支(자루)	가늘고 긴 물건을 세는 단위	一支钢笔(펜 한 자루)
家(호·집)	가게나 기업체 등을 세는 단위	一家书店(한 서점) 这家医院(저 병원) 那家饭店(그 호텔)
幅(폭)	표구된 그림 등을 세는 단위	一幅画(그림 한 폭)
节(=堂, 교시)	수업시간을 세는 단위	一节课(한 시간의 수업) 第一节课(제1교시)
间(칸)	방을 세는 단위	一间房(방 한 칸)
件(건·가지)	옷·가구·일 등을 세는 단위	一件事(일 하나)
班(반·조·편)	반으로 된 단체나 무리 또는 교통기관의 운행표나 노선의 단위	这班年轻人(이 조의 젊은이) 下一班飞机(다음 편 비행기)
种(가지·종류)	사람·사건·물건의 종류 등을 세는 단위	这种人(이런 사람) 一种酒(한 종류의 술)
卷(juǎn)(통) ※卷子(juànzi)답안지	둥그렇게 만 것을 세는 단위	一卷卫生纸(화장지 한 통)
条(개, 마리)	가늘고 긴 물건을 세는 단위	一条领带(넥타이 한 개) 一条大鱼(물고기 한 마리)
辆(대)	차량을 세는 단위	一辆汽车(차 한 대)
项(가지·항목)	일의 항목을 세는 단위	一项计划(한 가지 계획)
顶(개)	모자나 가마를 세는 단위	几顶帽子(몇 개의 모자)
张(장)	넓고 평평한 표면을 가진 사물	一张纸(종이 한 장)

양사	용법	용례
个(개)	특정한 양사가 없는 사물에 두루 쓰임	一个孩子(아이 한 명) 两个房间(방 두 개)
封(통)	편지·전보 등을 세는 단위	一封信(편지 한 통)
口(식구·마리)	아가리가 있거나 입으로 특징되는 동물, 또는 사람을 세는 단위	三口人(세 식구) 一口猪(돼지 한 마리)
届(회·기·차)	정기적인 회의·운동회 또는 졸업연차 등에 쓰임	四届毕业生(4회 졸업생)
句(마디·구절)	말이나 구절의 수를 세는 단위	一句话(한 마디 말)
块(덩어리·조각)	덩어리 또는 조각을 세는 단위	一块肥皂(빨래비누 하나) 一块冰(얼음 한 덩어리)
门(가지·과목)	학문이나 기술 따위의 항목을 세는 단위	一门课(한 과목)
篇(편)	일정한 형식을 갖춘 문장을 세는 단위	一篇文章(문장 한 편)
所(채·동)	집이나 학교·병원 등의 건축물을 세는 단위	一所大学(대학 한 개)
听(캔)	캔에 담긴 물건을 세는 단위	一听啤酒(맥주 한 캔)
头(마리·두·개)	일부 집짐승이나 마늘 등에 쓰이는 단위	一头牛(소 한 마리)
颗(알)	작고 둥근 알맹이 모양의 물건을 세는 단위	一颗黄豆(콩 한 알)
首(수·곡)	시나 악곡	一首诗(시 한 수)
包(포대·봉지)	꾸러미로 포장되어 있는 물건	一包大米(쌀 한 포대)
粒(알·톨)	알맹이 형태의 사물	一粒米(쌀 한 톨) 一粒药丸(환약 한 알)
批(무리·무더기)	무리를 이룬 사람이나 무더기 형태의 사물	一批货(한 무더기의 물건)

양사	용법	용례
匹(필·마리)	포목 또는 말이나 노새 따위의 가축	一匹布(포목 한 필) 一匹马(말 한 필)
片(조각)	편평하고 얇은 물건, 면적과 범위가 큰 것, 또는 경치·소리·말·마음 등을 세는 단위	一片面包(빵 한 조각) 一片好意(조그만 호의)
台(대)	가전제품을 세는 단위	一台冰箱(냉장고 한 대) 一台电脑(컴퓨터 한 대)
架(대)	받침대가 있는 물건이나 기계 등을 세는 단위	一架飞机(비행기 한 대) 一架照相机(카메라 한 대)
位(분)	사람에 대한 단위	一位客人(손님 한 분)
盘(판·경기)	표면이 넓은 것 혹은 장기나 바둑의 횟수를 세는 단위	一盘菜(요리 한 접시) 一盘棋(장기 한 판) ※一步棋 : 장기나 바둑의 한 수
列(대)	행렬을 이룬 것을 세는 단위	一列火车(열차 한 대)
棵(그루·포기)	식물 또는 나무를 세는 단위	一棵树(나무 한 그루) 一棵草(풀 한 포기)

(2) 집합양사

쌍 혹은 두개 이상의 개체로 이루어진 사물에 쓰인다.

집합양사	용법	용례
副	한 벌이나 한 쌍으로 이룬 사물	一副耳环(귀걸이 한 벌) 一副眼镜(안경 한 벌) 一副对联(대련구 한 쌍)
双	쌍을 이룬 것(같은 성질)	一双鞋(신발 한 켤레) 一双筷子(젓가락 한 쌍)
对	쌍을 이룬 것(다른 성질)	一对夫妻(한 쌍의 부부)
套	세트·조·벌·방법을 이룬 것	一套家具(가구 한 세트) 一套衣服(의복 한 벌)
群	무리를 이룬 것	一群孩子(한 무리의 아이들) 一群鸭子(한 무리의 오리)

(3) 준양사

그 자체가 양사 역할을 한다.

① 도량사 : 尺·公里·米·公斤·斤·公升
② 화폐단위 : 元(块)·角(毛)
③ 시간단위 : 年·天·点·分(钟)·秒
④ 나이단위 : 岁

02 부정양사

'点儿' '些'를 부정양사라고 하며 주로 명사를 수식한다. 수사 중에서
'一'와만 결합할 수 있다. 모두 소량(약간)을 나타내며, 앞에 붙은 수사
'一'은 생략되기도 한다. '一点儿'이 형용사 뒤에 쓰일 때는 그 정도가
경미함을 나타낸다.

> **긍정형 : 동사 술어 + (一)点儿/ (一)些 + 명사**
> **형용사 술어 + (一)点儿/ (一)些**
> **부정형 : 一点儿 + 명사 + 也(都) + 不/没 + 동/형 술어**

- 我想去市里买点儿东西。 나는 물건을 약간 사러 시내에 가고 싶다.
- 我家里有点儿红茶。 나의 집에는 약간의 홍차가 있다.
- 谁都有一些毛病。 누구나 다 약간의 결점을 가지고 있다.
- 礼物应该好一点儿。 선물은 응당 좀 좋아야 한다.
- 我以前一点儿汉语也没学过。 나는 이전에 조금도 중국어를 배운 적이 없다.

⊛ '有一点儿(조금, 약간)'은 동사 혹은 형용사 앞에서 부사로 쓰이며, 역시 정도가 경미함을 나타낸다. 특히 형용사 앞에 쓰일 때는 대부분 '만족스럽지 않다'는 의미나 '어떤 것에 대한 평가'를 나타낸다. '一'은 종종 생략된다.

有点儿 + 형용사/동사 술어

· 今天我有点儿累, 不想吃饭。 오늘 나는 좀 피곤해, 밥을 먹고 싶지 않다.
· 这条裤子有点儿长。 이 바지는 좀 길다.
· 我有点儿不明白你的意思。 나는 네 뜻을 약간 이해하지 못하겠다.
· 他有点儿生气了。 그는 좀 화를 냈다.

03 차용양사

일부 명사(주로 용기를 나타내는 것)를 임시로 빌려 양사로 사용할 수 있는데, 이를 차용양사라고 한다.

차용양사	용법	용례
盒(갑)	작은 상자로 포장된 사물	一盒香烟(담배 한 갑)
碗(공기)	사발 등을 용기로 하는 사물	一碗饭(밥 한 공기)
盘(접시)	접시 등을 용기로 하는 사물	一盘菜(음식 한 접시)
杯(컵·잔)	잔을 용기로 하는 사물	一杯水(물 한 컵)
壶(주전자)	주전자를 용기로 하는 사물	一壶茶(차 한 주전자)
瓶(병)	병을 용기로 하는 사물	一瓶啤酒(맥주 한 병)
身(몸)	신체로 나타내는 사물	一身汗(온 몸의 땀)

2 동량사

동작 횟수의 단위를 표시하며, 전용동량사와 차용동량사로 구분된다.

01 전용동량사(专用动量词)

동작이나 변화의 양을 표시한다.

동량사	용법	용례
次(번)	동작의 횟수를 나타내며, 반복해서 나타내는 것에 쓰인다.	他来过两次。 그는 두 번 온 적이 있다.
回(번)	'次'와 같이 동작의 횟수에 쓰인다.	我去过一回北京。 나는 북경에 한 번 간 적이 있다.
遍(번)	한 동작이 시작되어 끝날 때까지의 전 과정을 나타낸다.	这本小说我看过一遍。 이 소설을 나는 한번 쭉 본 적이 있다.
趟(번)	①왕복한 동작의 횟수를 나타낸다.(동량사) ②왕복 운행하는 차·비행기·기차의 양사	① 去年我去过一趟上海。 　작년 나는 상해를 한 번 갔다 왔다. ② 下一趟去北京的火车几点开? 다음 번 북경행 기차는 몇 시에 출발합니까?
顿 (번·차례·끼니)	식사·질책·구타·권고 등의 횟수를 나타낸다.	爸爸狠狠打了他一顿。 아버지는 그를 호되게 한 번 때렸다.
阵(바탕)	잠시 동안 지속되는 일이나 동작을 세는 단위	今天下了好一阵雨。 오늘 한바탕 비가 내렸다.
场(cháng) (한바탕·한 차례)	일의 경과나 자연현상의 횟수를 나타낸다.	她哭了一场。 그녀는 한바탕 울었다. 下了一场雨。 비가 한바탕 내렸다.
场(chǎng) (회, 차례)	문화나 체육 활동의 회(차례)를 나타낸다.	有两场比赛。 두 차례의 시합이 있다. 演了三场电影。 영화를 3회 상영했다.
下	여러 차례의 동작을 나타낸다.	他敲了三下门。 그는 문을 세 번 두드렸다.
一下	한 차례의 짧은 시간을 나타낸다.	请你帮一下忙。 당신 좀 도와주세요.

도구나 몸의 일부를 임시적으로 빌려 동량사로 차용한 것이다.

차용동량사	용법	용례
脚	발로 하는 동작	踢了一脚(발로 한 번 찼다)
眼	눈으로 하는 동작	看了一眼(한 번 힐끗 보았다)
拳	주먹을 쓰는 동작	打了一拳(주먹으로 한 대 때렸다)
口	입으로 하는 동작	咬了一口(입으로 한 번 물었다)
刀	칼로 하는 동작	切了一刀(칼로 한 번 썰었다)
枪	총으로 하는 동작	放了一枪(총을 한 방 쏘았다)
笔	붓으로 하는 동작	写了一笔(붓으로 일필휘지하다)
声	소리로 하는 동작	告诉一声(한마디 말하다)
针	주사를 쓰는 동작	打了一针(주사를 한 방 놓았다)

1 다음 문장에서 제시어의 정확한 위치를 고르시오.

01 语言 A 是 B 民族的 C 传统 D 文化。（一个）

02 A 你 B 这 C 奶白色 D 衬衣的领子不是都有毛病吗？（两件）

03 A 妈妈的 B 那 C 新买的 D 呢子大衣都锁在衣柜里。（两件）

04 今天的天气不比前两天，你 A 多 B 穿 C 衣服 D 才好。（一点儿）

05 你摸摸，我 A 大概 B 发 C 烧 D。（有点儿）

2 다음 괄호 안의 정확한 답을 고르시오.

01 你们是我们今年以来接待的第二（　　　）观光者。

    A 批　　　　　　B 群　　　　　　C 堆　　　　　　D 伙

02 据统计，中国各级各类学校已有175万（　　　）。

    A 家　　　　　　B 所　　　　　　C 座　　　　　　D 户

03 那是一（　　　）非常聪明的鹦鹉，说起话来引得人驻足围观。

    A 头　　　　　　B 位　　　　　　C 只　　　　　　D 条

04 我误了8:10的火车，请问，下一（　　　）去沈阳的火车几点开？

    A 节　　　　　　B 辆　　　　　　C 趟　　　　　　D 回

05 这里新建了一（　　　）立交桥和三（　　　）高速路。

    A 道，条　　　　B 座，条　　　　C 座，道　　　　D 道，座

06 他作完报告后，台下响起一（　　　）热烈的掌声。

    A 个　　　　　　B 阵　　　　　　C 面　　　　　　D 份

07 这（　　　）车是从北京开往上海的特别列车。

    A 条　　　　　　B 列　　　　　　C 趟　　　　　　D 排

08 我四处寻找，又托朋友帮忙，好不容易找到了这（　　　　）工作。

　　A 项　　　　　　B 件　　　　　　C 份　　　　　　D 次

09 今年冬天我家腌了二十（　　　　）大白菜。

　　A 颗　　　　　　B 棵　　　　　　C 条　　　　　　D 块

10 今天的天气不比前两天，你会觉得（　　　　）冷。

　　A 一些　　　　　B 一点儿　　　　C 有一点儿　　　D 多少一点儿

3 다음 문장을 중작 하시오.

01 그는 중국어를 약간 말할 줄 안다.

02 일요일은 좀 늦게 일어나도 된다.

03 제 7과의 문법은 좀 어렵다.

04 오늘 그는 좀 기분이 좋지 않다.

05 당신은 이 산을 오른 적이 있습니까?

06 나는 그에게 닭 한 마리를 샀다.

07 오늘 아침 나는 밥을 두 그릇 먹었다.

08 우리들은 이 문제에 대해 세 차례 토론했다.

09 대련으로 가는 배가 하루에 두 번 있다.

10 나는 방금 녹음을 세 번 들었다.

07 형용사

형용사는 사람이나 사물의 형상·성질·상태 등을 나타내는 낱말이다. 그 형태나 역할에 따라 여러 가지로 나눌 수 있지만, 크게 성질형용사와 상태형용사로 나눌 수 있다.

01 성질형용사

성질형용사는 사람과 사물의 성질이나 속성을 나타낸다.

 (1) '多'와 '少'

구분		용법	예문
형용사	多/少	명사를 수식한다.	他很有名，很多人认识他。 그는 대단히 유명해서 많은 사람들이 그를 안다.
부사	多	동사 앞에서 '많이'를 뜻한다.	外面很冷，你要多穿衣服。 밖이 매우 추우니, 당신은 옷을 많이 입어야 합니다.
		수량사를 동사 뒤에 놓고, '얼마만큼 많은가'를 나타낸다.	我给她多买了一张电影票。 나는 그녀를 위해서 영화표 1장을 더 샀다.
	少	동사 앞에서 '적게'를 뜻한다.	跟你没有关系，你少管闲事。 당신과 관계가 없으니, 당신은 쓸데없이 일에 참견 마세요.
		수량사를 동사 뒤에 놓고, '얼마만큼 적은가'를 나타낸다.	他少给了我四块钱。 그는 내게 4원 적게 주었다.

② '早'와 '晚'

구분	용법	예문
早	수량을 표시하는 말을 동사 뒤에 놓고 '얼마만큼 빠른지'를 나타낸다.	他比昨天早来了两个钟头。 그는 어제보다 2시간 빨리 왔다.
晚	수량을 표시하는 말을 동사 뒤에 놓고 '얼마만큼 늦는지'를 나타낸다.	他们晚走了三天。 그들은 3일 늦게 출발했다.

③ '好'와 '难'

구분		용법	예문
형용사	好	동사 앞에서 '~하기 쉽다'는 뜻이며, 부정은 '不'가 앞에 온다.	这个打火机很好用。 이 라이터는 매우 사용하기 쉽습니다.
		파생적인 의미	好看 아름답다 好听 듣기 좋다 好吃 맛있다 好喝 음료가 맛있다
	难	동사 앞에서 '~하기 어렵다'는 뜻으로 쓰인다.	现在这种机械很难买。 현재 이런 기계는 사기가 매우 어렵다.
부사	好	형용사 앞에서 '매우'의 뜻으로 쓰인다. '很'과는 달리 경탄의 기분이 숨겨져 있으며, 부정형은 없다.	好高的楼, 有二百多公尺! 매우 높은 건물이야, 200 여 미터는 되겠다!

02 상태형용사

상태형용사는 사람이나 사물을 생생하게 묘사한다. 관형어나 술어가 될 때는 그 모습을 '생생하게 묘사'하고, 부사어가 될 때는 정도의 의미를 '강조'한다. 형태는 본래 상태형용사인 것과 성질형용사가 상태형용사화된 것, 두 가지가 있다.

구분		용법	예문
상태 형용사	ABAB형	정도의 의미를 더함.	雪白雪白(새 하얗다)(雪白) 冰凉冰凉(매우 차갑다)(冰凉) 通红通红(새 빨갛다)(通红)
	AAB형	정도의 의미를 더함.	热乎乎(따끈따끈하다) 干巴巴(바삭바삭하다) 绿油油(짙푸르다) 香喷喷(매우 향기롭다) 乱哄哄(와자지껄하다)
성질 형용사가 중첩되어 상태 형용사화 된 것	단음절 형용사의 중첩형 (AA儿형)	정도의 의미를 더함. 제2음절은 제1성으 로 변하고, 어미는 주 로 er화 한다.	好好儿(좋다) 高高儿(높디높다) 快快儿(신속하다) 慢慢儿(천천히)
	2음절 형용사의 중첩형 (AABB형)	정도의 의미를 더함. 제 2음절은 경성으로 발음하고, 제 4음절 은 강하게 발음한다.	明白(명백하다)→明明白白(매우 명백하다) 清楚(확실하다)→清清楚楚(매우 확실하다 高兴(기쁘다)→高高兴兴(매우 기쁘다) 漂亮(예쁘다)→漂漂亮亮(매우 예쁘다) 老实(착실하다)→老老实实(매우 착실하다)
	2음절 형용사의 중첩형 (A里AB형)	혐오와 경멸의 의미 를 나타낸다. 2음절 은 경성으로 발음한 다.	糊里糊涂(흐리멍텅하다) 小里小气(옹졸하다, 인색하다) 啰里啰嗦(말이 많다, 지루하다) 妖里妖气(요사스럽다, 요염하다)

03 형용사 중첩형의 사용 제한

(1) 형용사 중첩시 정도부사(很 · 十分 · 极了)를 쓸 수 없다

예1
- 她今天很漂亮。(○)(=她今天漂漂亮亮。)
  그녀는 매우 아름답다.
  她今天很漂漂亮亮。(×)
  她今天漂漂亮亮极了。(×)

예2
- 对面走过来一位漂漂亮亮的姑娘。(○)
  맞은편에서 한 예쁘장한 아가씨가 걸어온다.
  对面走过来一位十分漂漂亮亮的姑娘。(×)

(2) 쌍음절 형용사를 다 중첩하여 쓸 수 있는 것이 아니다

중첩 여부는 언어의 결합 습관에 따른 것으로, 중첩형으로는 주로 干净(깨끗하다)·客气(예의바르다)·高兴(기쁘다)·确实(확실하다)·凉快(시원하다)·明白(분명하다)·苗条(날씬하다)·暖和(따뜻하다)·清楚(분명하다)·舒服(편안하다)·痛快(통쾌하다)·老实(성실하다)·简单(간단) 등이 자주 쓰인다.

주의 | 처음부터 중첩형

⊛ 처음부터 중첩형으로 되어 있는 것이 있다.

· 战战兢兢　　전전긍긍하다
· 轰轰烈烈　　기세가 드높다

⊛ 술어나 보어가 형용사 중첩인 경우 주로 문미에 '的'을 붙인다.

· 他今天高高兴兴的。그는 오늘 무척 기쁘다.
· 他把衣服洗得干干净净的。그는 옷을 매우 깨끗하게 빤다.

1 다음 문장에서 제시어의 정확한 위치를 고르시오.

O1 既然你身体不舒服，那 A 就 B 要 C 休息 D。（好好）

O2 我 A 比他 B 看 C 了 D 两本书。（多）

O3 每逢星期一 A 他 B 都 C 来 D。（早）

O4 你看 A 东边 B 天上 C 云 D，恐怕要下雨了。（厚厚的）

O5 老王 A 从广东 B 带回来一筐 C 很 D 新鲜的荔枝。（红红的）

2 다음 괄호 안의 정확한 답을 고르시오.

O1 教室里总是打扫得（　　　）。

   A 干干净净的　　　　　　　B 干净干净

   C 很干干净净　　　　　　　D 干干净净极了

O2 大家整天（　　　），很久没联系了。

   A 忙忙碌碌的　　　　　　　B 忙碌忙碌

   C 忙碌了忙碌　　　　　　　D 非常忙忙碌碌

O3 我可以证明这个事情（　　　）不是他故意干的。

   A 确实地　　　　　　　　　B 确实确实

   C 确确实实　　　　　　　　D 很确实地

O4 他（　　　）进了教室。

   A 跑得急急忙忙　　　　　　B 急忙跑地

   C 急忙急忙地跑　　　　　　D 急急忙忙地跑

O5 小李（　　　）地说："我把钥匙丢了。"

   A 着着急急　　　　　　　　B 着急着急

   C 着急　　　　　　　　　　D 着急着

3 다음 문장을 중작 하시오.

01 소금을 좀 적게 넣으세요.

02 사양하지 말고 많이 드십시오!

03 오늘 나는 십분 일찍 왔다.

04 비행기가 한 시간 늦게 도착했다.

05 한자는 쓰기 어렵다.

06 그 자전거는 매우 비싸다.

07 중국어는 쉽지 않으니, 나는 잘 배워야 한다.

08 조급해하지 말고, 천천히 드세요!

09 그들은 말을 다 마치고서, 기쁘게 나갔다.

10 나는 이미 분명하게 그에게 알렸다.

08 부사

동사나 형용사 혹은 다른 부사 앞에서 그것들을 수식하는 문장성분을 부사어(副词语)라고 하는데, 그 대표적인 것이 부사이다. 시간·정도·범위·빈도·어기·부정·가능 등을 나타내며, 크게 의미와 위치에 따라 분류한다.

1 분류

구분		예시
의미상의 분류	시간부사	常常(늘), 往往(종종), 已经(이미), 曾经(이전에), 终于(마침내), 刚(=刚刚, 방금), 才(겨우), 刚好(때마침), 恰好(마침), 一直(줄곧), 正在(바로~하고 있다), 就(곧), 从来(여태까지), 始终(시종), 老(是)(늘), 马上(즉시), 早晚(조만간), 偶尔(때때로), 总是(언제나) ※ ‘已经’은 과거·미래의 완료에 쓰이며, ‘曾经’은 과거의 경험에만 쓰이며 어기조사 ‘了’와 호응하지 않음. ※ ‘常常’은 과거·현재·미래의 습관에, ‘往往’은 이미 발생한 일에만 쓰임. ※ ‘马上’은 뒤에 대개 ‘就’가 옴.
	정도부사	最(가장), 极(가장), 相当(매우), 非常(매우), 十分(매우), 顶(매우), 挺(매우), 怪(매우), 很(매우), 太(너무), 更(더), 比较(비교적), 大体(대체로), 尤其是(특히), 稍微(약간), 还(그런대로), 特别(특별히), 真(정말), 多么(얼마나) ※ ‘太’는 ‘了’와 호응하여 주관적 견해(불만·찬탄 등)에 많이 쓰임.
	범위부사	全(전부), 都(모두), 一共(모두), 只(=光·仅, 단지), 到处(곳곳에), 就(~만), 另外(그 밖에), 一起(함께), 一块(함께), 凡是(무릇), 净(뿐), 单(단지), 总共(전부)
	중복·빈도부사	也(도), 还(또한), 又(또), 再(또), 再三(재삼) ※ ‘再·还’은 아직 실현 되지 않은 동작에, ‘又’는 이미 실현된 동작에 사용됨. ※ ‘再’는 주로 동사 앞에, ‘还’은 반드시 조동사 앞에 위치함.

구분		예시
의미상의 분류	어기부사	倒(dào, 오히려), 准(반드시), 可(정말로), 却(오히려), 并(결코), 竟(뜻밖에), 赶快(빨리, 얼른), 简直(정말, 실로), 总是(결국), 毕竟(결국), 到底(도대체·결국), 究竟(도대체·결국), 终于(마침내), 肯定(반드시), 一定(반드시), 明明(분명히), 的确(분명히), 实在(정말), 果然(과연), 忽然(갑자기), 千万(제발), 难道(설마), 难怪(어쩐지), 也许(아마도), 恐怕(아마도), 尽管(마음 놓고), 尽量(가능한 한), 原来(본래), 大约(대략), 差不多(거의), 差点儿(하마터면), 幸亏(다행히), 居然(의외로), 竟然(의외로), 反正(어쨌든), 反而(오히려), 其实(사실은), 只好(부득이), 好在(다행히도), 几乎(jīhū, 거의), 不过(~에 불과하다), 还是(여전히), 仍然(여전히), 依然(여전히), 万万(결코), 偏偏(군이, 하필, 유독), 毅然(결연히), 索性(차라리, 아예) ※ '居然'은 '竟然'보다 어기가 가벼움. ※ '简直'는 과장의 어기를 나타냄.
	부정부사	不(아니다, 않다), 没(없다, 아니다), 别(하지 마라), 勿(하지 마라), 未(~이 아니다)
문장 위치에 따른 분류	일반부사	·대부분의 제한성 부사는 주어 뒤 술어 앞, 또는 다른 부사의 앞·뒤에 놓인다. 这条河相当深。 이 강은 꽤 깊다. 她已经结婚了。 그녀는 이미 결혼했다. ·대부분의 묘사성 부사와 일부 제한성 부사는 주어 뒤에만 놓인다.
	문장부사	·사물에 대한 판단이나 추측·의심 등 화자의 심적 태도를 나타내는 '大概·到底·果然·究竟·恐怕·难道·幸亏·也许' 등의 이음절 부사는 문두에 위치한다. 究竟你去还是他去? 도대체 네가 가는 거니, 아니면 그가 가는 거니? 难道你一直不知道吗? 설마 네가 줄곧 모르고 있지는 않았겠지? 也许他已经走了。 아마 그는 이미 갔을지도 몰라.

2 주요 부사의 용법

(1) 총(总)

용법 및 뜻	예문
용법: 주로 조동사 앞에 쓰임. 뜻: 반드시, 꼭	不要着急, 问题总会解决的。 조급해하지 마라, 문제는 반드시 해결될 것이다.
용법: 부정식에만 사용. 뜻: 아무래도	算了几遍, 总也算不对。 몇 번을 계산했는데, 아무래도 계산이 맞지 않는다.
용법: 주로 '是'앞에 쓰임. 뜻: 늘, 언제나	中秋的月亮, 总是那么明亮。 추석의 달은 늘 밝다.

(2) 还

구분	용법 및 뜻	예문
还	용법: 의문문이나 조동사 앞에서 미래의 중복을 나타냄. 뜻: 또	你明天还去吗? 당신은 내일 또 갑니까? 我还要写一遍。 나는 한 번 더 쓰고 싶다. 我还想再看一遍这部电影。 나는 이 영화를 또 한 번 보고 싶다.
还	용법: 보충이나 범위의 확대를 나타냄. 뜻: 또한	他学过英语, 还学过汉语。 그는 영어를 배웠고, 또한 중국어도 배웠다. 阅览室有中文杂志, 还有五本汉语词典。 열람실에 중국어 잡지가 있으며, 또 다섯 권의 중국어사전이 있다.
还	용법: 그런대로 만족스럽거나 괜찮은 정도를 나타냄. 뜻: 그런대로	他近来身体还可以。 그는 요즘 건강이 그런대로 괜찮다. 这张照片拍得还不错。 이 사진은 그런대로 잘 찍었어.
还	용법: 의미를 한층 더 해 줌. 앞에 때로 ‘不只’등의 접속사가 옴.	他不只会打太极拳, 还打得很好呢。 그는 태극권을 할 수 있는 정도가 아니라, 매우 잘한다.
还	용법: 의외라는 어감을 내포.	你还会唱中国歌? 당신이 중국노래를 부를 줄 안다고?
还	용법: 반문의 어기. 뜻: 조차, 까지도	你现在还不走, 要等到什么时候才走? 당신 지금까지도 출발하지 않으면, 도대체 언제까지 기다려야 갈 것입니까?
还(是)	용법: 동작이나 상태의 지속을 나타냄.(= 仍然, 仍旧) 뜻: 여전히, 아직도	十年不见, 你还是这么漂亮。 십 년 만에 만났는데, 당신은 여전히 예쁘군요. 橙子汁家里还有呢! 오렌지 주스가 아직도 집에 있다니! 他们还在图书馆呢! 그들이 아직도 도서관에 있다니!
还没~呢	뜻: 아직~하지 않았다.	我们刚搬家还没装电话呢! 우리들은 막 이사하였기 때문에 아직 전화를 설치하지 않았다!
还是~吧	용법: 비교나 생각을 거친 후의 선택을 나타냄. 뜻: ~하는 편이 더 낫겠다	我还是到外头去复印吧。 나는 밖에 나가 복사하는 것이 낫겠다. 你还是把这张支票存到银行吧。 당신은 이 수표를 은행에 저금하는 것이 낫겠다.

(3) 就

용법 및 뜻	예문
용법: 주어 강조. 뜻: 바로 ~이다	他就是我们老师。 그가 바로 우리들의 선생님이시다.
용법: 범위를 확정한다. 뜻: 단지(=只)	我就有一个儿子。 나는 단지 아들 한 명이다.
용법: 수량이 적음 혹은 많음을 강조한다. 적음을 강조할 때는 힘주어 읽고, 많음을 강조할 때는 가볍게 읽는다.	我手头就有三块钱。 나의 수중에는 단지 3원밖에 없다. 他就讲了半个小时, 别人都没时间谈了。 그가 30분이나 이야기 하여, 다른 사람은 말할 시간이 없어졌다.
용법: 아주 짧은 시간 내에 이루어짐. 뜻: 곧, 바로	你现在就去吧。 너 지금 바로 가거라.
용법: 동작의 발생이 기대했던 것보다 더 빠름을 나타냄. 뜻: 이미	我们下午三点钟就到了。 우리들은 오후 3시에 이미 도착했습니다.
용법: 두 개의 동작이 시간적으로 긴밀함. 뜻: (~하자마자), 곧 / 바로 ~	我们吃完饭就走。 우리들은 밥을 먹고서 바로 떠나려고 한다.

(4) 才

용법 및 뜻	예문
용법: 사건이 막 발생하였음을 나타냄. 뜻: 막, 방금	比赛才开始。 경기가 막 시작됐다.
용법: 수량이나 능력이 적은 것을 나타냄. 뜻: 겨우	那个孩子才两岁。 그 아이는 겨우 두 살이다.
용법: 어떤 조건하에서 동작이 행하여지는 것을 나타냄. 뜻: 비로소	我问他, 他才告诉我的。 내가 그에게 묻고 나서야, 그는 나에게 알려 주었다.
용법: 강조의 어기를 나타냄. 뜻: 참으로, 정말	他才聪明呢。 그는 참으로 총명해요.
용법: 동작의 발생이 기대했던 것보다 더 느림을 나타냄. 뜻: 겨우	他今天有事, 晚上九点才来。 그는 오늘 일이 있어, 저녁 9시에서야 겨우 왔습니다.

※ '就'와 '才'의 용법 비교

❶ '就'는 곧 발생함을 나타내고, '才'는 얼마 전에 이미 발생하였음을 나타낸다.
  · 他就走。 그는 곧 가려 한다.
  · 他才走。 그는 막 갔다.
❷ 만약 앞에 시간사가 있으면, '就'는 '벌써', '才'는 '겨우'를 나타낸다.
  · 他六点就来了。 그는 6시에 벌써 왔다.
  · 他六点才来。 그는 6시에 겨우 왔다.
❸ 만약 뒤에 수량사가 있으면, '就'는 '많음', '才'는 '적음'을 나타낸다.
  · 他一下子就吃了三碗。 그는 단숨에 세 공기나 마셨다.
  · 他才十五岁。 그는 겨우 15세이다.

(5) 都

용법 및 뜻	예문
용법: 전체를 총괄함. 뜻: 전부	他什么事都能做。 그는 어떠한 일도 할 수 있다.
용법: 어기부사로 문미의 '了'와 호응하며 발음은 경성. 뜻: 이미~했다.	天都黑了, 他怎么还不回家呢? 날이 이미 어두워졌는데, 그는 어째서 아직 집에 돌아오지 않니?

(6) 又

용법 및 뜻	예문
용법: 이미 일어난 동작의 반복. 뜻: 또	小张有病, 又住院了。 장 군은 병이 나서 또 입원했다.
용법: 상황이 누적됨. 뜻: 또한	北京是中国的首都, 又是政治、文化的中心。 북경은 중국의 수도이며, 또한 정치·문화의 중심이다.
용법: 아직 반복되지는 않았지만 반드시 반복될 것이 확실한 경우나 주기적으로 반복될 경우. 뜻: 또	明天又是星期五了。 내일은 또 금요일이다.

plus⁺

※ '又'와 '也'의 용법 비교

'又'는 대개 자신의 이전 동작의 중복을 나타내고(하나의 주어), '也'는 다른 사람과의 동작 중복을 나타낸다(두 개의 주어).

· 他昨天来了，今天又来了。 그는 어제 왔는데, 오늘도 왔다.

· 他来了，我也来了。 그가 왔고, 나도 왔다.

(7) 再

① 행위가 선후로 진행될 경우

> ㉠ ～(了)再 + 동사구～。(～하고 나서 ～하다)
> ㉡ 先 + 동사구 + 再 + 동사구～。(먼저 ～하고 나서, ～하다)
> ㉢ 等～再 + 동사구～。(～하고 나서, ～하다)
> ㉣ 주어 + 先 + 동사구～，等 + 동사구 + 再 + 동사구～。
> 　(먼저 ～하고, ～다 하면 ～하다)

㉠ · 父亲不在家，你明天再来吧。

　　아버지께서 집에 안 계시니, 내일 다시 오세요.

　· 我学好中文再回国。 나는 중국어를 잘 배우고 나서 귀국한다.

㉡ · 先等两三天再说吧。 먼저 이삼 일 기다려보고 나서 이야기합시다.

　· 先租好房子再买家具。 먼저 집을 세놓고 나서 나중에 가구를 산다.

㉢ · 等老师来再问他吧。 선생님이 오시거든 여쭤보도록 합시다.

㉣ · 你先吃饭，等吃完饭再一起出去玩。

　　너 먼저 식사하고, 식사를 다하면 함께 놀러 나가자.

② 행위를 반복하지 않을 경우

> ㉠ 주어 + 没有 + 再 + 동사。(다시는 ～하지 않다)
> 　※ 강조할 경우에는 '再' 뒤에 '也'를 붙인다.(再也不～, 再也没～)
> ㉡ 주어 + 不再 + 동사구 + 了。(더 이상 ～하지 않는다)
> ㉢ (你们/你) + 别再 + 동사구 + 了。(더 이상 ～하지 말라)

ㄱ • 他上个月来过三次，以后没有再来。
　그는 지난 달 세 차례 온 이후, 다시 오지 않았다.

※ • 他总是骗人，我再也不信他的话了。
　그는 언제나 사람을 속이니, 나는 다시는 그의 말을 믿지 않겠다.

• 从那以后，我再也没说过谎。
　그 이후부터, 나는 다시는 거짓말은 하지 않았다.

ㄴ • 得了胃炎以后，我不再喝酒了。
　위염에 걸린 후, 나는 더 이상 술 마시지 않는다.

ㄷ • 你胃不好，别再喝酒了。
　당신은 위가 좋지 않으니, 더 이상 술 마시지 마라.

plus⁺

※ '再'와 '又'의 용법 비교

❶ '再'는 아직 발생하지 않은 것을, '又'는 이미 발생된 것을 나타낸다.
　·再写一遍。 한 번 더 써라.
　·又写了一遍。 또 한 번 썼다.

❷ 명령문과 가정문에 '再'는 쓸 수 있으나 '又'는 쓸 수 없다.
　·这件事不着急，过两天再说吧。
　이 일은 급하지 않으니, 며칠 지난 뒤에 다시 얘기합시다.
　·你要是再这么不讲理，我就不客气了。
　네가 만일 또 이렇게 억지를 쓴다면, 나는 예의를 차리지 않겠다.

❸ '再'는 조동사 뒤에만, '又'는 앞에만 올 수 있다.
　·你能再帮帮他吗? 당신은 또 그를 좀 도와줄 수 있습니까?
　·他又能说话了。 그는 다시 말할 수 있게 되었다.

※ '再'와 '还'의 용법 비교

'再'와 '还'은 미래의 중복을 나타내지만, 용법은 약간 다르다.

❶ '还'은 의문문에서만 사용한다.

· 这本词典你还要用吗? 이 사전을 당신은 다시 사용하려고 합니까?

❷ 서술문에 조동사가 있을 경우, 조동사 앞에 '还'을 쓴 다음, 조동사 뒤에 또 '再'를 쓸 수 있다. 이때는 동작의 중복 및 계속을 강조한다.

· 我们还想再听一遍。 우리들은 다시 한 번 듣고 싶다.

❸ 명령문에 '再'는 쓸 수 있으나, '还'은 쓸 수 없다.

· 咱们再玩一会儿吧。 우리들 잠시 놀자.

⑻ 倒(是)

뜻	예문
용법: 어기의 완화. 만약 '倒'가 없으면, 어기가 비교적 강함. 뜻: 좀	咱们能一起去, 那倒挺好。 우리 둘 함께 갈 수 있다면, 무척 좋을 텐데. 如果人手不够, 我倒愿意帮忙。 만약 일손이 모자란다면, 내가 좀 돕고 싶어.
용법: 일반적인 이치에 상반됨을 나타내며, 역접의 복문에서 쓰임. 뜻: 오히려	他自己不对, 倒说别人错了。 그 자신이 틀렸으면서, 오히려 거꾸로 다른 사람을 틀렸다고 말한다.
용법: 양보를 나타내며, 복문에서 쓰임. 뒤 문장에 '就是·只是·可是·但是·不过'가 호응됨. 뜻: 비록~일지라도	质量倒挺好, 就是价钱贵点儿。 비록 품질이 매우 좋으나, 가격이 좀 비싸다. 好倒(是)好, 可是太贵。 비록 좋기는 좋지만, 값이 비싸다.
용법: 예상 밖을 나타냄. 뜻: 의외로	他虽然不努力, 可是成绩倒不错。 그는 비록 노력하지 않지만, 성적이 의외로 좋다. 四月倒比三月冷了。 사월이 삼월보다 의외로 춥다.
용법: 재촉이나 추궁. 뜻: 어서, 도대체	有什么问题, 你倒(是)说啊。 무슨 문제가 있으면, 당신은 어서 말하세요. 你倒(是)去不去呀! 너 도대체 갈 거야 안 갈 거야!

용법: 책망의 어기로, 사실과 상반됨을 나타냄. 정도보어의 문장에서 쓰이며, 동사는 '说·想·看' 등에, 형용사는 '容易·简单·轻松' 등에 한정됨. 뜻: 어디 한 번.	你说得倒容易, 你试试看。 너 말은 쉬운데, 어디 한번 해 봐.

 9 可

구분	용법 및 뜻	예문
부사	용법: 명령문의 강조나 긍정. 뜻: 정말로, 절대로	你可不要后悔呀! 당신은 절대로 후회하지 마시오!
	용법: 의문문의 강조. 뜻: 정말로	路那么远, 可怎么去呢? 길이 저렇게 머니, 정말로 어떻게 갈까?
	용법: 진술문의 강조. 뜻: 그래도	他老了, 身体可还挺结实。 그는 늙었지만, 그래도 몸은 아직도 매우 튼튼하다.
	형식: '可+ 형용사+ 了'. 용법: 정도가 높음을 강조	北京的变化可大了。 북경의 변화가 정말로 크다.
조동사	용법: 일반적으로 '可+ 동사+ 的'로 쓰임. 뜻: ~할 만한	这个展览会可看的东西真多。 이 전람회에는 정말 볼 만한 것이 많다. 北京可游览的地方不少。 북경은 유람할 만한 곳이 많다.
	용법: 동사 앞에서 쓰이며, '可以'와 뜻이 같다. 주로 문어체에서 쓰이며, 구어체에서는 正反连用이 뒤따른다. 뜻: ~할 수 있다	这件事不可马虎。 이 일은 대충할 수 없다. 这些东西可有可无。 이 물건들은 있을 수도 없을 수도 있다.
접속사	용법: '可是'와 같음. 뜻: 그러나	嘴里不说, 心里可想去。 입으로 말하지는 않았으나, 마음속으로는 가고 싶다.
형용사	용법: 단음절 동사 앞에 붙어 형용사화 함. 뜻: ~할 만한, ~할 수 있는	他学习有很大进步, 这确实是可喜的事. 그는 공부에 매우 큰 진보가 있었으니, 이것은 확실히 즐거운 일이다. 예) 可怜(가엾다), 可惜(애석하다), 可喜(기쁘다), 可爱(사랑스럽다), 可疑(의심스럽다), 可恨(밉살스럽다), 可敬(존경할 만하다), 可靠(믿을 만하다)

| 형용사 | 용법: 명사 앞에 붙어 형용사화 함.
뜻: 적합하다. | 可口(입에 맞다)~
可身(=可体, 몸에 맞다) |

 ⑩ 到底

용법 및 뜻	예문
용법: 의문문에 쓰여, 어세를 강조함. 동사·형 용사 혹은 주어 앞에 위치하며, 주어가 의문사이면 주어 앞에만 위치. 뜻: 도대체	你跟他们到底有什么关系? 당신은 그들과 도대체 어떤 관계인가?
용법: 비교적 긴 과정을 거친 후, 최후에 어떤 결과가 나타남. 동사나 형용사 뒤에 반 드시 '了'가 오거나 다른 낱말이 옴. 뜻: 마침내, 결국	我想了好久, 到底明白了。 나는 오랫동안 생각했는데, 결국 이해하였다.
용법: 원인이나 특징을 강조. 뜻: 역시	他到底有经验, 很快就解决了。 그는 역시 경험이 있어, 아주 빨리 해결하였 다.

⑪ 不过

구분	용법 및 뜻	예문
부사	용법: 어떤 사정을 작고 가볍게 말한 다. 전후에는 항상 설명 혹은 해석의 말들이 붙으며, 주어 뒤 에 위치함. 뜻: ~에 불과하다.	我看他不过三十岁, 不会太大。 내가 볼 때, 그는 삼십 세에 불과하니, 그다지 나이가 많지 않을 것이다.
접속사	용법: '但是'와 같으나, '但是'보다 어 기가 약함. 구어체에서 많이 쓰 임. 뜻: 그러나	他的口语好是好, 不过我觉得不太自然。 그의 구어는 좋기는 좋지만, 내가 느끼기에 그다지 자연스럽지 못하다.

(12) 却

용법 및 뜻	예문
용법: '可是' '但是'보다 의미가 조금 가벼우며, 부사이므로 동사(혹은 형용사)앞이나 명사 뒤에 옴. '可是' '但是'와 병용할 수 있음. 뜻: 오히려	他明明知道, 却装不懂。 그는 잘 알고 있으면서, 오히려 모르는 채 한다. 公司离我家很近, 可是我却常迟到。 회사는 우리 집에서 무척 가까우나, 나는 항상 지각을 한다.

(13) 并

용법 및 뜻	예문
용법: 부정사인 '不' '没有'앞에 놓고 부정을 강조함. 뜻: 결코~아니다.	我的话只供你作参考, 并没有强迫的意思。 내 말은 다만 당신에게 참고하라고 한 것이지, 결코 강요할 생각은 없다.

(14) 刚

용법 및 뜻	예문
용법: 동작이 발생된 지 얼마 안됨이나 과거의 어느 시점을 가리킴.(=刚刚) 뜻: 막, 바로, 방금	他刚走, 你就来了。 그가 막 가자마자, 네가 왔다.
용법: 시간·공간·수량 등이 공교롭게 딱 맞음.(=刚刚) 뜻: 마침, 꼭	不大不小, 刚合适。 크지도 작지도 않고, 딱 알맞다. 行李刚二十公斤, 没超过规定。 짐이 마침 20킬로그램이라, 규정을 초과하지 않았다.
용법: 가까스로 어느 정도에 도달함. 뜻: 간신히, 겨우, 가까스로	材料刚够。 재료는 간신히 족하다.
용법: 복문 '就' '又'와 호응하여, 두 사실이 시간적으로 밀접함. 뜻: 막~하자마자~하다.	刚下完雨, 太阳就出来了。 비가 막 그치자마자, 해가 바로 나왔다.

※ '刚(=刚刚, 막·방금 전에·~하자마자, 부사)'과 '刚才(방금 전에, 명사)'의 용법 비교

❶ '刚'은 동작이 발생된 지 얼마 안됨이나 과거의 어느 시점을 나타내나, '刚才'는 현재(말하고 있는 시점)이전의 시간을 나타낸다.

❷ '刚'은 동사만으로 구성된 술어를 수식할 수 있으나, '刚才'는 동사만으로 구성된 술어를 수식할 수 없다.
　　· 他们刚走。(○) 그들은 방금 떠났다.
　　　我刚才来。(×)

❸ '刚'은 부사로서 동사나 조동사 앞에만 위치할 수 있으나, '刚才'는 명사로서 동사·형용사 혹은 주어 앞뒤에 위치할 수 있다.
　　· 刚才你干什么去了? 방금 전에 당신은 왜 갔습니까?
　　· 你刚才去哪儿了? 너는 방금 전에 어디에 갔었니?

❹ '刚才'는 주어·관형어·진치사의 목적어 등으로 쓸 수 있다.
　　· 刚才是休息时间, 现在是学习时间。
　　　방금 전은 휴식시간이며, 지금은 학습시간이다.
　　· 刚才的消息可靠吗? 방금 전의 소식은 믿을 만합니까?
　　· 吃了退烧药, 现在比刚才舒服些了。
　　　해열제를 먹고, 지금은 방금 전보다 좀 편해졌다.
　　· 跟刚才一样, 水还是太烫。 방금 전과 같이, 물이 아직도 너무 뜨겁다.

❺ '刚'은 뒤에 시간명사를 쓸 수 있으나, '刚才'는 쓸 수 없다.
　　· 我刚来一会儿。(○) 나는 지금 막 왔다.
　　　他刚才来一会儿。(×)

❻ '刚才'는 뒤에 부정사를 쓸 수 있으나, '刚'은 쓸 수 없다.
　　· 你为什么刚才不说, 现在才说? 너는 왜 방금 전에 말하지 않고 이제야 말하니?

※ '刚(하자(마자), 부사)'과 '刚刚(방금, 부사)'의 용법 비교
'刚'은 '一~就'를 수반할 수 있으며, 뒤에 '就'나 '又'가 오는 반면에,
'刚刚'은 '一~就'를 수반할 수 없으며, 뒤에 '就'만이 올 수 있다.
이때 '刚(一)'는 '~하자(마자)'로 해석된다.
　　· 刚一下课, 他就走了。 수업이 끝나자마자, 그는 가버렸다.
　　· 他的病刚好, 又开始上班了。 그는 병이 좋아지자, 다시 출근하기 시작했다.

⑮ 难怪

구분	용법 및 뜻	예문
부사	용법: 주어 앞에 쓰여, 결과를 말함. 원인을 분명하게 알기 때문에 어떤 상황에 대해 이상함을 느끼지 않음.(= 怪不得) 뜻: 과연, 어쩐지	难怪他今天没来上课, 原来他病了。 어쩐지 그가 수업 받으러 오지 않더라니, 원래 병이 났었구면.
형용사	용법: 술어로 쓰여, '难＋怪'로서 책망하기 어렵다는 의미를 나타냄. 뜻: 당연하다	他在外国住了几十年, 不了解国内的情况也难怪。 그가 외국에서 몇 십 년을 살았으니, 국내 정황을 이해하지 못하는 것도 당연하다.

⑯ 反正

용법 및 뜻	예문
용법: 어떤 상황 하에서도, 결과나 결론이 같음을 강조함. 앞 문장에 '无论' '不管'이나, 혹은 상반된 상황의 단어가 호응함. 주로 주어 앞에 쓰임. 뜻: 어쨌든	不管你怎么说, 反正我不会答应。 당신이 어떻게 말하든지 간에, 어쨌든 나는 대답하지 않을 것이다.
용법: 상황과 원인을 강조하며, 뜻은 '既然'과 비슷하나 어기가 좀 강함. 동사·형용사 또는 주어 앞에 쓰임. 뜻: 어차피, 아무튼	反正不远, 咱们就走着去吧。 어차피 멀지 않은데, 우리 걸어서 갑시다. 反正我要去书店, 顺便给你买回来吧。 어차피 내가 서점에 가야 하니, 가는 김에 너에게 사다 주겠다.

⑰ 偏偏

용법 및 뜻	예문
용법: 일부러 객관적 요구나 상황에 상반되게 행동함. 뜻: 기어코, 일부러, 굳이	大家都同意了, 他偏偏还要反对。 모두가 동의했는데, 그만 굳이 또 반대하려고 한다.
용법: 공교롭게도 기대에 어긋남. 뜻: 공교롭게, 뜻밖에	星期天他来找我, 偏偏我不在家。 일요일 그가 나를 찾아왔는데, 공교롭게도 나는 집에 없었다.
용법: 범위를 나타내며 '只' '单单'과 의미가 같음. 뜻: 유독, 하필	别人都来了, 怎么偏偏小王没到? 다른 사람들은 모두 왔는데, 어째서 유독 왕 군만 안 왔지?

(18) 本来

용법 및 뜻	예문
용법: 주어 앞뒤에 모두 쓰일 수 있으며, '원래(본래)는 ~하려고 했는데, 그러나 ~(이다)'는 의미를 나타내며, 뒤 문장에는 역접을 나타내는 접속사(但是·可是·不过 등)가 주로 온다(=原来·以前). 능원동사·부정사·기타부사 앞에 쓰임. 뜻: 원래(는), 본래(는), 이전에는	他本来想去北京, 但是一直没时间去。 그는 원래 북경에 가고 싶었으나, 줄곧 갈 시간이 없었다. 他本来就不瘦, 现在更胖了。 그는 원래는 마르지는 않았지만, 지금은 더욱 살쪘다.
용법: '本来＋就＋조동사(应该·该·会·能 등)＋동사' 혹은 '本来＋就＋동사＋得(不)~'의 형식으로 쓰임. 뜻: 이치상 마땅히 ~해야 한다/본래 ~할 수 있다(없다)	当天的功课本来就应该当天做完。 당일의 숙제는 마땅히 당일 끝내야 한다. 这么多作业, 本来就做不完, 现在又病了, 你说怎么办? 이렇게 많은 숙제, 마땅히 끝낼 수 없는데, 지금 병이 났으니, 어찌하면 좋지?
용법: 本来＋嘛(么·吗)의 형식으로, 주어 앞에 쓰임 뜻: 당연하지	本来嘛, 一个孩子, 懂什么呀! 당연하지, 아이가 뭘 알겠어요!

(19) 原来

용법 및 뜻	예문
용법: '本来'의 첫 번째 용법과 같음. 뜻: 원래(는), 본래(는), 이전에는	我原来学医, 后来改学法律了。 나는 원래 의학을 공부했는데, 나중에 법률로 바꿨다.
용법: 이전에 몰랐던 사실을 문득 알게 되었음을 나타냄. 주로 문장 맨 앞에 쓰임. 뜻: 알고 보니	我说是谁, 原来是你。 누구인가 했더니, 알고 보니 너였구나. 我以为电视机坏了, 原来是没接上电源。 나는 텔레비전이 고장 난 줄 알았는데, 알고 보니 전원을 꽂지 않았구나.

1 다음 문장에서 제시어의 정확한 위치를 고르시오.

01 A 北京 B 春天 C 刮 D 风。(经常)

02 A 他 B 身体 C 不 D 舒服。(太)

03 小王 A 昨天 B 来过，C 今天 D 来了。(又)

04 她 A 已经 B 决定不 C 回家 D 住了。(再)

05 星期天他们去公园玩儿，A 我们 B 都 C 去公园 D 玩儿。(也)

06 中国有55个少数民族，A 可以说 B 每个民族 C 保留 D 有自己的风俗。(都)

07 风景区的物价 A 真 B 贵! 我 C 一百块人民币 D 买了两三个小纪念品。(才)

08 我 A 受不了 B 每次 C 一动不动地 D 坐两个钟头。(可)

09 全市 A 的 B 高中生 C 都 D 参加了这次运动会。(几乎)

10 我 A 刚才 B 出门的时候 C 把门 D 锁上了。(明明)

11 这种 A 事 B 不能 C 随便 D 说。(乱)

12 新鲜的鸡蛋 A 在水中会沉底，B 坏了的鸡蛋 C 会 D 浮起来。(却)

13 他们俩 A 已经 B 在 C 机场 D 见面了。(大概)

14 看得 A 出来，那件风衣 B 很 C 不 D 合适。(的确)

15 事后我没有 A 去打听，B 不知道 C 是怎样的 D 结果。(究竟)

2 다음 괄호 안의 정확한 답을 고르시오.

01 他(　　　)住十天了。

  A 常常   B 正在   C 已经   D 曾经

02 大家都是为你好才这样，你(　　　)不知好歹了。

  A 很   B 太   C 十分   D 非常

03 小李跳了一个迪斯科，大家请他(　　　)跳一个，她就(　　　)跳了一个。

  A 再，再   B 再，又   C 又，又   D 又，再

04 这个电影真好看，我想(　　　)看一遍。

    A 还   B 再   C 又   D 也

05 你(　　　)给她打电话了。

    A 没   B 没有   C 别   D 不

06 我催了他好几次，他(　　　)把那个房间打扫了一下儿。

    A 才   B 也   C 就   D 仅

07 看起来好像是真的，(　　　)不是。

    A 除非   B 否则   C 果然   D 其实

08 直到现在我(　　　)不理解他。

    A 往往   B 也许   C 经常   D 还是

09 哥哥住在北京，(　　　)去过颐和园。

    A 从来没居然   B 从来居然没

    C 居然从来没   D 去然没从来

10 我(　　　)发电子邮件。

    A 得赶快给他   B 赶快得给他

    C 得给他赶快   D 赶快给他得

3 다음 문장을 중작 하시오.

01 내일 이때에, 그는 아마 이미 갔을 것이다.

02 우리들 오후에 택시 타는 것이 낫다, 시내버스 타면 너무 밀린다.

03 오늘 우리들은 여전히 제 5과를 학습한다.

04 때마침 선생님이 여기 계시니, 선생님에게 이야기해 보세요.

05 우리도 당연히 쉬고 싶다.

06 이 일을 나는 정말 모른다.

07 그가 말하는 소리가 너무 작아서, 우리들은 거의 들을 수가 없었다.

08 언니가 동생보다 오히려 어리게 보인다.

09 이 술의 도수가 매우 높다, 어쩐지 몇 잔을 마시고 바로 취했다.

10 보아하니 그녀는 웃고 있지만, 사실 그녀는 마음속으로 무척 괴로워한다.

11 날씨가 이렇게 어두우니, 아마 곧 비가 내릴 것이다.

12 수업이 끝난 후에, 그는 여전히 선생님이 제시한 그 문제를 생각하고 있다.

13 그들은 도대체 왔습니까?

14 그는 혹시 일찍 왔을 지도 모른다.

15 당신은 설마 아직도 모른단 말입니까?

16 날씨가 너무 더워서, 부득이 에어컨을 켰다.

17 그는 밥을 먹자마자 곧 나갔다.

18 그는 다섯 살 때 이미 바이올린을 배우기 시작했다.

19 그는 대학을 졸업하자마자, 곧 외국으로 일하러 갔다.

20 그는 계속 공부하고서 12시에야 잠을 잤다.

21 그는 또 나를 화나게 했다.

22 너 먼저 점심을 먹고 나서 나가 놀아라.

23 그가 돌아오거든 식사합시다.

24 우리 먼저 차 한 잔을 마시고 나서 식사를 합시다.

25 당신은 더 이상 그녀에게 전화하지 마세요.

26 나는 다시는 절대로 가고 싶지 않다.

27 이 문제는 정말로 간단하지 않다.

28 내가 정거장에 뛰어갔을 때, 차가 막 떠났다.

29 방금 배운 단어를 어째서 이미 잊었지?

30 우리들은 막 이사해, 아직 전화를 놓지 않았다.

09 전치사

전치사는 명사나 대명사 앞에 놓여 전치사구를 형성하여, 부사어·관형어·보어 등으로 쓰이며, 중국어 명칭은 개사(介词)이다. 시간·장소·방향·대상·주체·수단·방식·근거·비교·피동·원인 등을 나타낸다.

1 종류

구분	종류
시간·장소	从(~부터·~에서), 打(~부터·~에서), 自(~부터·~에서), 由(~부터·~에서), 到(~까지), 在(~에서·~에), 当(~에), 离(~에서)
방향	往(~을 향하여), 向(~을 향하여), 朝(~을 향하여)
대상	和[~와(과)], 跟(~와·~에게), 给(~에게·~을 위하여), 替(~을 대신하여·~을 위하여), 对(=对于, ~대하여), 关于(~에 관하여), 至于(~으로 말하면), 把(~를)
주체	由(~가), 被(~에게~당하다)
수단	用(~을 사용하여), 以(~으로서·~에 근거하여)
근거·방식	根据(~근거하여), 按照(~의하여), 凭(~에 근거하여), 通过(~을 통하여), 经过(~을 통과하다)
목적·원인	为(~을 위하여), 由(~때문에), 由於(~때문에)
배제·추가	除了~以外(~을 제외하고), 除了(~을 제외하고)
비교	比(~보다)

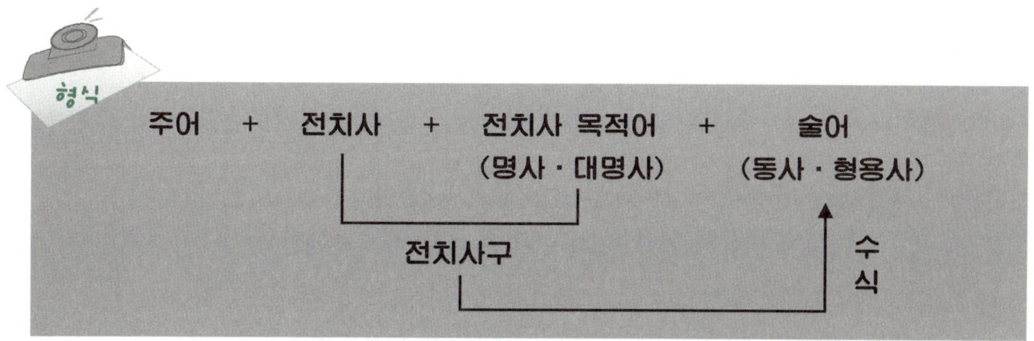

2 주요 전치사의 용법

01 시간 · 장소

(1) 从

① 시간·장소의 기점을 나타낸다.(~부터·~에서)

- 从今天早上开始不舒服的。 오늘 아침부터 아프기 시작했다.
- 她是上个月从美国回来的。 그녀는 지난달에 미국에서 돌아왔다.

② 경유지를 나타낸다.(~을 거쳐)

- 列车从这儿经过。 열차는 여기를 통과한다.

(2) 打

시간·장소의 기점을 나타내며, 구어체에 쓰인다.(~부터·~에서, =从)

- 打今天起, 每天晚上学习一个小时。
  오늘부터 매일 저녁 한 시간씩 학습한다.
- 听到这个消息, 我打心眼里高兴。
  이 소식을 듣고, 나는 마음속으로부터 기뻐했다.
- 46路公共汽车打市政府门前经过。
  46번 시내버스는 시청정문 앞에서 지난다.

(3) 自

시간·장소의 기점을 나타낸다. '동사+ 自'의 형태로 쓰인다.
(~부터·~에서)

- 这篇文章摘自≪读者≫。 이 문장은 ≪독자≫에서 뽑았다.

- 我们来自全国各地。 우리들은 전국각지에서 왔다.
- 他脸上露出了发自内心的微笑。 그의 얼굴에는 내심의 미소를 드러냈다.

(4) 由

시간·장소의 기점을 나타낸다.(～부터·～에서)

- 飞机明早七点由东郊机场起飞。

  비행기가 내일 아침 7시에 동교공항에서 이륙한다.
- 去上海由第三进站口进站。

  상해에 가려면 제3진입구로 해서 역에 들어간다.
- 气温由南向北逐渐下降。 기온이 남에서 북으로 점차 내려갔다.

(5) 到

시간·장소에 도달함을 나타낸다.(～까지)

- 他每天工作到下午五点。 그는 매일 오후 5시까지 일합니다.
- 现在我们已经学到二十八课了。 현재 우리들은 28과까지 배웠다.
- 咱们先到什么地方去好呢? 먼저 어디로 가면 좋을까요?

주의 | 일반동사 '到'

> ✱ '到'가 일반동사로 쓰이면, 시간·장소·계절·연령이 '도착하거나
> 도달함'을 나타낸다.
>
> · 火车什么时候到上海? 기차가 언제 상해에 도착합니까?
> · 现在还没到下课的时间。 지금 아직 수업이 끝나는 시간에 도달하지 않았다.

(6) 在

행해지는 장소나 시간을 나타낸다.(～에서·～에)

- 每天早上在公园里散步。 매일 아침 공원에서 산책을 한다.
- 火车在六点钟通过这座桥。 기차는 6시에 이 다리를 통과한다.

주의 | '在'를 사용하지 않는 경우

> ✱ 문두에서 주어로 쓰인 장소사에는 '在'를 사용하지 않는다.
> · 黑板上写着一个汉字。 칠판에 한 자의 한자가 쓰여 있다.

(7) 当

뒤의 '的时候'와 호응하여, 어떤 일이 발생한 바로 그 시간이나 그 장소를 가리킬 때 쓰인다. 일반적으로 주어 앞에 위치하며, 다음 문장

- 当我回来的时候, 他已经睡了。 내가 돌아왔을 때, 그는 이미 잠들었다.

- 当他八岁的时候, 父亲带着他来到北京。
  그가 8세 때, 아버지는 그를 데리고 북경으로 갔다.

plus+

※ '当'과 '在'의 용법비교

'当~的时候'는 A사건이 발생된 때 B사건이 발생됨을 나타내므로, '当'뒤에는 반드시 사건의 내용이 있게 된다. 따라서 단독의 시간사만 사용할 수 없다. 이 점이 '在'의 용법과 다른 점이다.

· 在三年以前(○) 삼 년 전에
  当三年以前(×)

(8) 离

두 지점 간의 공간적·시간적 거리를 표현할 때, 기준점을 나타낸다. (~에서·~까지)

- 机场离市区很远。 공항은 시내에서 아주 멉니다.
- 离开学还有一个星期。 개학까지 아직 일주일 남았다.

O2 방향

(1) 往

동작의 방향을 나타내며, 이동을 강조한다. 뒤에 사람이 오면 안 되며, 반드시 방위사나 장소사가 온다. 이때 '向'이 대신할 수 있다. (~을 향하여)

- 年轻人应该往前看。 청소년들은 응당 앞을 보아야 한다.
- 到了十字路口往右拐就到了。
  곧장 가서 사거리에서 오른쪽으로 돌아가면 됩니다.

 **(2) 向**

① 동작의 방향 (또는 추상적인 방향)을 나타낸다.(∼을 향하여)

- 他家向南走十分钟就到了。

  그의 집은 남쪽을 향해 10분 가면 곧 도착한다.

- 向工业化的目标前进。공업화의 목표를 향해 전진한다.

② 대상을 나타낸다. 이때 동사는 주로 추상동사이다. (∼에게)

- 学生们向老师表示感谢。학생들은 선생님께 감사를 표시했다.

※ ‘向’과 ‘跟’의 용법비교

‘向∼学习’는 ‘∼을 (모범으로 삼아) 본받다’는 의미이며, ‘跟∼学习’은 ‘∼에게 배운다’는 의미로 그 뜻이 서로 다르다.

- 同学们都要向他学习。급우들은 모두 그를 본받아야 한다.
- 我想跟你学画中国画, 好吗?

  저는 선생님께 중국화 그리는 것을 배우고 싶은데, 괜찮아요?

(3) 朝

동작의 방향을 나타내며, ‘고정되어 마주하다’는 의미를 강조한다. 이때 동사는 주로 신체의 구체적 동작을 나타내는 구체동사이다.

(cháo, ∼을 향하여)

- 他朝我笑了一下。그는 나를 향해 잠시 웃었다.
- 他朝我挥手, 我朝他点头。

  그는 나를 향해 손을 흔들고, 나는 그를 향해 고개를 끄덕였다.

※ ‘往’ ‘向’ ‘朝’의 용법비교

❶ 동작의 방향을 말할때는 ‘往’ ‘向’ ‘朝’ 모두 쓸 수 있다.

- 去机场要一直往(=向·朝)前走。비행장에 가려면 줄곧 앞쪽으로 가야한다.

❷ ‘往’과 ‘向’은 동사 뒤에 쓰일 수 있으나, ‘朝’는 쓸 수 없다.

- 这架飞机开往上海。이 비행기는 상해로 향해 출발한다.
- 这架飞机飞向北京。이 비행기는 북경으로 날아간다.

❸ '朝+사람'뒤에는 구체적인 신체 동작이 주로 오며, '向+사람'뒤에는 추상적인 동작이 온다.

· 他朝我挥了挥手。그는 나를 향해 손을 흔들었다.
· 同学们都要向他学习。급우들은 모두 그에게 본받아야 한다.

03 대상

 **(1) 和**

동작의 대상을 이끌어낸다.(~와(과))

· 他和朋友一起讨论过旅游计划。
  나는 친구들과 함께 여행계획을 토론했다.
· 我和他一起学习英语。나는 그와 함께 영어를 배운다.

(2) 跟

동작의 대상을 이끌어낸다.

① ~와(과)
· 明天我要跟他一起去。내일은 그와 함께 가려고 생각한다.
② ~에게·~을 향하여(=对)
· 你这主意好, 快跟大家说说。
  너의 이 생각이 좋은데, 어서 모두에게 좀 말해 주어라.
· 我跟你说, 你得注意身体。내가 너에게 말하는데, 건강에 주의해야 한다.

(3) 给

① 동작의 대상을 이끌어낸다.(~에게·~을 향하여, =向)
· 请您给我介绍一下儿。저에게 소개해 주세요.
· 学生们给老师敬礼。학생들은 선생님에게 경례를 하였다.
② 동작의 수익자를 이끌어낸다.(~을 위하여, =为·替)
· 医生给大家看病。의사는 모두를 위해 진찰한다.
③ 피동을 나타낸다.(~에게~당하다)
· 小金给自行车撞倒了。김 군은 자전거에 치었다.

(4) 替

① 동작의 대상을 나타낸다.(~을 대신하여)

  • 请你替我向老师问好。 나를 대신하여 선생님에게 문안인사를 전해 주세요.

② 수익자를 나타낸다.(~을 위하여, =为·给)

  • 大家都替你高兴。 모두가 당신을 위해 기뻐합니다.

(5) 冲(着)

동작·행위의 대상을 나타낸다.(~에게·~을 향하여, =朝·向)

  • 不是他的错, 你为什么冲他发脾气?

    그의 잘못이 아닌데, 당신은 왜 그에게 화를 냅니까?

  • 我一扬手, 出租车便冲我们开过来。

    내가 손을 흔드니, 택시가 바로 우리를 향해 건너왔다.

(6) 对

동작·행위의 대상을 나타낸다.(~에 대하여)

  • 我对中国历史很感兴趣。 나는 중국역사에 대하여 매우 흥미가 있다.

(7) 对于

동작·행위의 대상을 나타내며, 조동사나 부사 뒤에서 사용할 수 없다.

(~에 대하여)

  • 对于我们的学习方法, 老师很满意。

    우리들의 학습방법에 대하여 선생님은 매우 만족해하신다.

  • 对于(=关于)今年学校招生的情况, 我不太清楚。

    금년 학교의 학생모집 상황에 대하여, 나는 그다지 분명치 못하다.

plus

※ '对'와 '对于'의 용법비교

'对'와 '对于'는 모두 대상을 이끄나, 그 용법상 차이가 있다. 일반적으로 '对于'를 사용하는 곳에 '对'를 사용할 수 있으나, '对'를 사용하는 곳에 반드시 '对于'를 사용할 수 있는 것은 아니다. 다음은 그 차이점이다.

❶ '对'는 주어의 앞뒤·조동사의 앞뒤·부사의 앞뒤에 모두 쓸 수 있으나,
'对于'는 주어의 앞뒤·조동사 앞·부사 앞에만 쓸 수 있다.

> **예1** · 对(对于○)你的意见，我们会重新考虑的。
> · 我们对(对于○)你的意见会重新考虑的。
> 우리들은 당신의 의견에 대하여 다시 고려할 것이다.
>
> **예2** · 我们对(对于○)你的意见会重新考虑的。
> · 我们会对(对于×)你的意见会重新考虑的。
> 우리들은 당신의 의견에 대하여 다시 고려할 것이다.
>
> **예3** · 外国留学生对(对于○)中国的文化都感兴趣。
> · 外国留学生都对(对于×)中国的文化感兴趣。
> 외국유학생들은 중국의 문화에 대하여 흥미를 갖고 있다.

❷ '对'는 동작의 방향을 이끌어내므로, '向' '朝'(～에게·～을 향하여)의
의미가 있다. 따라서 사람이 사람을 대상으로 할 때는 '对'만 쓸 수 있다.

> · 老师对(对于×)我说："你的发音进步很大。"
> 선생님은 나에게 "너의 발음은 진보가 크다"라고 말씀하셨다.
> · 她对(对于×)我笑了笑。 그녀는 나를 향하여 웃었다.

❸ '접대하다(对待)'의 뜻일 때는 '对于'는 쓸 수 없다.

> · 他们对(对于×)你很热情。 그는 당신에 대하여 매우 열정적이다.
> · 她对(对于×)孩子很严厉。 그녀는 아이에 대하여 무척 엄격하다.

(8) 关于

언급되는 범위를 나타낸다. 전치사 구조를 이루며 주로 주어 앞에 사
용된다.(～에 대하여·～에 관하여)

· 关于(=对于)这个问题，我们要研究一下。
이 문제에 관하여, 우리들은 연구 좀 해야 한다.

plus⁺

※ '对于'와 '关于'의 용법비교

'对于'와 '关于'는 모두 전치사 구조를 이루어 사물을 언급할 때 쓰나, 그 용법상 차이점이 있다.

❶ '对于'는 대상을, '关于'는 범위를 강조한다.

· 对于(关于×)这个问题, 我们十分感兴趣。

이 문제에 대하여, 우리들은 매우 흥미를 느낀다.

· 会议的内容是关于(对于×)安全生产的问题。

회의의 내용은 생산 안전에 관한 문제이다.

❷ '对于'구조는 주어 앞뒤에 모두 올 수 있으나, '关于'구조는 주어 앞에만 올 수 있다.

· 关于中国文化, 我知道得很少。 중국문화에 관하여, 나는 아주 조금 알고 있다.

❸ '关于'구조는 단독으로도 문장의 제목이나 서명으로 쓸 수 있으나, '对于'구조는
단독으로는 쓸 수 없으며 뒤에 꼭 '的+ 중심어'가 와야 한다.

· 关于国际问题。(○) 국제문제에 관하여.

· 对于国际问题。(×) 국제문제에 대하여.

· 关于国际问题的看法。(○) 국제문제의 견해에 관하여.

· 对于国际问题的看法。(○) 국제문제의 견해에 대하여.

(9) 至于

'对于'나 '关于'는 한 가지 화제에 대해 언급하는 것이지만, '至于'는
앞 문장에서 어떤 화제에 대해 얘기하다가, 이와 관련된 다른 화제를
말하고 싶을 때, 문장과 문장 중간에 사용한다.

(～으로 말하면·～에 관해서는)

• 他只关心他自己, 至于别人, 他是不管不顾的。

그는 자신만 알고, 타인에 관해서는 상관하지 않는다.

• 他已经决定了要提前回去, 至于具体什么时候走, 还没最后决定。

그는 앞당겨 돌아가야겠다는 것을 이미 결정했으나, 구체적으로 언제 떠날
것인가에 관해서는, 아직 최종 결정하지 않았다.

(10) 把

동작의 대상을 나타낸다(～를)(把字句 참조)

• 他把今天的报拿来了。 그는 오늘의 신문을 가져 왔다.

04 주체

(1) 由

① 동작의 주체를 나타낸다.(~이·~가)

- 下午的会议由老王主持。 오후 회의는 왕 선생이 주재한다.
- 运输问题由他们解决。 운수 문제를 그들이 해결했다.

② 경과한 노선을 나타낸다.(~통하여)

- 参观美术馆展览请由东门入场。

  미술전람회를 참관하시려면 동문으로 입장해주십시오.

③ 방식·원인 혹은 성분을 나타낸다. 뒤에 '组成·构成·形成·产生·引起' 등이 호응한다.(~으로·~때문에)

- 这个字由上下两部分构成。 이 글자는 상하 양 부분으로 구성되었다.
- 那个国家的政府由十五人组成。 그 국가의 정부는 15명으로 조성되었다.
- 你的咳嗽是由感冒引起的。 당신의 기침은 감기 때문에 생겼다.

 **被**

피동문에서 동작의 주체를 나타낸다.(~에게 ~당하다)

- 我被老师批评了。 나는 선생님에게 비평을 받았다.

05 수단이나 자격

(1) 用

수단을 나타낸다.(~을 사용하여)

- 请用圆珠笔写清楚。 볼펜으로 분명하게 써 주십시오.

 **以**

① 자격을 나타낸다.(~으로서)

- 我以老朋友的身份劝你不要这样固执。

  나는 오랜 친구의 자격으로 너에게 그렇게 고집부리지 말라고 충고한다.

② 근거나 방식을 나타낸다.(~에 근거하여)

- 平均每户以四口人计算。 평균 매 가구는 4인 가족에 근거하여 계산한다.

주의 | '以~为~'

⊛ '以~为~'(~을 ~로 하다, 以=把)

· 这次乒乓球比赛是以增进友谊为主要目的的。

이번 탁구시합은 우의를 증진하는 것을 주요 목적으로 삼았다.

06 근거나 방식

(1) 根据

결론·판단·행동의 근거를 설명할 때 쓰인다.(~에 근거하여)

- 根据学习成绩，把学生分成三个班。

  학습 성적에 근거하여, 학생을 3개 반으로 분반하였다.

- 据天气预报，今天下午有雷阵雨。

  일기예보에 의하면, 오늘 오후에 소나기가 내릴 것이다.

plus⁺

※ '根据'와 '据(~근거하면)'과 용법비교

'根据'와 '据'는 용법이 기본적으로 동일하나, 약간의 차이점이 있다.

❶ '据'는 '说·报·闻·传' 등과 결합할 수 있으나, '根据'는 결합할 수 없다.

- 据报道明天有雨。 보도에 의하면 내일 비가 올 것이다.

❷ '据'는 일상적으로 '据~说' '据~看来' 등으로 쓰이나, '根据'는 이들을 명사구로 변화하여 써야 한다.

- 据我看来，还需要进一步调查。

  내가 본 바에 의하면, 진일보된 조사가 더 필요하다.

- 根据我的看法，还需要进一步调查。

  나의 견해에 의하면, 진일보된 조사가 더 필요하다.

(2) 按照

이치·조건·규정 또는 표준에 근거할 때 쓰인다. '按~说'의 관용구가 자주 쓰인다.(~에 근거하여, =按)

- 按照五十人一辆车计算，一共需要六辆车。

  50인 당 차 한 대에 근거하여 계산하면, 모두 6대가 필요하다.

- 这本词典是按照音序排列的。 이 사전은 발음순에 따라 배열한 것이다.

(3) 凭

그 목적어는 반드시 주어가 소유한 물건이나 능력이어야 한다.

(~에 근거하여)

- 今天的晚会凭票入场。 오늘의 만찬에는 표에 근거하여 입장한다.

(4) 通过

방식이나 수단을 통하여, 어떤 목적이나 결과에 도달하는 것을 나타낸다.(~통과하여)

- 通过大做广告，提高了商品的知名度。
  광고를 크게 함을 통하여, 상품의 이미지를 높였다.

(5) 经过

이미 완성된 과정을 통하여, 상황의 변화나 결과를 나타낸다.
(~통과하여)

- 经过激烈的比赛，决出了冠亚军。
  격렬한 시합을 통해, 1, 2등을 결정해 내었다.

※ '通过'와 '经过'의 용법비교

때로는 동일한 문장에 '通过'나 '经过'를 모두 쓸 수 있으나, '通过'는 방식이나 수단을 강조하고, '经过'는 일의 과정을 강조한다.

- 通过(经过)小王的介绍，我认识了李华。

  왕 군의 소개를 통하여, 나는 이화를 알게 되었다.

- 经过(通过)调查，我们了解了事情的真相。

  조사를 통하여, 일의 진상을 이해하게 되었다.

O7 목적이나 원인

(1) 为

'为'는 동작의 목적과 대상(수혜자)을 나타내며, '为了'는 목적만 나타낸다. 따라서 '为'를 '给'나 '替'로 바꿀 수 있는 문장에는 '为了'를 쓸 수 없고, '为了'를 쓸 수 있는 곳은 모두 '为'로 바꾸어 쓸 수 있다.
(~ 을 위하여·~에게, =为了)

- 他为学习汉语到中国来。(为+ 목적)
  그는 중국어 공부를 위해서 중국에 왔다.

- 为了了解中国，我常常去参观很多地方。(为了＋ 목적)

  중국을 이해하기 위해서, 나는 항상 많은 곳을 참관한다.

- 我们要好好儿为人民服务。(为＋ 수혜자)

  우리들은 인민들에게 잘 복무해야 한다.

(2) 由于

원인을 나타낸다.(~때문에)

- 由于出色的工作成绩，今年他被评为优秀教师。

  특출한 근무성적 때문에, 금년 그는 우수교사로 선정되었다.

08 배제나 추가

(1) '除了~以外'(=除了)

① 개별적이고 특수한 것을 배제한다(~을 제외하고). 주절에 '都' '也' '还' '又' 등이 온다.

- 我们三个人，除了他以外，都没有去过中国。

  우리 세 사람은 그를 제외하고 모두 중국에 간 적이 없습니다.

- 除了这句话以外，别的我都忘了。

  이 말을 제외하고, 다른 것은 나는 모두 잊었다.

- 这条路除了他，谁也不认识。 이 길은 그를 제외하고, 누구도 모른다.

② 또 다른 것을 추가함을 나타낸다(~이외에·~도~). 주절에 '也' '还' '又' 등이 온다.

- 除了听音乐，他也喜欢看戏剧。

  음악 듣는 것 이외에, 그는 또 희극을 보는 것도 좋아한다.

- 他除了会中文以外，还会法文和德文。

  그는 중국어를 잘하는 것 이외에, 불어와 독일어도 잘한다.

- 昨天举行的晚会，除了我以外，他也参加了。

  어제 거행된 만찬에 나 이외에, 그도 참가했다.

09 비교

(1) 比

비교의 기준을 나타낸다.(~보다)

- 居民的生活水平比以前好多了。

  시민의 생활수준은 이전보다 훨씬 좋아졌습니다.

1 다음 문장에서 제시어의 정확한 위치를 고르시오.

01 A 上星期代表团 B 去西安 C 参观访问了 D。(由北京)

02 我 A 已经 B 决定 C 骑自行车去上班 D。(从明天起)

03 刘校长去过美国，买了 A 不少 B 美国 C 出版的 D 书。(关于中国的)

04 每个星期上午，我和小李都 A 划 B 一会儿 C 船 D。(在公园的小湖里)

05 A 我们全体同学 B 都要 C 学习 D。(向他)

06 他们 A 正在 B 参加 C 世界排球比赛作 D 各种准备。(为)

07 我同屋病了，A 我 B 送去了 C 点心和水果 D。(给他)

08 A 一年来 B 老师常常 C 辅导汉语 D，所以我女儿进步很快。(为我女儿)

09 A 一个女同志热情地 B 介绍了 C 汽车制造厂的生产情况 D。(给我们)

10 我 A 妹妹有一双灵巧的手，她的剪纸作品在北京 B 上海 C 西安 D 广州展出过。

(和)

2 다음 괄호 안의 정확한 답을 고르시오.

01 今天到会的有几位中国政治家，还有一批(　　　　)外国的代表。

    A 来自　　　　　　　　　　　B 从
    C 自从　　　　　　　　　　　D 于

02 我想和同学谈谈，我(　　　　)她有一点儿意见。

    A 对　　　　　　　　　　　　B 对于
    C 关于　　　　　　　　　　　D 与

03 (　　　　)防备下雨他带了一把雨伞。

    A 以便　　　　　　　　　　　B 因为
    C 只要　　　　　　　　　　　D 为了

04 本次列车是开(　　　　)桂林方向的空调列车。

    A 向　　　　　　　　　　　　B 去

    C 往　　　　　　　　　　　　D 朝

05 我们大学的正门(　　　　)南。

    A 往　　　　　　　　　　　　B 在

    C 从　　　　　　　　　　　　D 朝

06 后来，我(　　　　)老师谈起了我的计划。

    A 致　　　　　　　　　　　　B 为

    C 把　　　　　　　　　　　　D 向

07 我们要(　　　　)这个问题进行讨论。

    A 对　　　　　　　　　　　　B 对于

    C 关于　　　　　　　　　　　D 有关

08 这么大的事还是(　　　　)你来做决定吧。

    A 以　　　　　　　　　　　　B 按

    C 由　　　　　　　　　　　　D 由于

09 我(　　　　)学习非常努力，今年得到了学校奖学金。

    A 对于　　　　　　　　　　　B 关于

    C 由于　　　　　　　　　　　D 在于

10 圣诞节那天，一些百货商店专(　　　　)儿童们上映了一场电影。

    A 为了　　　　　　　　　　　B 对

    C 向　　　　　　　　　　　　D 为

3 다음 문장을 중작 하시오.

01 나는 도서관에서 책을 본다.

02 시험은 아홉 시부터 시작해서 열 한 시에 끝난다.

03) 그는 중국어공부에 매우 흥미를 느낀다.

04) 그는 아버지를 대신하여 그 일을 처리한다.

05) 그는 이 선생님에게 편지 한 통을 부칩니다.

06) 이 기차는 서울방면으로 출발한다.

07) 수업시작까지는 아직 10분 남았다.

08) 왕 선생님에게 안부를 물어보십시오.

09) 우리는 선생님께 감사를 표시하고자 합니다.

10) 곧장 신호등까지 가서 오른쪽으로 도세요.

11) 나는 그와 함께 영화를 보러 간다.

12) 중국어를 배우기 위해 그는 중국에 왔다.

13) 그는 중국문화에 관한 책을 두 권 읽었다.

14) 이 제목에 관한 논문을 그는 한편 썼다.

15) 그들의 일은 영도자가 안배한다.

16) 우리들의 조사에 근거하면, 이 사건은 그와 무관하다.

17) 규정에 근거하여 여기에 주차할 수 없다.

18) 오늘 거기에 가는 것을 제외하고는 나는 약속이 없다.

19) 교실에는 그를 제외하고 또 네 사람이 있다.

20) 나의 아빠가 종일 생각하는 것은 그의 회사이며, 집안 일에 대하여는 지
금까지 물은 적이 없다.

10 조사

조사는 크게 시태조사·결구조사·어기조사로 구분된다. 여기서는 어기조사 부분을 중점 서술하고, 시태조사(过·着·了)는 동사의 태(态) 부분에서, 결구조사(的·地)는 관형어와 부사어 부분에서 상세히 서술하고자 한다. 어기조사란 일반적으로 문미에 놓여서 진술이나 의문·기원 또는 감탄 등의 말하는 사람의 기분을 나타낸다. 상용되는 어기조사로는 '啊·呢·吧·嘛·的·啦·呗·罢了·着呢·来着·了' 등이 있다.

01 啊(a)

(1) 문미에서

① 감탄의 어기(감탄문)
- 黄山的风景好美啊! 황산의 경치가 무척 아름답구나!

② 청구·재촉·명령·충고의 어기(명령문)
- 请坐啊, 同志们。 앉으세요, 동지 여러분.
- 快走啊。 빨리 갑시다.
- 你可小心点儿, 别上当啊。 당신 조심하세요, 속지 말고.
- 这件事啊, 你可不能马马虎虎。
  이 일은 말이야, 네가 대충대충 하면 안 돼.

③ 예상 밖이나 회의의 어기(의문문)
- 原来你会说汉语呀? 알고 보니 당신은 일어를 할 줄 아는군요?
- 小王不去上海啊? 왕 군이 상해에 가지 않았다고?

④ 어기의 완화(의문대명사나 지시대명사 의문문)
- 是谁啊? 누구십니까?
- 你是从哪儿来的啊? 당신은 어디에서 왔습니까?

⑤ 긍정
- 是啊! 그래!
- 好啊! 좋아!
- 对啊! 맞아!

⑥ 상대방의 주의환기
- 你说什么? 我听不清啊。
  당신 무엇이라고 말했어요? 제가 분명히 못 알아들었어요.

(2) 문중에서

① 잠시 멈춤으로 상대방의 주의를 끈다.

- 小张啊, 快下来! 장 군, 빨리 내려와!

- 这件事啊, 我也不知道怎么办才好。

  이 일 말인데, 나도 어떻게 해야 할지 모르겠어.

② 열거

- 这里的山啊, 水啊, 树啊, 都是我从小就非常熟悉的。

  이곳의 산이나, 물이나, 나무나, 모두 내가 어릴 때부터 잘 알고 있다.

O2 呢(ne)

(1) '인창대명사+呢?' : 생략식 의문문을 만든다.

- 现在我去办公室, 你呢? 지금 나는 사무실에 가는데, 당신은요?

(2) '정반의문문~呢' : 반신반의를 나타낸다.

- 他是不是留学生呢? 그는 유학생이 아닙니까?

(3) '의문사의문문~呢?' : 반문이나 불만을 나타낸다.

- 你怎么不知道呢? 당신이 어째서 모릅니까?

(4) '선택의문문~呢?' : 어기를 완화시킨다.

- 你喝茶呢, 还是喝咖啡呢?

  당신은 차를 마시나요, 아니면 커피를 마시나요?

(5) '才(还)~呢' : 확인이나 강조를 나타낸다.

- 我才不信他的话呢! 나는 참으로 그의 말을 믿지 않는다!

- 怪不得你的中国话这么流利呢!

  그의 중국어가 유창한 것은 참으로 당연하다!

(6) 진행이나 지속을 나타낸다.

- 我正画画儿呢。 나는 지금 그림을 그리고 있다.

(7) 잠시 멈춤으로, 상대방의 주의를 끈다.

- 老马呢, 喜欢篮球, 小张呢, 喜欢足球, 我呢, 就喜欢打羽毛球。

  마 형은 농구를 좋아하고, 장 군은 축구를 좋아하고, 나는 배드민턴 치는 것을 좋아한다.

03 吧(ba)

(1) 추측(～겠지?)
- 他在家吧? 그는 집에 있겠지?

(2) 제안(～합시다)
- 下雨了, 我们快点走吧! 비가 내리니, 우리들 좀 빨리 갑시다!

(3) 명령(～하라)
- 快说吧! 어서 말해라!
- 你快点儿走吧。 당신 빨리 좀 떠나라.

(4) 청구(～세요)
- 老师, 让我去吧。 선생님 저를 보내 주세요.
- 你帮我的忙吧。 저를 도와주세요.

(5) 동의
- 好吧, 就这么办。 좋아, 그렇게 합시다.

(6) 망설임 : 열거하는 복문의 문중에 쓰여, 망설이는 어기를 나타낸다.
- 说吧, 不好意思, 不说吧, 问题又不能解决。
  말하자니 미안하고, 말 안하자니 문제를 해결할 수 없다.
- 去吧, 路太远, 不去吧, 错过一个好机会。
  가자니 너무 멀고, 안 가자니 좋은 기회를 놓치고.

04 嘛(ma)

(1) 당연 : 이치가 분명하여 더 이상 부연할 필요가 없음을 나타낸다.
- 这是应该做的, 我们是朋友嘛。 이것은 당연해, 우리는 친구잖아.

(2) 잠시 멈춤으로 상대방의 주의를 끈다.
- 年轻人嘛, 应该有理想。 젊은이란 마땅히 이상을 가져야 한다.

05 的(de)

주관적인 확신이나 단정적인 어투를 나타낸다.
- 他一定会回来的。 그는 반드시 돌아올 것이다.
- 我能理解的。 나는 이해할만 하다.

06 啦(la)

(1) 단정

- 我们走啦，再见! 우리들 간다. 내일보자!
- 他们已经去啦。 그들은 벌써 가 버렸어요.

(2) 열거

- 苹果啦，橘子啦，葡萄啦，我都喜欢吃。
  사과, 귤, 포도, 나는 모두 좋아한다.

07 呗(bei)

(1) 당연(~할 따름이다, ~그만이다, ~잖아) : 이치가 분명하여 더 이상 부연할 필요가 없음을 나타낸다.

- 不懂就好好学呗。 모르면 잘 배워야지.
- 没有车就用腿走呗。 차가 없으면 다리로 걸으면 그만이다.

(2) 억지 동의

- 不让我去就不去呗。 가지 말라면 안 가지 뭐.
- 照你的意思办呗。 네 뜻대로 하렴.

08 罢了(bàle : 단지 ~일 뿐이다)

부사 '不过' '只是' '无非' 등과 호응하여 서술문 끝에 쓰인다.

- 没什么，只是着了点儿凉罢了。 별거 아니야, 감기에 좀 걸렸을 뿐이야.
- 我不过做了我应该做的事罢了。 나는 해야 할 일을 했을 뿐이다.

09 而已(éryǐ : 단지 ~뿐이다)

- 只是做梦而已。 단지 꿈일 뿐이다.

10 着呢(zhene)

형용사 뒤에 붙어 강조(과장)의 어기를 나타낸다. 주로 회화체에서 쓰인다.

- 饭还多着呢，你吃呀。 밥은 아직 많으니까, 드세요.
- 北京烤鸭在世界上有名着呢。 북경 오리구이는 세계적으로 유명해.

11 来着(láizhe : ～했었다, ～하고 있었다)

일종의 시태조사로서, 구어체에서 주로 사용된다. 서술문에서는 방금 혹은 멀지 않은 과거에 어떤 일이나 상황이 발생했음을 회상함을 나타내며, 의문문에서는 주로 방금 발생한 일을 묻거나, 또는 생각이 잘 나지 않는 내용을 묻는데 쓰인다. 의문사의 경우 '谁'나 '什么'만 사용할 수 있다.

- 他刚才在门口站着来着。 그가 방금 입구에 서 있었다.
- 我的书呢? 刚才还在桌子上来着。
  내 책은? 방금 전에도 탁자 위에 있었는데.

- 他说什么来着? 그가 방금 뭐라고 말했지?
- 你说她是谁来着? 당신은 그녀가 누구라고 했죠?
- 那个演员挺有名的, 叫什么来着?
  그 배우는 매우 유명한데, 뭐라고 불렀더라?
- 这部电影我看过, 题目是什么来着?
  이 영화 나는 본 적이 있는데, 제목이 무엇이더라?

1 다음 괄호 안의 정확한 답을 고르시오.

01 你是谁(　　　　)?
    A 呢　　　　　　B 吧　　　　　　C 吗　　　　　　D 了

02 现在是上下班的时间, 车堵得很厉害, 你还是早走一点儿(　　　　)。
    A 吧　　　　　　B 了　　　　　　C 呢　　　　　　D 的

03 这家商店的东西不便宜, 别买(　　　　)。
    A 了　　　　　　B 呢　　　　　　C 吧　　　　　　D 吗

04 这个道理我都说过好几遍了, 你怎么现在才明白(　　　　)?
    A 呀　　　　　　B 了　　　　　　C 的　　　　　　D 呢

05 今天的作业我还没做完(　　　　)。
    A 呢　　　　　　B 吗　　　　　　C 吧　　　　　　D 吗

06 那个人姓王还是姓李(　　　　)?
    A 吧　　　　　　B 吗　　　　　　C 了　　　　　　D 啊

07 说好了在这儿见面, 可到现在马丽也没来, 她大概不来了(　　　　)。
    A 吧　　　　　　B 吗　　　　　　C 啊　　　　　　D 呢

08 小王(　　　　), 他怎么还不来?
    A 吗　　　　　　B 呢　　　　　　C 啊　　　　　　D 吧

09 这只不过是我的想法(　　　　)。
    A 嘛　　　　　　B 呗　　　　　　C 啦　　　　　　D 罢了

10 他的中国话当然好啦. 他是中国人(　　　　)!
    A 呗　　　　　　B 嘛　　　　　　C 吗　　　　　　D 呢

2 다음 문장을 중작 하시오.

01 당신은 도대체 누구입니까?

02 오늘 말이야, 나 기분 별로 안 좋아.

03 딸기, 바나나, 사과는 모두 과일이다.

04 나는 참으로 잊을 수가 없다!

05 아저씨, 밥 한 그릇 더 주세요.

06 할 말이 있으면 하세요.

07 힘들지, 좀 쉬어라.

08 이 문제는 실은 아주 간단하다.

09 이 도리는 아주 분명하잖아.

10 조급해 하지 마세요. 그는 오늘 돌아올 것입니다.

11 그는 확실히 총명하다.

12 농담을 했을 뿐이다.

13 당신이 자전거 탈 줄 모르면 배우면 되지.

14 이런 오이는 매우 맛있다.

15 어제 우리가 뭘 배웠지?

말하는 사람의 감탄이나 부름·응답 등의 어기를 나타내는 낱말이다. 모두 문두에 위치하며 독립형태로서, 일반적으로 성조가 없고 문장의 느낌에 따라 어조가 변한다. 상용되는 감탄사로는 '啊·哦·哟·唉·噢·喂·嗯·嗨·唔·嘿' 등이 있다.

01 啊(a)

(1) 반문

- 啊? 这是怎么回事? 어? 이거 어찌된 일이지?

(2) 감탄

- 啊! 我懂了! 아! 나 이해했어!

(3) 승낙

- 啊, 就这么办吧! 그래, 이렇게 합시다!

(4) 놀람

- 啊, 原来是这么回事。 아, 원래 이런 일이었구나.

(5) 긍정이나 상대방의 주의를 끔

- 啊, 下个月就开学了。 예, 다음 달부터 개학하게 됩니다.
- 来啊, 我们一起去吧! 자, 우리 함께 갑시다!

02 哦(o, 어·어머·어허 또는 아·오)

놀람 또는 깨달음을 나타낸다.

- 哦! 是你! 어머! 당신이군요!
- 哦! 我懂了。 아! 저 이해했어요.

03 咦(yi, 아이·아이구)

놀람을 나타낸다.

- 咦! 这是怎么回事? 아이구! 이게 어찌된 일이지?

04 哎(ai, 아이 · 아이구 또는 야 · 참 · 이봐)

의외나 불만, 또는 상대방의 주의를 환기시킬 때 쓰인다.

- 哎! 真没想到。 아이! 정말로 상상도 못했어.
- 哎! 你怎么才来。 아이! 너 어째서 이제 오니.
- 哎! 你们看, 谁来了。 야! 너희들 봐, 누가 왔어.

05 哎呀(aiya, 야 · 아이쿠)

놀람을 나타낸다.

- 哎呀, 糟了! 야, 큰일 났다!

06 哟(yo, 앗 · 아니 · 야)

가벼운 놀람을 나타낸다.

- 哟, 你怎么来了? 아니, 너 어찌 왔느냐?
- 哟, 好大的雪呀! 야, 아주 많은 눈이 내렸군!

07 哎哟(aiyo, 아야 · 아이고 · 아니)

놀람이나 고통을 나타낸다.

- 哎哟, 烫死我了。 아이고, 뜨거워 죽겠네.
- 哎哟! 我肚子好疼。 아이고! 배가 몹시 아프다.

08 唉(ai, 아이 · 아 · 에이)

슬픔이나 애석을 나타낸다.

- 唉! 八年了。 아아! 8년이 지났구나.
- 唉! 人老了, 身体不行啦! 에이! 사람이 늙으니, 몸이 쓸모가 없구나!
- 唉! 好好儿的一本书, 不知让谁撕破了。
  에이! 좋은 책을 누가 찢었는지 모르겠구나.

09 哼(hng, 흥!)

불만이나 분노를 나타낸다.

- 哼! 真不是人! 흥, 정말 사람 같지 않군!

10 噢(o, 아 · 오)

깨달음을 나타낸다.

- 噢! 思东, 好久不见了! 아! 사동, 오랜만이구나!

- 噢! 我明白了! 오! 알았다!

11 喂(wei, 야·어이·여보세요)

부르거나 응답할 때 쓰인다. 또한, 전화할 때 '여보세요'의 뜻이다.

- 喂, 快走吧! 야, 빨리 가자!
- 喂, 您哪一位? 여보세요. 당신은 누구세요?

12 嗯(ng, 응)

응답·의문 또는 깊이 생각할 때 쓰인다.

- 嗯, 就这样吧。 응, 그렇게 하자.
- 嗯, 你说什么? 응? 뭐라고?
- 嗯, 我想想。 응, 좀 생각해 보고.

13 呣(m, 응·음)

응낙·의문 또는 맛·냄새·향기의 감응을 나타낸다.

- 呣, 我知道了。 응, 알았어
- 呣, 是真的吗? 응? 정말이야?
- 呣! 真好吃! 음! 정말 맛있다!

14 嗨(hei, 어이·이봐)

남을 부르거나 주의를 환기시킨다.

- 嗨, 好久不见! 어이! 오랜만이야!

15 嘿(hei, 어이·이봐)

남을 부르거나 주의를 환기시킨다.

- 嘿, 老李, 快走吧。 어이, 이씨, 어서 갑시다.
- 嘿! 你怎么这么糊涂啊! 어이! 너 어째서 이렇게 멍청하니!

16 哈哈(haha, 하하·허허)

만족감·기쁨을 나타낸다.

- 哈哈, 我赢了! 하하, 내가 이겼다!

1 다음 문장을 중작 하시오.

01) 아! 원래 너였구나!

02) 아! 그 사람이 아프다고?

03) 아, 생각났어요.

04) 아, 이해했어요.

05) 야, 이렇게 컸구나!

06) 아, 내가 나빴어!

07) 흥, 너 조심하라고!

08) 아, 나 알겠다!

09) 야, 너 어디 가니?

10) 응, 다 썼어.

11) 아! 장 군, 오랜만이군!

12) 아! 본래 이렇게 설치하는 것이었구나.

13) 어이, 내가 한 말 들었는가?

14) 하하! 그럼 됐어.

15) 하하! 농담이었어!

12 접속사

단어·구·단문·복문을 연결할 때 사용하는 허사이다. 연결하는 성분에 따라, 크게 3가지로 구분되며, 중국어 명칭은 연사(连词)이다. 접속사의 용법은 복문에서 중점 서술하기로 한다.

O1 단어나 구에만 연결할 수 있고, 문장이나 복문에는 연결할 수 없는 것

- 和·跟·同·与·及·或.

O2 단문이나 복문에만 연결할 수 있는 것

- 不但·不管·即使·既然·假如·尽管·宁可·尚且·虽然·无论·要是·因为·由于·与其·只要·只有·不过·然而·否则·何况·可是·但是·况且·从而·所以·因此·因而.

O3 단어나 구 뿐만 아니라, 문장이나 복문에 연결할 수 있는 것

- 并·并且·而·而且·或者·还是.

13 의성사

사람이나 짐승·사물의 소리를 본뜬 단어이다. 단독으로 문장을 구성할 수도 있으며, 부사어나 관형어로 쓰일 수 있다.

- 眼泪'哗哗'地流下来。
  눈물이 '뚝뚝' 흘렀다.
- 肚子'叽哩咕噜'地叫了起来。
  뱃속에서 '꼬르륵' 소리가 나기 시작했다.
- 猫'喵喵'地叫着。
  고양이가 '야옹야옹'하며 울고 있다.
- 鸟儿'啾啾'地叫着。
  새가 '짹짹'하며 울고 있다.
- 羊'咩咩'地叫着。
  양이 '매매'하며 울고 있다.
- '叮铃铃铃……'忽然电话铃响了。
  '디링링링……'하고 갑자기 전화벨이 울렸다.
- 机器'轰轰'响。
  기계가 '윙윙' 울린다.
- 传来了'劈劈啪啪'地放鞭炮的声音。
  '피피짝짝'하며 폭죽 터지는 소리가 들려왔다.
- 闹钟'滴答滴答'地响着。
  자명종이 '똑딱똑딱' 소리를 내고 있다.
- '咚! 咚! 咚!'半夜里突然有人敲门。
  '똑! 똑! 똑!' 한밤중에 갑자기 누군가가 문을 두드렸다.

제3장 문장성분의 이해

중국어의 문장성분으로 주어(主语)·술어(述语)·목적어(目的语)·관형어(冠形语)·부사어(副词语)·보어(补语) 여섯 종류가 있다. 그 중에서도 주어·술어·목적어는 문장의 중심성분이다.

01 주어

주어는 술어의 동작이나 존재의 주체이다. 대체로 명사나 대명사가 주어의 주류를 이루며 항상 술어의 앞에 위치한다.

02 술어

술어는 주어의 뒤에 따르며, 주어의 동작·행위·성질·상태를 설명해주는 성분으로, 동사·형용사·명사(구)·주술문으로 이루어진다. 동사술어문의 술어는 동사가, 형용사술어문의 술어는 형용사가, 명사술어문의 술어는 명사(구)가, 주술술어문의 술어는 주술문이 각기 오게 된다.

목적어란 주로 동작이 미치는 대상을 말한다. 그 외에도 동작의 주체·동작 행위의 장소·수량사·소유나 존재물·행위의 구체적인 내용도 포함되며, 중국어 명칭은 빈어(賓语)이다. '우리말의 목적어'와는 그 개념이 다르다. 타동사인 경우 동작의 직접적인 영향을 받는다는 점에서 '우리말의 목적어'와 다름이 없으나, 자동사에 따르는 경우는 '우리말의 보어와 장소사'까지도 포함시킨다는 점에서 '우리말의 목적어'보다 그 의미가 더 광범위하며 종류도 다양하다.

01 목적어의 범위

중국어에서 목적어는 일반적으로 다음의 유형들을 포괄한다.

(1) 동작의 대상(사물)

- 看书。 책을 본다.
- 洗衣服。 옷을 세탁한다.
- 煮饭。 밥을 짓다.
- 挖洞。 동굴을 파다.

(2) 동작의 주체(사람, 사물)

- 站着一个人。 한 사람이 서 있다.
- 来了一个人。 한 사람이 왔다.
- 下了一场大雨。 큰 비가 한차례 내렸다.

(3) 동작행위의 장소

- 上山。 산에 오르다.
- 去上海。 상해에 가다.
- 回北京。 북경으로 돌아가다.

(4) 수량사

- 买了两斤。 두 근을 샀다.
- 借了四本。 네 권을 빌렸다.
- 写了三篇。 세 편을 썼다.

(5) 소유나 존재물

- 他有两个弟弟。 그는 두 남동생이 있다.
- 我们学校有十个班。 우리 학교에는 10개 반이 있다.

(6) 행위의 구체적인 내용

- 同意扩大招生。 신입생 모집을 확대하는 것에 동의하다.
- 听说他回来了。 그가 돌아왔다고 들었다.

O2 목적어의 위치

동사술어는 목적어를 가질 수 있으며, 이때 목적어는 술어의 뒤에 위치한다.
'　' 표시 부분은 모두 중국어의 목적어이다.('　' 표시 안의 명칭들은 모두 한국어 문법 명칭임)

(1) 주어 + 동사 + '목적어'

- 我知道他的名字。 나는 그의 이름을 안다.

(2) 주어 + 동사 + '간목' + '직목'

중국어 문장도 두 개의 목적어를 가질 수 있다. 이것들은 우리말의 '간목' '직목' 혹은 '목적어' '목적격 보어'에 해당하는 것으로, 모두 중국어의 목적어에 포함된다.
'간목＋직목'인 경우는 '간목'에 동작을 받는 사람이 오고, '직목'에 동작의 대상인 사물이나 추상적인 내용이 오며, '목적어＋목적격 보어'인 경우는 '목적어'에 인칭대사가 오고, '목적격 보어'에 호칭을 나타내는 명사성 내용이 온다. 목적어가 두 개일 때 '了'는 주로 문미에 놓으며, '직목' 앞에 관형어가 있으면 동사 뒤 '간목' 앞에 위치한다.

① '간목' + '직목'
이 문형의 동사는 주로 '주다' '받다'는 의미가 포함된 동사들이다. 이런 동사들은 의미에 따라 네 종류로 나눌 수 있다. 첫째, 동사 뒤에 '주는 型' 동사로는 给(주다)·送(선물하다)·卖(팔다)·还(huán, 돌려주다)·退还(돌려주다)·交(지불하다)·找(거슬러주다)·寄(부치다)·付(给)(교부하다)·发(발급하다)·递(건네주다)·赠(증정하다)·赔(배상하다)·奖(상주다)·赏(상주다)·输(주다)·献(바치다)·扔(던지다)·踢(차다)·写(쓰다)·捎

(인편에 전하다)(이상은 동사 뒤에 '给'자를 덧붙일 수 있음) 등이 있으며, 둘째, '받는 型' 동사로는 买(사다)·偷(훔치다)·拿(가지다)·收(받다)·求(구하다)·赢(이익을 얻다)·夺(빼앗다) 등이 있으며, 셋째, '주는 형 혹은 받는 형의 兼型으로 借(빌려주다, 빌리다)·赁(세주다, 세내다)·租(세주다, 세내다)·换(바꾸다, 바꾸어주다)·分(나누어주다, 나누다)·倒(따라주다, 따르다)(이상은 주는 형으로 쓰일 때만 동사 뒤에 '给'자를 덧붙일 수 있음) 등이 있으며, 넷째 '진술 型' 동사로는 告诉(gàosu, 알리다)·教(jiāo, 가르치다)·报告(보고하다)·通知(통지하다)·问(묻다)·嘱咐(당부하다) 등이 있다.

- 快点儿还他钱。 빨리 그에게 돈을 돌려줘라.
- 她送给我一件礼物。 그녀가 나에게 선물을 보내주었다.
- 刚才你交给他什么了? 방금 그에게 무엇을 건네주었니?
- 我教他汉语。 나는 그에게 중국어를 가르친다.
- 他告诉了我他的住址。 그는 나에게 그의 주소를 알려주었다.

② '목적어' + '목적격 보어'
이 문형의 동사로는 '叫·称·称呼·评·夸' 등이 있다.

- 大家称我大姐。 모두가 나를 큰 언니라고 부른다.
- 你们别称呼我老师。 너희들은 나를 선생님이라고 부르지 마라.

③ 주어 + 동사 + '보어'
- 我的朋友当了兵。 나의 친구는 병사가 되었다.
- 我弟弟当了医生。 내 남동생은 의사가 되었다.

④ 주어 + 동사 + '장소사'
- 我每星期日都爬山。 나는 매주 일요일 산에 오른다.
- 我去上海。 나는 상해에 간다.

⑤ 주어 + 동사 + '단문'
동사구 또는 형용사구 등의 단문을 목적어로 가질 수 있는 동사로는 '说·听说·想·看·见·听见·练习·明白·喜欢·同意·表示·认为·以为·记得·怕·觉得·知道·希望·相信·反对·说明·建议' 등이 있다.

- 他反对我这样做。 그는 내가 이렇게 하는 것을 반대한다.

동목구조		용례
帮/忙	돕다	我能帮什么忙吗? 무엇을 도와드릴까요?
见/面	만나다	跟你见面我很高兴。당신과 만나서 나는 무척 기쁘다.
保/险	보험 들다	我保了三份险。나는 세 구좌의 보험에 들었다.
开/玩笑	농담하다	他喜欢跟学生开玩笑。그는 학생과 농담하는 것을 좋아한다.
毕/业	졸업하다	她是今年大学毕业的。그녀는 금년에 대학을 졸업하였다.
吵/架	말다툼하다	我跟小李吵过一次架。 나는 이 군과 말다툼을 한번 한 적이 있다. ※ 你别跟她吵架(○)너는 그녀와 다투지 마라. 　 你别吵她的架(×) '吵架'는 쌍방의 행위이다. 따라서 이 경우에는 행위자 중 어느 한쪽을 이합사 중간에 끼워 넣을 수 없다. '结婚' '离婚'도 같은 경우이다.
吃/惊	놀라다	这个消息使大家吃了一惊。이 소식은 모두를 놀라게 했습니다.
吃/亏	손해를 보다	他没考上大学，就是吃了骄傲的亏。 그가 대학에 합격하지 못한 것은 자만한 탓이다.
出/差	출장가다	他出了几天差。그는 며칠간 출장 중입니다.
存/款	저금하다	我在银行里存了一笔款。나는 은행에 조금 저축을 했다.
打/架	싸움하다	他跟老板打过一次架。그는 가게주인과 한번 싸운 적이 있다.
分/手	헤어지다	我跟他分手一年多了。나는 그와 헤어진 지 1년이 넘었다.
倒/车	차를 바꿔 타다	还得再倒一次车。다시 한번 갈아타야 한다.
结/婚	결혼하다	他跟一位中国姑娘结婚了。그는 중국 아가씨와 결혼하였다.
排/队	줄서다	为了买票，我们排了半天队。 표를 사기 위해, 우리들은 반나절이나 줄을 섰다.
请/假	휴가를 청하다	她上星期请了三天病假。 그녀는 지난주에 병으로 3일간 휴가를 냈다.

请/客	한턱내다	这回该你请我的客了。 이번에는 네가 나에게 한턱 내야할 차례이다.
生/气	화내다	他正在生我的气呢。 그는 지금 나에게 화내고 있다.
随/便	마음대로 하다	骑车、坐车，随你的便。 자전거를 타든지 버스를 타든지 당신 마음대로 하세요.
投/资	투자하다	富裕起来的农民向乡镇企业投过资。 부유해진 농민은 향진기업에 투자했다.
洗/澡	목욕하다	好好儿洗个澡，舒舒服服地睡一觉。 깨끗이 씻고 좀 편안히 주무세요.
游/泳	수영하다	孩子们在河里游着泳呢。 아이들이 강에서 수영을 하고 있다.
着/急	조급해하다	你着什么急呀? 무엇이 그렇게 급합니까?

04 목적어의 도치

중국어의 어순은 일반적으로 '주어+동사+목적어'이나, 목적어를 특히 강조한 경우 혹은 '처치'를 표현하는 경우에는 목적어를 동사 앞이나 문두에 끌어올릴 수 있다.

- 那所房子我已经卖了。 그 집을 나는 이미 팔았다.
- 中国菜我喜欢吃，西洋菜我不喜欢吃。

  나는 중국요리 먹는 것을 좋아하고, 서양요리 먹는 것을 싫어한다.

⊛ 단, 불특정한 사람이나 사물은 문두에 놓을 수 없다.

  · 一所房子他已经卖了。(×) 이미 그는 한 채의 집을 팔았다.

1 다음 문장을 중작 하시오.

01) 우리는 조국을 사랑한다.

02) 엄마께서 나에게 만원을 주십니다.

03) 그는 우리들에게 영어를 가르친다.

04) 우리들은 그를 김 박사라고 부른다.

05) 그는 나에게 스탠드 하나를 빌려주었다.

06) 나는 아빠에게 녹차 한 통을 부쳐드렸다.

07) 그는 여자 친구에게 생화 한 송이를 선물해주었다.

08) 당신은 그에게 내일 수업을 한다고 통지하세요.

09) 나는 당신이 내일 오시기를 바랍니다.

10) 나는 그의 이름조차도 잊었다.

11) 그녀는 두 번 결혼한 적이 있다.

12) 나는 목욕을 하니, 기분이 매우 가뿐하다.

13) 우리는 마치 만났던 것 같은데, 그렇습니까?

14) 당신은 나를 도와줄 수 있습니까?

15) 너는 나에게 한턱내야 한다.

04 관형어

관형어는 형용사적 수식어로, 주어나 목적어로 쓰이는 (대)명사 앞에서 그것들을 제한하거나 수식하는 문장성분을 말하며, 중국어 명칭은 한정어(限定语)이다. 관형어는 제한성 관형어와 묘사상 관형어로 나뉜다. 제한성 관형어는 수량·시간·장소·소유·귀속·범위 등을 나타내며, 묘사성 관형어는 성질·상태·특징·용도·색깔·재료·직업 등을 나타낸다. 관형어로 충당될 수 있는 단어(구)로는 명사·인칭대명사·의문대명사·형용사·동사(구)·수량사·각종구(주술구·동사구·전치사구·고정구) 등이 있다. 결구조사 '的'는 관형어와 중심어를 연결하는 역할을 한다.

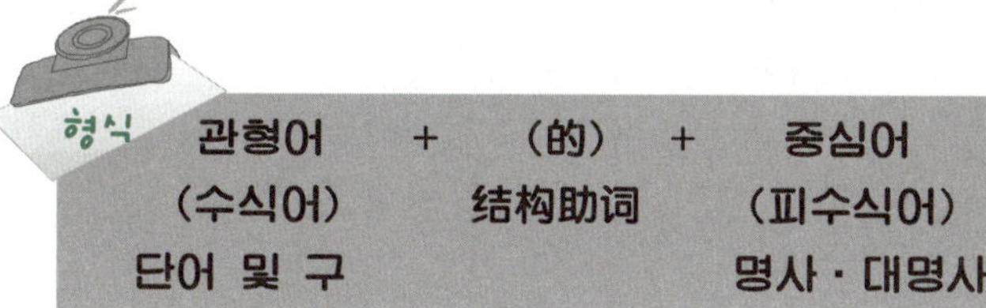

01 결구조사 '的'의 사용

(1) '的'을 꼭 써야 할 경우

① 명사가 일반·시간·장소 명사나 수량사에 의해 수식받는 경우

- 商品的质量不错。 상품의 품질이 괜찮다.
- 今天的报纸　오늘의 신문
- 旁边的柜台　옆의 계산대
- 一百块钱的糖不够吃。 백 원짜리 설탕은 먹기에 부족하다.

　☆ 단, 재료·원산지·종류를 나타낼 때는 생략한다.

- 塑料袋　비닐봉지
- 中国茶　중국차
- 汉语词典　중국어사전

② 인칭대명사(혹은 호칭)가 소유관계를 나타낼 경우

- 这是爸爸的皮鞋。 이것은 아빠의 구두이다.
- 我的笔记本　내 노트

※ 단, 중심어가 가족·친구·집단·국가 등과 관계되는 명칭일 때는
  '的'를 쓰지 않는다.
  · 我哥哥　나의 형
  · 我朋友　나의 친구
  · 我们国家　우리나라
  · 我们公司　우리 회사

③ 의문대명사인 경우
  • 这是谁的鞋?　이것은 누구의 신발입니까?
  • 哪儿的商品　어디의 상품

※ 단, 什么·多少는 '的'를 쓰지 않는다.
  · 什么书　어떤 책
  · 多少钱　얼마의 돈

④ 동사인 경우
  • 来的人不多。　온 사람이 적다.
  • 散步的人很多。　산보하는 사람들이 많다.

⑤ 2자 이상의 형용사나 중첩형용사인 경우
  • 这里有一辆漂亮的自行车。　여기에 예쁜 자전거가 한 대 있다.
  • 美丽的故乡　아름다운 고향
  • 厚厚的地毯　두꺼운 카펫
  • 干干净净的房间　깨끗한 방

※ 단, 관용적으로 쓰일 때는 '的'을 쓰지 않아도 된다.
  · 老实人　성실한 사람

⑥ 각종 구인 경우

주술구
- 这是他以前画画儿的房间。

  이것은 그가 이전에 그림을 그리던 방입니다.
- 你买的衣服真好。 당신이 산 옷은 정말 좋습니다.
- 你问的问题很有意思。 당신이 물은 질문은 재미있어요.
- 这是父亲传授的方法。 이것은 아버지가 전수한 방법이다.

동목구
- 看球的人很多。 구기 경기를 보는 사람이 많다.
- 教他们法语的老师是法国人。

  그들에게 불어를 가르치고 있는 선생님은 프랑스인이다.

동보구
- 起得早的时候，我常出去散步。

  일찍 일어났을 때, 나는 항상 나가 산보한다.

전목구
- 对国家的贡献。 국가에 대한 공헌.

관용구
- 热情洋溢的讲话。 정열이 넘치는 연설.

(2) '的'를 생략하는 경우

① 단음절 형용사인 경우

- 新书 새 책
- 新课文 새 교과서
- 好主意 좋은 생각

⊛ 단, 단음절 부사가 붙는 경우는 '的'가 필요하다.

- 很贵的戒指 아주 비싼 반지
- 最好的朋友 가장 좋은 친구

⊛ 그러나 '很多' '不少'가 명사를 수식할 경우는 '的'을 쓰지 않는다.

- 桌上有很多书。 탁자 위에 많은 책이 있다.
- 不少问题 많은 문제

② 수량사인 경우

- 八块钱 8원
- 这三本书 이 책 세 권

(③) **'的'를 써도 안 써도 되는 경우**

① 인칭대명사 뒤에 지시·시간·장소·범위 등을 나타내는 관형어가 또 있으면, 인칭대명사 뒤에 '的'를 쓰지 않아도 된다.

- 我那件衣服 나의 그 옷
- 你去年的成绩 당신의 작년 성적
- 他在部队的儿子 부대에 있는 그의 아들
- 他关于真理问题的看法 진리 문제에 관한 그의 견해

② 2음절 형용사가 2음절 명사를 수식할 때는 '的'를 쓰지 않아도 된다.

- 幸福生活 행복한 생활

O2 관형어의 위치

문장 안에서 주어나 목적어 앞에 2개 이상의 관형어가 놓이는 경우는 대체로 다음과 같은 순으로 위치한다.

(1) 여러 개의 제한성 관형어가 병렬될 경우, '소유 + 시간 / 장소 + 주술구/동사구/전치사구+(동사) + 的 + 지시대명사 + 수량사 + 성질 · 상태의 형용사 + (的)' 순으로 배열한다.

- 这是我们班/一天的活动计划。

  (소유+ 시간)

  이것은 우리반 하루 활동계획이다.
- 他是我们学校/以前/的/一位/老师。

  (소유+ 시간+ 수량)

  그는 우리학교의 예전 선생님이십니다.
- 你们家/昨天/从北京来/的那/三位/客人是谁?

  (소유+ 시간+ 장소+ 전치사구+ 동사+ 的+ 지시사+ 수량사)

  당신 집에 어제 북경에서 온 그 세 명의 손님은 누구입니까?
- 我/这/两件/新/的衣服是在夜市上买到的。

  (소유+ 지시사+ 수량사+ 성질형용사)

  나의 이 두 벌의 새 의복은 야시장에서 산 것입니다.
- 你/的/这/三本/新/杂志真好看。

  (소유+ 지시사+ 수량사+ 성질형용사)

  너의 이 세권의 새 잡지는 정말로 예쁘다.

⊛ 두 개 이상의 관형어가 하나의 중심어를 수식할 때, 마지막 '的'
만 남기고 나머지는 생략할 수 있다.

· 中国工业的发展　중국 공업의 발전

(2) 여러 개의 묘사성 관형어가 병렬될 경우

① 성질을 나타내는 묘사성 관형어는 전후 순서를 바꿀수도 있으나,
대체로 습관적인 순서에 의해 배열한다.

· 她是一个/聪明/能干/温柔的姑娘。

(제한성관형어(수량)＋묘사성관형어(성질)＋묘사성관형어(성질)＋묘사성관형어(성질))

그녀는 총명하고 능력있고 온화한 아가씨이다.

② '수량사＋동사(구)＋'的'를 사용하지 않는 형용사/성질을 나타내는
명사＋단음절형용사'순으로 배열한다.

· 他穿/一双/没膝的/长筒/尼龙袜子。

(수량사＋동사구＋성질을 나타내는 명사)

그는 무릎까지 오는 긴 나일론 양말 한 켤레를 신었다.

· 对面站着/一位/穿着牛仔裤的/帅/小伙子。

(수량사 / 동사구 / 단음절형용사)

맞은편에 청바지를 입고 있는 멋진 젊음이 한명이 서 있었다.

(3) 제한성 관형어와 묘사성 관형어가 동시에 병렬될 경우, '제한성 관형어＋(수량사)＋묘사성 관형어' 순으로 배열한다.

· 房间里充满了 / 师生们 / 愉快 / 的笑声。

(제한성 관형어＋ 묘사성 관형어)

방안에는 사제간의 유쾌한 웃음소리가 가득했다.

1 다음 문장에서 제시어의 정확한 위치를 고르시오.

01 我 A 弟弟是昨天 B 晚上在咖啡厅遇见 C 他 D。(的)

02 泡菜是世界上 A 最有名 B 韩国 C 代表 D 菜。(的)

03 A 我们校长的 B 那辆 C 雪铁龙牌小 D 汽车开出去了。(黑色的)

04 那样 A 想法 B 是 C 老师和父母教给 D 我的。(的)

05 毛毛是一个 A 十分 B 可爱 C 小 D 姑娘。(的)

2 다음 괄호 안의 정확한 답을 고르시오.

01 刘教授面前放着(　　　　　　　　　　)。
　　A 好几本厚厚的精装书
　　B 几本好厚厚的精装书
　　C 好几本精装厚厚的书
　　D 精装厚厚的好几本书

02 (　　　　　　　　　　)是朋友送我的生日礼物。
　　A 那个天蓝色的我桌子上摆着小花瓶
　　B 那个我的桌子上摆着天蓝色的小花瓶
　　C 我桌子上摆着的那个天蓝色的小花瓶
　　D 小天蓝色的那个我桌子上摆着的花瓶

03 (　　　　　　　　　　)已经出版了。
　　A 张老师翻译的那部英文小说
　　B 那部英文张老师翻译的小说
　　C 翻译的那部英文小说张老师
　　D 张老师翻译那部英文的小说

04 (   )就是王欣。

    A 那个戴眼镜的高个子刚进来的男子

    B 那个高个子戴眼镜的刚进来的男子

    C 刚进来的戴眼镜的高个子那个男子

    D 刚进来的那个戴眼镜的高个子男子

05 (   )远不远?

    A 那家新开的又好吃又便宜的你说的饭馆

    B 你说的那家新开的又好吃又便宜的饭馆

    C 又好吃又便宜的那家新开的你说的饭馆

    D 你说的又好吃又便宜的新开的那家饭馆

3 다음 문장을 중작 하시오.

01 이것은 내 형의 책이다.

02 주차장의 입구는 어디에 있습니까?

03 그는 바로 우리 중국어 선생님이다.

04 내 여동생은 먹을 것을 샀습니다.

05 김 군은 매우 성실한 학생이다.

06 푸르른 하늘이 정말 아름답다.

07 상해로 놀러 가는 관광객이 많다.

08 시합을 보러 갔던 친구들은 모두 학교로 돌아왔다.

09 엄마가 만든 요리는 매우 맛있다.

10 그것은 형이 나에게 준 만년필이다.

05 부사어

부사어는 부사적 수식어로서, 동사·형용사 술어를 수식하는 문장성분을 말하며, 중국어 명칭은 상황어(狀況语)이다. 부사어는 거의 '地'를 붙이지 않는 제한성 부사어와 주어 뒤에만 위치하는 묘사성 부사어로 나뉜다. 제한성 부사어는 시간·장소·공간·노선·방향·목적·근거·관계·협동·대상·부정·정도·중복·범위 등을 나타내며, 묘사성 부사어는 동작진행의 방식이나 상황 또는 동작자의 기분·태도·자태·표정 등을 묘사한다. 부사어에 충당되는 것은 시간명사·장소명사·대명사·부사·형용사·동사·수량사·각종구(주술구·동사구·전치사구·형용사구·관용구) 등이 있다. 결구조사 '地(de)'는 부사어와 중심어를 연결하는 역할을 한다.

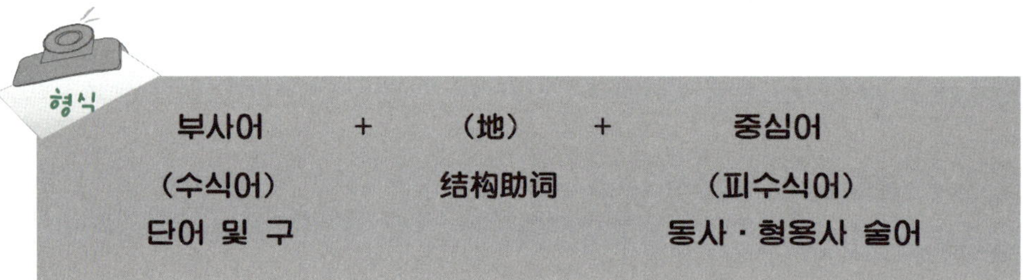

01 결구조사 '地'의 사용

(1) '地'를 꼭 써야 하는 경우

① 방식을 나타내는 명사인 경우

- 他大声地对我说。 그는 큰소리로 나에게 말했다.

② 동사(구)나 중첩동사인 경우

- 老金激动地对我们说。 김 선생은 감격스럽게 우리들에게 말하였다.
- 我们班的同学都有计划地学习汉语。
  우리 반 급우들은 모두 계획적으로 중국어를 배운다.
- 反反复复地检查。 반복적으로 검사하다.

③ 2음절형용사나 중첩형용사인 경우

- 他高兴地走了。 그는 기쁘게 떠났다.
- 一个男孩子高高兴兴地站起来了。 한 남자 아이가 기뻐서 일어났다.

④ 형용사 앞에 정도부사가 올 경우

- 妈妈很关心地问。 엄마는 큰 관심을 가지고 물었다.
- 他十分热情地握着我的手。 그는 나의 손을 아주 열정적으로 잡았다.

⑤ 각종구인 경우

<table>
<tr><td>주술구</td><td>• 头也不回地走了。 뒤도 안 돌아보고 갔다.</td></tr>
<tr><td>명사구</td><td>• 机械性地工作。 기계적으로 일한다.</td></tr>
<tr><td>동보구</td><td>• 挨得紧紧地站着。 착 달라붙어 서 있다.</td></tr>
<tr><td>형용사구</td><td>• 非常详细地介绍。 매우 상세하게 소개한다.</td></tr>
<tr><td>관용구</td><td>• 毫无顾忌地说话。 전혀 기탄없이 말하다.</td></tr>
</table>

(2) '地'를 생략하는 경우

① 시간명사나 장소명사인 경우

- 我们上午有课。 우리는 오전에 수업이 있다.
- 大家屋里坐呀! 모두들 방에 앉으시오!

② 의문대명사나 지시대명사인 경우

- 哪儿来的? 어디에서 왔느냐?
- 你这样说, 他会高兴吗? 당신이 이렇게 말하면, 그가 기뻐하겠는가?

③ 단음절 형용사인 경우

- 快走 빨리 가다

④ 단음절 또는 2음절 부사인 경우

- 他常来我这儿聊天。 그는 항상 한담하러 여기에 온다.
- 我一定去拜访你们。 제가 꼭 찾아뵙겠습니다.

⑤ 전치사구인 경우

- 我沿着大河走去。 나는 큰 강을 따라 걸어갔다.
- 我们在这儿照张相, 好吗? 우리 여기서 사진을 찍어도 됩니까?

⑥ 수량사인 경우

- 一口吞下去。 한입에 삼켜 버리다.

(3) '地'를 써도 안 써도 되는 경우

① 단음절 중첩형용사나 2음절 형용사가 2음절 술어를 수식할 경우.

- 学生要好好(地)学习。 학생은 잘 학습해야 한다.
- 他们认真(地)学习。 그들은 아주 성실하게 학습한다.

② 수사 '一'나 수량사가 중첩될 경우.

- 我——(地)回答你。 내가 당신에게 하나하나씩 대답하겠어요.
- 你们两个两个(地)排好队。 당신들 두 사람씩 줄을 잘 서세요.

O2 부사어의 위치

(1) 부사(어)가 하나인 경우

① 대부분의 제한성 부사어는 주어의 앞뒤 혹은 다른 부사의 앞뒤에 모두 놓을 수 있다.

- 下午我没有空。 오후에 나는 시간이 없다.

② 대부분의 묘사성 부사어와 일부의 제한성 부사어는 주어 뒤에만 위치한다.

- 她默默地擦干了脸上的泪水。 그녀는 묵묵히 얼굴의 눈물을 닦았다.

③ '关于' '至于'가 이끄는 전치사구는 설명을 용이하게 하기 위해서, 주어의 앞에 위치한다.

- 关于明年的计划，我们以後再讨论。
  내년의 계획에 관하여, 우리들 이후에 다시 토론합시다.
- 至于同意还是不同意，那是我的自由。
  동의할 것인가 아니면 동의하지 않을 것인가에 관해서, 그것은 나의 자유이다.

④ 시간사나 장소사를 강조할 때는 문두에 놓는다. 이때는 부사어가 글 전체의 주제가 되거나 혹은 글 전체를 수식하게 된다.

- 今天王经理不去银行。 오늘 왕 사장은 은행에 가지 않는다.
- 在那儿，他生活得很愉快。 그 곳에서, 그는 유쾌하게 잘 산다.

(2) 부사(어)가 둘 이상인 경우

문장 안에서 술어 앞에 2개 이상의 부사(어)가 위치하는 경우가 있다. 그의 어순이 엄격히 정해진 것은 아니지만, 대체로 다음과 같은 순으로 위치한다.

① 여러개의 제한성 부사어가 병렬될 경우, '시간+ 장소+ 어기/범위/빈도+ 목적/근거/관련+ 공간/방향/노선+ 대상' 순으로 배열된다.

- 我/去年/在广州交易会上/跟他/见过面。(시간+ 장소+ 대상)
  나는 작년에 광주교역회에서 그와 만난 적이 있다.
- 这学期的工作, 我/昨天/在会上/都/跟大家/交代了。
  (시간+ 장소+ 범위+ 대상)
  이번 학기 업무를 모두 어제 회의에서 모두에게 인계하였다.
- 那部电影/最后/到底/怎么样了? (시간+ 어기)
  그 영화는 최후에 도대체 어떻게 되었습니까?
- 他/以前/为了找工作/来过这儿。(시간+ 목적)
  그는 이전에 일을 찾기 위해서 여기에 온 적이 있다.

② 제한성 부사어와 묘사성 부사어가 동시에 병렬될 경우, '시간+ 장소
+ 어기/범위/빈도/정도+ 묘사성 부사어(동작자)+ 목적/근거/관련+ 공간
/방향/노선+ 대상+ 묘사성 부사어 (동작)' 순으로 배열한다.

- 他/在胡同里/糊里糊涂地/迷路了。(장소+ 묘사성 부사어(동작))
  그는 골목에서 흐리멍덩하게 길을 잃었다.
- 他/在本子上/很熟练地/写下了自己的中文名字。(장소+ 묘사성 부사어(동작))
  그는 노트에 능숙하게 자신의 중문 성명을 썼다.
- 昨晚/在餐厅里/只是/很简单地/跟他们一起/谈了谈。
  (시간+ 장소+ 범위+ 묘사성 부사어(동작자)+ 대상)
  어제 저녁 식당에서 간단하게 그들과 함께 이야기를 나누었다.

주의 | 시간부사어가 둘 이상인 경우

☀ 시간 부사어가 둘 이상 중복될 경우, '명사+ 전치사구+ 부사'순서로
위치한다.

- 这孩子/昨天/从下午/一直/哭到夜里。
  이 아이는 어제 오후부터 쭉 밤까지 울었다.

☀'把字文'이 올 경우, '시간+ 장소+ 어기/범위/빈도+ 파자문
+ 묘사성부사어'순서로 위치한다.

- 他/又/把那天的记录/仔细地/翻了一遍。
  그는 또 그날의 기록을 자세히 한번 넘겼다.

1 다음 문장에서 제시어의 정확한 위치를 고르시오.

01) 他 A 哥哥高兴 B 说: "你们来到这儿 C, 我 D 非常欢迎!" (地)

02) 信息化 A 开创了真正的全球化 B 时代, 信息可以在全世界自由 C 流动 D。 (地)

03) 他昨天 A 从早上到晚上 B 一直 C 迷迷糊糊 D 睡觉。 (地)

04) 王然没说什么 A, 推开教室 B 门气呼呼 C 出 D 去了。 (地)

05) 我要 A 把这件事 B 从头到尾 C 详细 D 告诉老师。 (地)

2 다음 괄호 안의 정확한 답을 고르시오.

01) 交卷子以前, 他( )。

    A 又把题目仔细地看了一遍

    B 把题目仔细地又看了一遍

    C 仔细地把题目看了一遍又

    D 仔细地又把题目看了一遍

02) 他( )前途。

    A 好好从来没有自己考虑过的

    B 自己好好考虑过从来的

    C 考虑过自己从没有好好的

    D 从来没有好好考虑过自己的

03) 我( )做完了。

    A 把作业今天都在学校

    B 今天在学校把作业都

    C 在学校把作业今天都

    D 今天在学校都把作业

04) (　　　　　　　　　　　　　　), 对这儿的生活有一些了解。

    A 他曾经来过中国毕竟

    B 曾经他毕竟来过中国

    C 他毕竟曾经来过中国

    D 他曾经毕竟来过中国

05) 路上堵车, 我(　　　　　　　　　　　　　)。

    A 会可能比你们晚一点儿到

    B 可能会比你们晚一点儿到

    C 晚一点儿可能会比你们到

    D 可能会晚一点儿比你们到

3 다음 문장을 중작 하시오.

01) 모두가 그를 의심스럽게 보고 있다.

02) 그들의 사업은 순조롭게 추진되고 있다.

03) 그녀들은 아주 유쾌하게 생활하고 있다.

04) 모두들 흥겹게 하루를 놀았다.

05) 의사가 환자의 병세를 자세히 진찰한다.

06) 사장은 황급히 회의실로 뛰어 들어왔다.

07) 그는 늘 매우 성실히 강의를 듣는다.

08) 모두가 나를 열렬히 환영하였다.

09) 여동생은 오늘 유달리 기분이 좋다.

10) 그는 천천히 말을 한다.

06 보어

보어란 동사나 형용사 술어 뒤에서 그 의미를 보충 설명하는 성분을 말한다. 주로 동작의 경과 시간이나 수량 또는 정도·결과·방향·가능 등을 보충한다. 그 특성에 따라 수량보어(数量补语)·정도보어(程度补语)·결과보어(结果补语)·방향보어(方向补语)·가능보어(可能补语)의 다섯 종류로 구분된다.

1 수량보어

수량보어는 술어 뒤에서 시간의 길이·동작의 횟수·비교의 수치 등 수량을 보충 설명하는 성분이다. 수량보어는 다시 시량보어(时量补语)·동량보어(动量补语)·차량보어(差量补语) 등 세 가지로 분류한다.

01 시량보어

동작(상태)의 지속된 혹은 경과한 시간을 나타내는 보어를 말한다.

✸ 시량을 나타내는 법

시간의 단위	하루의 단위	월의 단위	해의 단위
一分钟(1분간) 一刻钟(15분간) 半个小时(반시간)(小时=钟头) 一个小时(1시간) 两个小时(2시간)	半天(반나절, 한참동안) 一天(1일간) 两天(2일간) 一个星期(1주간) 两个星期(2주간)	半个月(보름간) 一个月(1개월간) 两个月(2개월간)	半年(반 년간) 一年(1년간) 两年(2년간)

(1) 지속된 시간

시태조사 '了'를 동반하여 행위나 상태가 지속되고 있음을 나타낸다. 이 때 문장 끝에도 '了'가 있으면 현재까지 지속되고 있음을 나타낸다.

1) 목적어가 없을 때

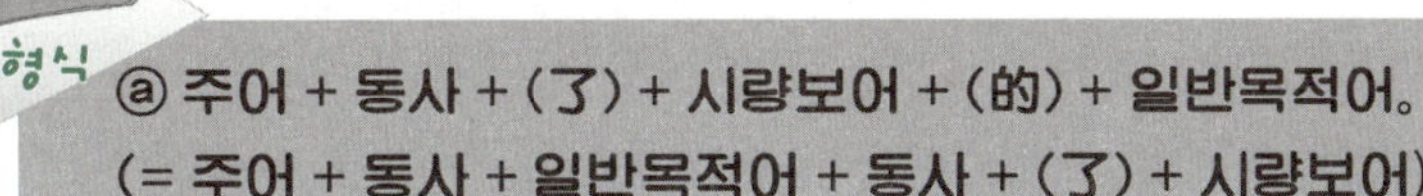

긍정형 : 주어 + 동사술어 + (了) + 시량보어。
부정형 : 주어 + 没 + 동사술어 + 시량보어。

- 手术进行了三个小时。 수술은 3시간 동안 진행됐다.
- 我只休息了一天, 没休息两天。
  나는 하루 쉬었을 뿐이지, 이틀 쉰 것은 아니다.

2) 목적어가 올 때, 시량보어의 위치
① 일반명사가 목적어일 경우, 시량보어는 목적어 앞에 위치한다.

ⓐ 주어 + 동사 + (了) + 시량보어 + (的) + 일반목적어。
(= 주어 + 동사 + 일반목적어 + 동사 + (了) + 시량보어)

- 我们学了一年(的)中文。 우리들은 중국어를 1년 간 배웠다.
  =我们学中文学了一年。

② 인칭대명사가 목적어일 경우, 시량보어는 목적어 뒤에 위치한다.

ⓐ 주어 + 동사 + (了) + 인칭목적어 + 시량보어。
(=주어 + 동사 + 인칭목적어 + 동사 + (了) + 시량보어)

- 我找了他半个小时。 나는 그를 반 시간 찾았다.
  =我找他找了半个小时。

③ 사람을 나타내는 명사가 목적어일 경우, 시량보어는 목적어 앞뒤에 모두 위치할 수 있다.
- 你等一会儿小张吧。 당신은 잠시 장 군을 기다리세요.
  =你等小张一会儿吧。

주의 | 동사를 중복하는 형식

☀ '동사를 중복하는 형식'의 경우를 사용할 때, '只·都·几乎' 등의
부사나 '应该·要·可以'등 조동사는 두 번째 중복동사의 앞에 위치하며,
'了'는 중복동사의 뒤에 와야 한다.

· 我们学中文只学了一年。 나는 중국어를 단지 1년 간 배웠다.
· 我写作业几乎写了一个小时。 나는 숙제를 거의 한 시간 동안 썼다.

(2) 경과한 시간

지속의 의미가 없는 동사의 경우에는 동작이나 행위가 이루어진 후의 경과된 시간을 나타낸다. 이 경우에는 그 일이 끝난 때부터 현재까지의 시간을 나타낸다. 시량보어는 목적어 뒤에 위치하며, '동사를 중복하는 형식'은 사용할 수 없다.

> **긍정형 : 주어 + 동사 + 목적어 + 시량보어 + 了。**
> **부정형 : 주어 + 동사 + 목적어 + 不/没(有) + 시량보어。**

- 他来中国一年了。 그는 중국에 온 지 일 년이 되었다.
- 他们结婚还不到一年。 그들은 결혼한 지 아직 일 년이 되지 않았다.
- 她大学毕业已经十年了。 그녀는 대학을 졸업한 지 이미 십 년이 되었다.

O2 동량보어

동사 술어 뒤에서 동작이나 행위의 횟수를 나타낸다. 회수보어(回数补语)라고도 하며, '수사 + 동량사'로 구성된다. 동량사의 종류는 양사에서 자세히 언급하였다.

(1) 목적어가 없을 때

> **주어 + 동사 + (了/过) + 동량보어。**

- 钟敲了三下儿。 시계가 세 번 종을 쳤다.
- 请您再说明一下。 다시 한 번 설명해 주세요.

(2) 목적어가 올 때, 동량보어의 위치

① 일반명사가 목적어일 경우, 동량보어는 목적어 앞에 위치한다.

> **주어 + 동사 + (了/过) + 동량보어 + 일반목적어。**

- 我想了解一下情况。 나는 상황을 좀 이해하고 싶다.
- 请你来一趟我的办公室吧。 제 사무실에 한번 오세요.

② 인칭대명사가 목적어일 경우, 동량보어는 목적어 뒤에 위치한다.

형식

주어 + 동사 + (了/过) + 인칭목적어 + 동량보어。

- 我见过他一次。 나는 그를 한번 만난 적이 있다.
- 小陈看了我一眼。 진군은 나를 힐끗 한번 보았다.

③ 인명이나 지명이 목적어일 경우, 동량보어는 목적어 앞뒤에 모두 위치할 수 있다.

- 去年我去了一次上海。(=去年我去了上海一次。)
  작년에 나는 상해에 한 번 갔었다.

O3 차량보어

동사나 형용사 뒤에 놓여서 사람이나 사물의 길이·높이·무게나 비교의 수치나 차량을 나타내는 보어로서, '수사+ 양사'로 구성된다.

(1) 길이 · 높이 · 무게 등의 수량

형식

주어 + 형용사 + (了) + 차량보어。

- 这个餐厅长六米, 宽三米。 이 식당은 6미터 길고, 3미터 넓다.
- 我高一米七五。 나는 키가 175cm이다.
- 张小又高了半尺。 장군은 또 키가 반 척 컸다.
- 这箱书重二十公斤。 이 상자의 책은 20kg 나간다.

(2) 비교의 수량 : 비교문 참조

형식

주어 + 比 + 비교대상 + 형용사술어 + 차량보어。

- 哥哥比我大两岁。 형은 나보다 두 살 많다.
- 他的病今天比昨天好一点儿。 그의 병세가 오늘은 어제보다 조금 좋다.

1 다음 문장에서 제시어의 정확한 위치를 고르시오.

01) A 代表团 B 到 C 北京 D 了。(一个多星期)

02) A 孩子们 B 看了 C 电视 D。(两个半小时)

03) A 我们班看 B 过 C 介绍 D 长城的电影。(两次)

04) 老师 A 提醒 B 过 C 我 D，可我还是忘了。(好几次)

05) 我的小女儿去叫他的时候，A 他 B 已经 C 起床 D 了。(半个钟头)

2 다음 괄호 안의 정확한 답을 고르시오.

01) 他(　　　　　　　　)。

    A 生病了三个星期

    B 病了三个星期

    C 生了病三个星期

    D 三个星期生病了

02) 我们(　　　　　　　)，一直很幸福。

    A 结婚两年了

    B 结了两年婚

    C 两年结了婚

    D 两年结婚了

03) 我一听铃声才发现，(　　　　　　　)。

    A 已经我们谈话三个小时了

    B 我们已经谈了三个小时了

    C 我们已经三个小时谈话了

    D 我们谈话了已经三个小时

04) 一个星期(　　　　　　　　　)，真不好意思。

    A 挨了老师三次批评

    B 挨了三次老师批评

    C 三次批评挨了老师

    D 挨了批评三次老师

05) 全市的书店都被(　　　　　　　　)。

    A 一遍我跑了

    B 一遍跑了我

    C 我一遍跑了

    D 我跑了一遍

3 다음 문장을 중작 하시오.

01) 나는 2년 간 중국어를 배웠다.

02) 나는 2시간 기다리고 있다.

03) 장 군이 떠난 지 3년이 되었다.

04) 그들은 결혼한 지 3년이 되었다.

05) 그는 이 문제를 세 번 물었다.

06) 나는 두 번 장거리 버스를 탄 적이 있다.

07) 나는 이전에 그녀를 한 번 만난 적이 있다.

08) 장강은 황하보다 800미터 길다.

09) 그는 나보다 5킬로그램 무겁다.

10) 이 반의 학생이 저 반보다 10명 적다.

2 정도보어

정도보어는 동사나 형용사 술어 뒤에서 동작이나 상태가 어느 정도에 이르렀는가를 보충 설명하는 성분이다. 간단한 정도보어는 일반적으로 형용사(구)를 쓰며, 술어와 정도보어는 구조조사 '得'을 사용하여 연결한다. 정도보어를 동반한 동작이나 상태는 그 행위가 이미 행해졌든가 또는 현재 행하여지는 일이어서, 동사 뒤에 시태조사 '了·过·着'는 올 수 없다. 그러나 문미에 어기조사 '了'는 올 수 있다.

> **긍정형 :** 주어 + 술어 + (목적어 + 술어) + 得 + 정도보어~。
> **부정형 :** 주어 + 술어 + (목적어 + 술어) + 得 + 不 + 정도보어~。
> **의문형 :** 주어 + 술어 + (목적어 + 술어) + 得 + 정도보어~吗?
> 　　　　　주어 + 술어 + (목적어 + 술어) + 得 + 정도보어의 정반식~?
> 　　　　　주어 + 술어 + (목적어 + 술어) + 得 + 怎么样?

긍정형 • 长城长得很。 만리장성은 아주 길다.

부정형 정도보어의 부정은 술어를 부정하지 않고, 보어를 부정한다. 따라서 부정형은 '得'뒤에 '不'을 넣는다.

- 他写得不好。 그는 쓰는 게 좋지 않다.
- 他们都吓得不敢说话。 그들은 모두 놀라서 감히 말하지 못하였다.
- 他课文念得不太流利。 그는 본문 읽는 것이 그다지 유창하지 않는다.

의문형 정반식의문형은 '得' 뒤를 정반식으로 만든다.

- 他写得好不好? 그는 쓰는 게 좋습니까?
- 他写汉字写得快吗? 그는 한자를 빠르게 씁니까?
- 火车跑得快不快? 기차가 빠르게 달립니까?
- 最近过得怎么样? 요즘 어떻게 지내십니까?

01 용법

(1) 동사 / 형용사 + 得 + 정도보어(부사 '很'이나, '多' '不得了' '不错' '了不得' '要命' '要死' 등 정도의 의미를 갖는 형용사)

단순한 정도를 나타낸다.

- 他汉语好得很。 그는 중국어를 참 잘한다.
- 他最近忙得很。 그는 요즘 매우 바쁘다.
- 今年冬天冷得很。 금년 겨울은 매우 춥다.
- 他比我快得多。 그는 나보다도 더욱 빠르다.
- 你汉语说得不错。 당신은 중국어를 잘한다.
- 他高兴得不得了。 그는 매우 기뻤다.
- 这个孩子闹得了不得。 이 아이는 장난이 매우 심하다.
- 他穷得要命。 그는 무척 가난하다.

(2) 동사 + 得 + 정도보어(일반형용사)

동작의 상태를 나타낸다.

- 他跑得快, 我跑得慢。 그는 빠르게 달리고, 나는 느리게 달린다.
- 他吃得很慢。 그는 음식을 느리게 먹는다.
- 他骑自行车总是骑得很快。 그는 자전거를 타면 언제나 매우 빠르게 탄다.
- 这条牛仔裤我洗得很干净。 이 청바지를 내가 깨끗이 빨았다.
- 我还记得清清楚楚。 나는 아직 뚜렷하게 기억한다.

(3) 동사 / 형용사 + 得 + 정도보어(동목구 / 주술구 / 보충구 / 관용구)

구조가 비교적 복잡하다. 명확하고 구체적인 정도를 나타내며, 동시에 결과의 의미도 나타낸다.

동목구
- 他讲得有道理。 그의 말에는 이치가 있다.
- 最近他忙得连写信的时间也没有。
  최근 그는 바빠서 편지 쓸 시간조차 없다.
- 他疼得晚上睡不着觉。 그는 아파서 밤에 잠을 잘 수 없다.
- 他们看书看得忘了吃饭了。
  그들은 책을 읽는데, 밥 먹는 것을 잊을 정도였다.
- 我玩电脑玩得忘了回家。
  나는 컴퓨터를 하느라 집에 돌아가는 것조차 잊어버렸다.

주술구
- 他写文章写得手疼。 그는 손이 아플 정도로 문장을 썼다.
- 一天都没吃饭, 饿得我头昏眼花。
  하루 종일 밥을 안 먹어, 나는 배가 고파서 머리가 어지럽고 눈이 침침하다.

| 보충구 | ・她怕得说不出来。 그녀는 무서워서 말도 할 수 없었다. |

| 관용구 | ・大家讨论得兴高采烈。 모두가 매우 기쁘게 토론하였다. |

・听了这句话，他气得满脸通红。

　이 말을 듣고 그는 얼굴이 온통 붉어질 정도로 화가 났다.

주의 | 부사의 위치

⊛ 형용사 뒤에 정도보어가 있으면, 형용사 앞에 정도부사가 올 수 없다.

　・很高兴得要命。(×) ('很'이 올 수 없음) 기뻐 죽겠다.

⊛ 정도보어를 이끄는 동사술어에 '也・都・大概・确实' 등의 부사가 올 경우, 동사 앞 혹은 정도보어 앞에 사용할 수 있다.

　・他汉语也说得很好。(=他汉语说得也很好。) 그도 중국어를 잘 말한다.

⊛ 구조조사 '得'을 쓰지 않고도, 술어 뒤에 '极了' '死了'를 붙여 정도가 심함을 나타낸다.

　・我们高兴极了。 우리는 대단히 기쁘다.

　・我累死了。 나는 피곤해 죽겠다.

O2 목적어가 올 때, 정도보어의 위치

(1) 동사가 목적어(명사)를 수반하는 경우, 반드시 동사를 중복하고 '得+정도보어'를 써야 한다. 즉 '주어 + 동사1 + 목적어 + 동사1 + 得 + 정도보어'의 순이다.

　・你说中文说得很好。 그는 중국어를 잘 한다.

(2) 이 때 첫째 동사를 생략할 수도 있다.

　・他课文念得不太流利。 그는 본문을 읽는데 그다지 유창하지 못하다.

(3) 목적어를 특별히 강조할 경우, 목적어를 주어 앞에 놓을 수 있는데, 이 경우는 동사를 반복하지 않는다.

　・中文你说得很好。(=你中文说得很好。) 당신은 중국어를 잘한다.

plus

※ 정도보어와 부사어의 용법비교

정도보어는 동작의 상태 묘사를 강조하고, 부사어는 동작의 진행상황을 강조한다.

❶ **정도보어** 他吃得很慢。 그는 음식을 느리게 먹는다.
   부사어 请慢吃。 천천히 드세요.

❷ **정도보어** 走得很慢。 걸음걸이가 느리다.
   부사어 慢走。 천천히 가세요.

❸ **정도보어** 跑得快 빠르게 달린다.
   부사어 快跑! 빨리 뛰어!

❹ **정도보어** 起得早。 일찍 일어났다, 일찍 일어난다.
   부사어 早起。 일찍 일어나세요.

plus

※ 네 가지 표현의 차이점

❶ 동사+ 得很+ 부사 : 이미 발생한 동작으로, '어떻게'를 묘사한다.
   · 他在黑板上写了一个字，字写得很大。
   그는 칠판에 글자 하나를 썼는데, 글자가 아주 컸다.('어떻게' 썼는지를 나타냄)

❷ 동사+ 得+ 부사+ 一点儿/一些 : 희망·요구·명령 등을 나타낸다.
   · 黑板上的字太小，我看不清，请你写得大一点儿。
   칠판 위의 글씨가 너무 작아, 잘 보이지 않으니, 조금 크게 써주세요.
   (글자가 조금 크기를 바람)

❸ 동사+ 得+ 부사+ 了一点儿 : 불만을 나타낸다.
   · 你的字写得小了一点儿，我看不清。
   네가 글자를 좀 작게 써서, 나는 잘 보이지 않는다.

❹ 동사+ 得+ 부사+ 了一点儿
: 형식은 ❸과 같으나, 변화를 나타낸다. 따라서 '동사+ 得+ 부사+ 一点儿了'
형식으로도 말할 수 있다.
   · 刚才字写得太小了，现在写得大了一点儿。
   방금 전에 글자를 너무 작게 써서, 지금은 조금 크게 썼다.

1 다음 문장에서 제시어의 정확한 위치를 고르시오.

① 小金 A 说 B 得 C 很流利 D。(汉语)

② A 那本小说 B 你 C 翻译 D 怎么样了?(得)

③ A 他写汉字 B 写 C 得好 D。(比我)

④ 这件衣服 A 买 B 得 C 大 D 了。(太)

⑤ 我 A 忙得 B，没时间跟你 C 说 D 话。(不得了)

2 다음 괄호 안의 정확한 답을 고르시오.

① 妈妈同意我去中国留学，我高兴得(　　　　　)。

    A 极了　　　　　　　　　　B 极
    C 很　　　　　　　　　　　D 狠

② 我(　　　　　)，有人敲门都没听见。

    A 太死睡　　　　　　　　　B 太死睡了
    C 睡得太死了　　　　　　　D 太睡得死了

③ 这个主意好得(　　　　　)。

    A 再不能好了　　　　　　　B 不能再好了
    C 好了再不能了　　　　　　D 能再不好了

④ 电脑(　　　　　)，我不能买。

    A 不得了贵得　　　　　　　B 贵得很不得了
    C 贵得不得了　　　　　　　D 贵不得了得

⑤ 这孩子(　　　　　)，家长都没办法。

    A 要命淘气得　　　　　　　B 淘气要命得
    C 淘气得要命　　　　　　　D 要命得淘气

3 다음 문장을 중작 하시오.

01 그녀는 매우 예쁘게 생겼다.

02 이 군은 매우 빨리 달린다.

03 그는 정확하게 대답하였다.

04 그는 자전거를 매우 빠르게 탄다.

05 나는 한가해서 괴롭다.

06 겨울은 추워 죽겠다.

07 우리들은 뛰어서 온몸이 땀투성이가 되었다.

08 요즘 나는 바빠서 조금의 틈도 없다.

09 아저씨, 앞머리를 조금 짧게 자를 수 있겠습니까?

10 그녀는 노래를 잘 부릅니까?

3 결과보어

결과보어는 동사술어 뒤에서 이미 완료된 동작의 결과를 보충 설명하는 성분이다. 시태조사 '了'는 동작이 있었음을 나타내는 반면에, 결과보어는 동작이 있었으며 구체적인 결과까지 있었음을 나타낸다.

결과보어로는 동사 또는 형용사가 쓰이며, 술어와의 결합이 강해서 하나의 동사로 되어 버린 것도 많다. 그래서 '了'나 목적어 등은 모두 '동사＋결과보어' 뒤에 온다. '동사＋결과보어'에서는 보어의 의미가 강조되나, '想开(단념하다)'처럼 파생적인 의미로 변한 것도 있다.

> **긍정형** : 주어＋술어＋결과보어＋(목적어)＋(了)。
> **부정형** : 주어＋没＋술어＋결과보어＋(목적어)。
> 　　　　　(～한 결과를 이루지 못했다)
> **의문형** : 주어＋술어＋결과보어＋(목적어)＋了＋吗?
> 　　　　　주어＋술어＋결과보어＋(목적어)＋了＋没有?
> 　　　　　주어＋술어＋没＋술어＋결과보어＋(목적어)?

긍정형　• 我学会开汽车了。 나는 운전을 배워서 할 줄 안다.

부정형　• 我没听懂你说的话。 나는 당신이 말하는 말을 알아듣지 못했다.

의문형　• 孩子们都睡着了吗? 아이들은 모두 잠들었습니까?

　　　　• 这本书你看完了没有? 이 책을 당신은 다 보았습니까?

　　　　• 你写没写完作业? 당신은 숙제를 다 끝냈습니까?

⊛ 단, 부정형에서 가정의 뜻이 있을 때는 '不'로 부정한다.

　　·你不说清楚，我们就不能帮助你。

　　　당신이 분명히 말하지 않는다면, 우리는 당신을 도와줄 수 없다.

　　·我不做完作业，就不去游泳。

　　　내가 숙제를 다 끝내지 못한다면, 수영을 가지 않겠다.

01 종류

(1) 동사

见·完·懂·着(zháo)·到·在·成·住·会·惯·中(zhòng)·死·走·了(liǎo)·给·掉·
翻·倒(dǎo)·丢·够·碎·跑·满·开 등.

(2) 형용사

好·清楚·干净·饱·透·对·错·光·晚·坏·醉·齐·乱·远·长·短·多·高·大·小·快·
慢·胖·瘦·红 등.

02 한 동사에 여러 가지 결과보어가 붙는다

예1　看见 보다

　　　~完 다 보다

　　　~懂 보고 알다

　　　~错 잘못 보다

　　　~清楚 똑똑히 보다

예2　写完 다 쓰다

　　　~好 잘 쓰다

　　　~对 맞게 쓰다

　　　~错 틀리게 쓰다

　　　~清楚 똑똑히 쓰다

03 자주 쓰이는 결과보어

(1) 동사

1) 见

① (시각·후각·청각 등으로) 어떤 대상이 무의식적으로 인식되다.

- 我听见他的声音了。 나는 그의 음성을 들었다.

② 어떤 대상과 부딪치다.

- 昨天遇见了好朋友。 어제 친한 친구를 만났다.

2) 完 : 동작이 끝나다.

- 你办完了手续，就马上来找我。
  당신은 수속을 다 마치고, 바로 나를 찾아오세요.
- 他把一盘炒饭都吃完了。 그는 볶음밥 한 그릇을 다 먹었다.

3) 懂 : (어떤 동작이 이루어진 후에) 이해가 되다.

- 我说的话你听懂了吗? 내가 한 말을 당신은 알아들었습니까?

4) 着(zháo) : 목적을 이루다.

- 不久，他睡着了。 얼마 안 있어, 그녀는 잠들었다.
- 那本书我没买着，借着了。 그 책을 나는 사지 못하고, 빌렸다.

5) 到

① 어느 장소까지 도달하다.

- 昨天他回到了北京。 어제 그는 북경에 돌아갔다.

② 어느 시점까지 지속되다.

- 他每天晚上都学习到十一点钟。 그는 매일 저녁 11시까지 공부한다.

③ 목적이나 결과를 달성하다.(=着)

- 我买到了一部珍贵的古书。 나는 진귀한 고서 한 부를 샀다.

6) 在 : (어느 장소에) 지속적으로 머무르다.

- 他坐在我旁边。 그는 내 옆에 앉아있다.
- 那本书我放在桌子上。 그 책을 나는 탁자 위에 놓았다.

plus+

※ '在'의 전치사와 결과보어 용법비교

'在(+ 장소)'가 전치사로서 동사 앞에 놓이면, '~에서 ~을 한다'라는 의미가
되며, '在(+ 장소)'가 결과보어로서 동사 뒤에 놓이면 '~에(서)~하고 있다'
라는 의미를 갖게 되어, 동작이 이루어진 후 어떤 장소에 사람이나 사물이
'지속'적으로 머물러 있음을 나타낸다.

· 老师在黑板上写他的名字。 선생님께서 칠판에 그의 이름을 쓰신다.
· 他的名字写在黑板上。 그의 이름이 칠판에 쓰여 있다.(지속의 의미가 포함됨)

그렇다고 어떤 문장이든 결과보어 '在'를 써서 '지속'의 의미를 나타낼 수 있는 것은 아니다. 행위자가 어느 장소에서 어떤 동작을 행한다는 의미를 나타내는 경우는 '在' 전치사구를 동사 앞에 써야 하며, 이때 지속의 의미를 더해주려면 동사 뒤에 '着'을 붙인다.

· 他望在窗前。(×)

他在窗前望着窗外。(○) 그는 창문 앞에서 창밖을 바라보고 있다.

즉, 몸자세를 나타내는 동사(坐·站·卧·躺·趴·跪·蹲·靠)와 일부 관용적 표현에서만 '在'가 결과보어로 쓰여 '지속'의 의미를 나타낸다.

· 学生们坐在椅子上。(=学生们在椅子上坐着呢。)

학생들이 의자에 앉아있다.

· 你别把那个事情挂在心上。 당신은 그 일을 마음에 담아두지 마세요.

7) 成

① 목적을 이루다.

- 人虽然不太多，但是昨天的会还是开成了。

  사람들이 비록 그다지 많지는 않았으나, 어제의 회의는 여전히 열렸다.

- 那个电影我一直也没有看成。 그 영화를 나도 줄곧 다 보지 못했다.

② 다른 것으로 변하다.(~으로 되다)

- 他家的厨房现在变成了仓库。 그의 집 부엌은 현재 창고로 변했다.

- 那本小说已经翻译成中文了。 그 소설책은 중국어로 번역되었다.

plus+

※ 결과보어 '到'와 '成'의 용법비교

'看·听·吃·买' 등의 동사들은 뒤에 결과보어 '到'가 올 수도 있고, '成'이 올 수도 있으나, 그 뜻은 다르다. 예를 들어 '买到'에서의 '到'는 '물건을 살려는' 목적을 이룰 수 있는지를 나타내며, 살려는 물건이 있는지 없는지와 관계가 있다. 만약 있다면 '买到了'라고 말하고, 없다면 '没买到'라고 말한다.

그러나 '买成' '没买成'은 다르다. 여기의 '成'은 '물건을 사는' 행위가 실현되거나 성공할 수 있는지를 나타낸다. 즉 사야할 물건이 있고 없고에 관계가 없고, '물건을 사는' 행위가 실현될 수 있는지 없는지에 대한 영향은 물건 이외의 장애에서 비롯된다.

· 我今天去买票没买到，我去的时候已经卖完了。
나는 오늘 표를 사러 갔었는데 사지 못했다, 내가 갔을 때는 표가 이미 다 팔렸다.
(원인: 표가 다 팔렸기 때문에 목적을 실현하지 못함)
· 我今天去买票没买成，下车以后钱包找不到了。
나는 오늘 표를 사러 갔었는데 사지 못했다, 차에서 내린 후에 지갑을 찾을 수 없었다.
(원인: 표는 있었으나, 지갑을 잃어버려서 실현하지 못함)

8) 住
① 고정하다.
- 他握住了我的手。 그는 나의 손을 꽉 쥐었다.
- 他的电话号码，我还没记住呢。
  그의 전화번호를 나는 아직도 기억하지 못한다.
② 당황케 하다, 곤란하게 하다.
- 这句话，真把他问住了。 이 말은 정말 그를 당황케 하였다.

9) 会 : 배워서 터득하거나 할 줄 안다.
- 这些生词不难，很容易学会。
  이 단어들은 어렵지 않아서, 습득하기 매우 쉽다.

10) 惯 : 습관이 되다. 익숙해지다.
- 我已经吃惯了中国菜。 나는 이미 중국음식을 먹는데 습관이 되었다.

11) 中(zhòng) : 적중하다.
- 他看中了这一幅画。 그는 이 그림이 마음에 들었다.

12) 死
① 죽게 되다.
- 他打死一个人。 그는 한 사람을 때려 죽였다.
② 움직임이 멈추다.
- 那些强盗把门钉死了，我只好从窗户逃了出去。
  그 강도들이 문을 단단히 못 박아, 나는 부득이 창문으로 도망쳤다.

13) 走 : 본래의 위치에서 떨어지다.
- 客人送走了。손님을 송별해 보냈다.
- 我爸爸已经被弟弟接走了。나의 아버지는 동생이 모시고 갔다.
- 刚才有一个人把你的孩子接走了。
  방금 어떤 사람이 당신의 아이를 데리고 갔다.
- 飞机已经飞走了。비행기가 이미 떠났다.

14) 了(liǎo) : 완결하다.
- 苹果卖了了。과일이 다 팔렸다.

15) 给 : 어떤 대상에게 물건을 넘겨주다
- 他借给我一本书。그는 나에게 책을 한 권 빌려주었다.
- 请把这个传给他。당신 이것을 그에게 전해주세요.

16) 掉 : 동작이 완성되다
- 有人把电源关掉了。누군가가 전원을 꺼버렸다.

17) 翻 : 뒤집히다
- 他不小心打翻了牛奶瓶。그는 조심하지 않아 우유병을 뒤집어엎었다.

18) 倒(dǎo) : 넘어지다
- 他骑车摔倒了。그는 자전거를 타다가 넘어졌다.

19) 丢 : 잃다
- 他跑丢了一只鞋。그는 신발 한 짝을 뛰다 잃었다.

20) 碎 : 부서지다
- 碗打碎了。사발이 깨졌다.

21) 跑 : 달아나다
- 她把那只猫赶跑了。그녀는 그 고양이를 쫓아버렸다.

22) 满 : 꽉 채우다

　　• 他把开水倒满了那个杯子。 그는 물을 그 잔에 가득 따랐다.

23) 开

① 분리되거나 개방되다.

　　• 他们俩分开了。 그들 둘은 헤어져 버렸다.

　　• 请你把箱子打开。 상자를 열어주세요.

② 확대되거나 퍼지다.

　　• 那个谣言传开了。 그 유언비어가 널리 퍼졌다.

(2) 형용사

1) 好 : 목적을 이루다.

　　• 我的自行车修好了。 내 자전거를 다 고쳤다.

　　• 我一定要学好中文。 나는 반드시 중국어를 잘 배울 것이다.

plus+

※ '完'과 '好'의 용법비교

　　· 今天该做的事儿都做完了。 나는 오늘 해야 할 일을 다 했다.(당일 분량만 마쳤을 경우)
　　· 我都办好了。 나는 다 처리했다.(해야 할 작업분량을 모두 마쳤을 경우)

2) 清楚 : 분명하다.

　　• 我没听清楚, 请你再说一遍。

　　　분명히 듣지 못했으니, 다시 한 번 말씀해 주세요.

3) 干净 : 깨끗하다.

　　• 房间收拾干净了。 방이 깨끗이 정리되었다.

4) 饱 : 충분히 되다.

　　• 我吃饱了, 谢谢!저 배불리 먹었습니다, 감사합니다!

5) 透
① 정도나 상황이 충분하다.
  • 果子熟透了。 과일이 완전히 익었다.
② 이해나 인식이 철저하다.
  • 我摸透了他的脾气。 나는 그의 성질을 완전히 알아냈다.

6) 对 : 맞다.
  • 他答对了那个问题。 그는 그 문제를 알아맞혔다.

7) 错 : 틀리다.
  • 今天的菜点错了, 又贵又不好吃。
    오늘의 음식은 잘못 주문했다, 비싸고 맛이 없다.

8) 光 : 조금도 남아있지 않다.
  • 他把茶一口都喝光了。 그는 차를 한 모금도 다 마셔버렸다.
  • 今天我把带的钱都花光了。 오늘 나는 가지고 있던 돈을 전부 써 버렸다.

9) 晚 : 늦다.
  • 我来晚了十分种。 나는 10분 늦게 왔다.

10) 红 : 붉다.
  • 小姑娘哭红了眼睛。 여자아이는 울어서 눈이 빨개졌다.

04 동사와 결과보어의 결합 용례

결과보어	동보결합의 용례
见 (이하 동사)	听见(들리다), 看见(보이다), 遇见(만나다·마주치다), 碰见(우연히 만나다·부딪치다)
完	用完(다 써 버리다), 看完(다 보다), 听完(다 듣다), 读完(다 읽다), 写完(다 쓰다), 吃完(다 먹다), 喝完(다 마시다), 花完(다 쓰다), 做完(일을 끝내다), 卖完(매진되다), 打扫完(청소를 끝내다)

결과보어	동보결합의 용례
懂	听懂(알아듣다), 看懂(보고 이해하다), 读懂(읽고 이해하다)
着	找着(찾아내다), 睡着(잠들다), 见着(만나다), 拿着(손에 넣다)
到	回到(에 돌아가다), 送到(까지 전송하다), 走到(까지 걷다)/弄到(손에 넣다), 做到(해내다), 办到(해내다), 拿到(입수하다), 买到(사서 손에 넣다), 找到(찾았다), 遇到(만나다·마주치다), 碰到(우연히 만나다), 收到(받다), 接到(받다), 猜到(알아맞히다), 想到(생각이 나다), 听到(들리다), 看到(보이다), 学到(배워내다), 感觉到(느끼다)
成	写成(써내다), 翻译成(으로 번역하다), 变成(으로 변하다), 说成(라고 간주하다), 听成(으로 듣다), 换成(으로 바꾸다), 改成(으로 고치다), 培养成(으로 배양하다)
住	停住(정지하다), 站住(멈춰서다), 留住(붙잡아두다), 挡住(저지하다)/记住(기억해두다), 拿住(꽉 쥐다), 抓住(붙잡다), 坚持住(끝까지 버티다), 盖住(꼭 덮다), 挂住(걸리다), 吸引住(끌어당기다), 忍住(꾹 참다)
会	学会(배워서 습득하다), 练会(연습하여 습득하다), 教会(가르쳐 습득하다)
惯	吃惯(먹는데 습관이 되다), 住惯(사는데 습관이 되다)
开	离开(떨어지다), 走开(물러나다·피하다), 分开(헤어지다), 想开(단념하다), 翻开(책을 넘기다), 打开(책을 펴다), 揭开(떼다·열다), 拉开(당겨서 열다), 伸开(손을 펴다), 推开(밀어서 열다), 哭开(울기 시작하다)
中	看中(마음에 들다), 相中(마음에 들다), 选中(바로 뽑다), 射中(명중하다), 打中(명중하다)
死	病死(병들어 죽다), 饿死(배고파 죽다), 吓死(놀라 죽을 뻔하다), 累死(피곤해 죽다, 힘들어 죽을 지경이다), 打死(때려 죽다), 渴死(목말라 죽다·몹시 목마르다), 摔死(떨어져 죽다), 弄死(죽게 하다), 杀死(목을 베어 죽이다), 气死(화나서 죽다), 钉死(단단히 못 박다)
走	寄走(부쳐 보내다), 送走(송별해 보내다), 拿走(가지고 가다), 接走(데리고 가다), 赶走(내쫓다), 气走(화나 가버리다), 骗走(편취해 달아나다), 偷走(도둑질해 달아나다·훔쳐가다), 飞走(날아가 버리다)
了	吃了(다 먹다), 喝了(다 마시다), 花了(다 쓰다), 用了(다 쓰다), 走了(다 걷다), 卖了(다 팔다), 拿了(다 옮기다), 输了(다 나르다)
给	借给(빌려주다), 交给(건네주다), 寄给(부쳐주다), 拿给(가져다주다), 介绍给(소개해주다), 送给(보내주다)

결과보어	동보결합의 용례
走	寄走(부쳐 보내다), 送走(송별해 보내다), 拿走(가지고 가다), 接走(데리고 가다), 赶走(내쫓다), 气走(화나 가버리다), 骗走(편취해 달아나다), 偷走(도둑질해 달아나다·훔쳐가다), 飞走(날아가 버리다)
了	吃了(다 먹다), 喝了(다 마시다), 花了(다 쓰다), 用了(다 쓰다), 走了(다 걷다), 卖了(다 팔다), 拿了(다 옮기다), 输了(다 나르다)
给	借给(빌려주다), 交给(건네주다), 寄给(부쳐주다), 拿给(가져다주다), 介绍给(소개해주다), 送给(보내주다)
掉	擦掉(지워버리다), 碰掉(충돌해버리다), 扔掉(던져버리다), 忘掉(잊어버리다), 弄掉(해 버리다), 打掉(쳐서 떨어뜨리다), 去掉(없애버리다), 除掉(제거하다), 处理掉(처리해버리다), 改掉(고쳐버리다)
倒	吹倒(불어서 넘어지다), 碰倒(부딪쳐서 넘어지다), 摔倒(엎어져 넘어지다)
动	搬动(이동하다), 挑动(짊어 나르다), 拉动(적극적으로 이끌다), 启动(시동하다)
丢	挤丢(던져버리다), 弄丢(닦아버리다)
够	吃够(배불리 먹다), 睡够(충분히 자다), 玩够(실컷 놀다)
碎	摔碎(떨어뜨려 부서지다), 打碎(때려 부수다), 碰碎(부딪쳐 깨지다), 操碎(애태우다)
跑	吓跑(놀라 달아나다), 气跑(화가 나서 달아나다), 打跑(때려 쫓다), 赶跑(쫓아버리다·몰아내다), 放跑(놓치다·놓아주다), 拿跑(가지고 달아나다)
满	倒满(다 차게 따르다), 装满(다 차게 담다), 灌满(다 차게 부어넣다), 住满((방이) 다 차다), 安排满(다 차게 안배하다), 贴满(다 차게 붙이다), 坐满(좌석이 다 차다)
好 (이하 형용사)	学好(잘 습득하다), 说好(이야기가 잘 되다), 改好(잘 고치다), 预备好(다 준비되다), 写好(다 쓰다), 睡好(푹 자다), 做好(잘 하다), 填好(잘 기입하다), 准备好(다 준비하다)
清楚	问清楚(분명하게 묻다), 说清楚(분명하게 말하다), 看清楚(분명하게 보다), 写清楚(분명하게 쓰다), 听清楚(분명하게 듣다)
干净	收拾干净(깨끗이 정리하다), 洗干净(깨끗이 씻다(빨다)), 吃干净(깨끗이 먹어치우다), 打扫干净(깨끗이 청소하다), 抹干净(깨끗이 닦다), 擦干净(깨끗이 닦다)
饱	吃饱(배불리 먹다), 喂饱(배불리 먹이다)

결과보어	동보결합의 용례
透	湿透(흠뻑 젖다), 伤透(심하게 다치다), 凉透(매우 서늘해지다)/ 熟透(잘 익다)
对	写对(맞게 쓰다), 猜对(추측이 맞다), 校对(맞게 교정하다), 说对(맞게 말하다), 回答对(맞게 대답하다)
错	点错(잘못 주문하다), 写错(잘못 쓰다), 听错(잘못 듣다), 用错(잘못 사용하다), 拿错(잘못 가져가다), 拨错(잘못 걸다)
光	喝光(다 마시다), 花光(돈을 다 쓰다), 卖光(다 팔리다), 拿光(다 가져가 버렸다)
坏	摔坏(떨어져 부서지다·넘어져 다치다), 吓坏(깜짝 놀라다), 饿坏(몹시 배고프다), 累坏(피로로 몸을 망치다), 用坏(사용하여 망치다), 弄坏(망가뜨리다), 打坏(때려 부서지다)
醉	喝醉(술에 취하다), 灌醉(강제로 취하게 하다)
齐	拿齐(다 가져가다), 来齐(다 오다), 准备齐(다 준비되다)
乱	拿乱(엉망으로 가져가다), 打乱(망쳐버리다), 搞乱(엉망으로 하다), 弄乱(어지럽히다)
远	走远(멀리 가다), 飞远(멀리 날아가다), 跑远(멀리 뛰다)
长	拉长(길게 늘이다), 加长(더해 늘이다), 延长(연장하다)
短	剪短(짧게 자르다), 缩短(단축하다), 磨短(짧게 갈다), 变短(짧게 변하다)
多	喝多(많이 마시다), 穿多(많이 입다)
高	长高(키가 커지다), 加高((담 등을)높이다), 增高((표준 등을)높이다)
大	睁大(눈을 크게 뜨다), 长大(자라다)

1 다음 문장에서 제시어의 정확한 위치를 고르시오.

01 老师讲的问题 A 我 B 全 C 听 D 了。(明白)

02 他 A 一个月就 B 把两个月的钱都 C 花 D 了。(光)

03 我昨天 A 在新华书店 B 买 C 了≪现代汉语词典≫ D 了。(到)

04 开会的时候 A 我 B 一直 C 坐 D。(在老王的旁边)

05 他 A 吃完饭 B 就 C 去 D找朋友了。(没)

2 다음 괄호 안의 정확한 답을 고르시오.

01 我很想看京剧, 今天终于买(　　　　　　　)了一张票。

　A 完　　　　　　　　　　　B 遍
　C 光　　　　　　　　　　　D 着

02 他难过地(　　　　　　　)。

　A 床躺在上　　　　　　　　B 床上在躺
　C 躺在床上　　　　　　　　D 在床上躺

03 怎么, 你爱(　　　　　　)这个姑娘了?

　A 着　　　　　　　　　　　B 下
　C 上　　　　　　　　　　　D 得

04 对不起, 是我(　　　　), 我再说一遍。

　A 说没有清楚　　　　　　　B 不有清楚说
　C 不说清楚　　　　　　　　D 没说清楚

05 听了他的话, 我们都快(　　　　　　)。

　A 乐晕过去了　　　　　　　B 乐了晕过去
　C 乐晕过了去　　　　　　　D 乐过去晕了

3 다음 문장을 중작 하시오.

01) 그는 그 소설책을 다 읽었다.

02) 그는 글자 세 개를 틀리게 썼다.

03) 그는 그 연필을 찾아냈다.

04) 그는 간단한 중국 책을 보고 이해할 수 있다.

05) 나는 그가 노래하는 소리를 들었다.

06) 그의 어머니는 아이들의 옷을 깨끗이 빨았다.

07) 당신은 반드시 이 새 낱말을 기억해 두어야 한다.

08) 동생은 아직도 숙제를 다 하지 못했다.

09) 당신은 이 글자들이 똑똑히 보입니까?

10) 내일은 시험을 보는데, 너는 잘 준비했니?

4 방향보어

방향보어란 동사 뒤에서 동작의 구체적인 방향을 보충 설명하는 성분이다. 즉, 술어 뒤에 쓰여 누가 어떤 방향으로 동작을 행한다거나, 일이 어떤 방향으로 진행됨을 나타낸다. 방향보어가 될 수 있는 것은 동사와 동사구가 있는데, 크게 단순방향보어와 복합방향보어로 나누며, 중국어 명칭은 추향보어(趋向补语)이다.

01 단순방향보어

동사 뒤에 来·去·上·下·进·出·回·过·起 등 9개의 방향보어가 오는 경우이다. 이들은 화자와의 방향을 나타내거나, 또는 방향과 상관없는 파생적 의미를 갖는다.

> 긍정형 : 주어 + 동사 + (목적어) + 来/去 上/下 进/出 回/过 起 + (목적어)。
>
> 부정형 : 주어 + 没 + 동사 + (목적어) + 来/去 上/下 进/出 回/过 起 + (목적어)。

긍정형
- 他们都进来了。 그들은 모두 들어왔다.
- 孩子们唱着歌走进公园。
  아이들은 노래를 부르며 공원으로 들어간다(온다).
- 她从地上捡起了一个钱包。 그녀는 땅에서 지갑을 하나 주웠다.

부정형
- 他没回宿舍去。 그는 기숙사로 돌아가지 않았다.
- 我没带照相机去。 나는 사진기를 가져가지 않았다.

(1) 용법

1) 来

① 본의

㉠ 동작이 화자 쪽으로 이동하다
- 昨天黄经理已经回来了。 어제 밤 황사장님이 이미 돌아왔다.
- 你进来吧, 我正想找你聊聊。

당신 들어오세요, 나는 마침 한담이나 하려고 당신을 찾고 싶었어요.

- 你上来我们商量一下。 당신이 올라와서 우리들과 상의 좀 해요.
- 这是我从韩国带来的。 이것은 내가 한국에서 가져왔다.
- 他给我送来两本杂志。 그는 나에게 잡지 두 권을 보냈다.
- 妈妈给我寄来一箱方便面。 엄마는 나에게 라면 한 상자를 부쳤다.

② 파생의

㉠ '看·说·听·想' 동사 뒤에서 '어떤 면에서 추량하다'는 의미를 갖는다.

- 他看来身体不好。 그는 보아하니 건강이 좋지 않은 듯하다.
- 这件事说来话长啊! 이 일은 얘기하자면 길다!

2) 去

① 본의

㉠ 동작이 상대방 쪽으로 이동하다

- 可能下雨, 你最好带雨伞去。

  비가 오려고 하니, 당신은 우산을 가져가는 것이 좋겠다.

- 我上去打听一下。 내가 올라가서 한번 물어 봐야겠다.
- 他带去了很多好吃的东西。 그는 맛있는 것을 아주 많이 가지고 갔다.
- 毛毯已经寄去了, 你收到了吗? 모포를 이미 부쳤는데, 너 받았느냐?

3) 上

① 본의

㉠ 낮은 곳에서 높은 곳으로 이동하다

- 他很快地爬上了树。 그는 빠르게 나무에 올라갔다.

② 파생의

㉠ 목표에 도달하다.

- 去年, 她没考上大学。 작년에 그녀는 대학에 합격하지 못했다.
- 经过几天的行军, 他们赶上了队伍。

  며칠간의 행군을 거쳐, 그들은 대열을 따라잡았다.

㉡ 어떤 동작이 시작하여 지속되다.

- 劳动人民都过上了幸福的生活。 노동자들은 모두 행복한 생활을 지낸다.
- 他爱上自己的工作。 그는 자신의 일을 사랑하게 되었다.
- 他看上了那件蓝衬衫。 그는 그 남색의 와이셔츠가 눈에 들었다.

ⓒ 개방된 상태에서 폐쇄되다

- 窗户我关上了。 창문을 내가 닫았다.

- 出门以前, 一定要锁上门。 외출하기 전에, 반드시 문을 잠가야 한다.

ⓔ 부착되다

- 他穿上那件衣服一试, 很合适。

  그는 그 옷을 한 번 입어보니, 아주 적합하였다.

ⓜ (수량사와 함께 쓰여) 동작이 일정한 정도에 도달하다

- 我打上一个小时的太极拳。 나는 태극권을 한 시간 하였다.

4) 下

① 본의

㉠ 높은 곳에서 낮은 곳으로 이동하다

- 孩子跑下楼了。 아이는 아래층으로 뛰어 내려갔다.

② 파생의

㉠ 원래의 장소에서 벗어나다

- 他脱下上衣。 그는 상의를 벗었다.

ⓛ 어떤 결과가 안정적으로 혹은 고정적으로 남는다.

- 我留下照顾病人。 나는 환자를 돌보려고 남았다.

- 他在银行存下了很多钱。 그는 은행에 많은 돈을 저금해 두었다.

ⓒ 수용하다

- 这个宿舍能摆下四张床吗? 이 숙사는 4개의 침대를 놓을 수 있습니까?

5) 进

① 본의

㉠ 밖에서 안으로 이동하다

- 他走进了客厅。 그는 대청으로 걸어 들어갔다(왔다).

6) 出

① 본의

㉠ 안에서 밖으로 이동하다

- 大家隋着老张, 由客厅门走出。 모두 장 씨를 따라 현관문으로 나갔다.

② 파생의

㉠ '숨은 상태'에서 '명확한 상태'로 변화하다.

- 我能猜出他的名字。 나는 그의 이름을 맞출 수 있다.
- 从她的声音可以听出, 她是一个孩子。
  그녀의 목소리로부터 그녀가 아이임을 알았다.

㉡ 무에서 유로 되다.

- 这个工厂生产出了世界上最好的产品。
  이 공장에서 세계 최고의 제품을 생산해내었다.
- 这次运动会充分展现出了主办国的经济实力与组织能力。
  이 운동회에서 주최국의 경제력과 조직능력을 충분히 드러냈다.

7) 回

① 본의

㉠ 원래의 곳으로 돌려지다

- 画报看完后, 请放回原处。 화보를 다 본 후에 본래 자리에 놓으시오.

8) 过

① 본의

㉠ 사람이나 사물이 지나다(건너다)

- 他们已经穿过马路了。 그들은 이미 도로를 건너갔다.

② 파생의

㉠ 사람이나 사물이 다른 곳으로 이동하다.

- 王大夫从护士的手里接过病历。
  왕 의원은 간호사에게서 차트를 건네받았다.

㉡ 사람이나 사물이 방향을 바꾸다.

- 你向前走, 转过前面那个弯就到了。
  당신은 앞으로 가다가, 앞의 저 모퉁이를 돌면 도착한다.

㉢ 적당한 정도를 초과하다.

- 今天早上我睡过了, 上课迟到了。
  오늘 아침 나는 너무 자서, 수업에 늦었다.

9) 起

① 본의

㉠ 아래에서 위로 이동하다. '上'은 도달할 위치가 있는데 반하여,

'起'는도달할 위치가 없어 장소목적어를 가질 수 없다.

- 他提起行李走出门去。 그는 짐을 들고 문을 나섰다.

② 파생의

㉠ 어떤 일이 일어나 계속 진행되다

- 他唱起了歌。 그는 노래를 부르기 시작했다.

02 복합방향보어

<table>
<tr><td rowspan="2"></td><td>긍정형 : 주어 + 동사 + (목적어) +</td><td rowspan="2">上 / 下
进 / 出
回 / 过
起 / 开</td><td rowspan="2">+ (목적어) + 来 / 去。</td></tr>
<tr><td>부정형 : 주어 + 没 + 동사 + (목적어) +</td></tr>
</table>

'上·下·进·出·回·过·起·开'등의 방향보어 뒤에 또 '来·去'등의 방향보어가 오는 경우이다. 복합방향보어는 '上来 / 上去·下来 / 下去·进来 / 进去·出来 / 出去·回来 / 回去·过来 / 过去·起来·开来'등 모두 14개이다. '过来 / 过去'의 '过'자만 4성으로 읽고, '上·下·进·出·回·起·来·去' 등은 모두 경성으로 발음한다. 복합방향보어 역시 방향을 나타내는 것 외에도 다양한 파생적 의미를 갖는다.

긍정형
- 老师走出去了。 선생님은 나가셨다.
- 从树林里跑出来一只狼。 숲속에서 이리 한 마리가 뛰어나왔다.
- 这封信, 地址写得不对, 退回来了。
  이 편지는 주소를 잘못 적어서 되돌아왔다.

부정형
- 那个牌子没拿下来。 그 표지판은 내려지지 않았다.
- 他没带回来那本小说。 그는 그 소설을 가져오지 않았다.

주의 | 가정문 부정

★ 단 가정문에서는 '不'로 부정한다.

· 现在不回去, 就来不及了。
  지금 돌아가지 않으면, 제시간에 댈 수 없다.
· 你们不爬上山去, 就看不见那个湖。
  산에 올라가지 않으면 그 호수를 볼 수 없다.

1) 上来

① 본의

㉠ 낮은 곳에서 높은 곳으로 올라오다.

- 他从基层单位调上来了。 그는 말단에서 올라왔다.

② 파생의

㉠ 말이나 생각이 밖으로 나오다.

- 这个问题谁也没有回答上来。 이 문제를 누구도 대답을 하지 못한다.

㉡ 기준점에 접근해오다.

- 打猎的追上来了, 您快救救我吧!

  사냥꾼이 쫓아왔으니, 당신이 저를 구해주세요!

㉢ 동작의 결과가 아래에서 위로 이르다. 화자는 윗사람이다.

- 大家的意见都收集上来了。 전체의 의견이 모두 수렴되었다.

2) 上去

① 본의

㉠ 낮은 곳에서 높은 곳으로 올라가다.

- 我顺着山坡爬上去了。 나는 산비탈을 따라 올라갔다.

② 파생의

㉠ 겉을 보고 평가하거나 예측하다.

- 看上去有百把人。 보아하니 백 명 정도의 사람이 있다.

㉡ 추가하다.

- 请把电话号码加上去。 전화번호를 추가해주세요.

- 不管你同意不同意, 我已经把你的名字填上去了。

  네가 동의하든 안 하든, 나는 이미 너의 이름을 기입하였다.

㉢ 기준점에 접근해 가다.

- 我赶紧追上他去。 나는 재빨리 그를 따라잡았다.

- 我的全部力量都用上去了。 나의 모든 역량을 전부 사용하였다.

- 把零件拧上去了。 부품을 고정시켰다.

㉣ 동작의 결과가 아래에서 위로 이르다. 화자는 아래 사람이다.

- 作业交上去了吗? 숙제를 제출했습니까?

- 大家的意见都反映上去了。 모두의 의견이 반영되었다.

ⓜ 생산량·품질·수준 등을 향상시키다. 앞에서 '一定·要·希望' 등이 호응한다.

- 要紧快把农业搞上去。어서 농업을 향상시켜야 한다.

3) 下来

① 본의

㉠ 높은 곳에서 낮은 곳으로 내려오다

- 从天上掉下来了。하늘에서 떨어졌다.

② 파생의

㉠ 동작이 고정되다.

- 那首歌儿，我替你录下来了。그 노래 내가 너 대신에 녹음했다.
- 他把经理说的话都记下来了。그는 사장님이 말한 것을 전부 적어두었다.
- 汽车在医院门前停下来了。자동차가 병원 문 앞에 멈추었다.

㉡ 사물이 분리되어 이탈한다.

- 他把手表摘下来了。그는 손목시계를 풀었다.
- 把鞋子脱下来吧!신발을 벗으세요!

㉢ (과거부터 지금까지)계속 이어져 내려오다.

- 珍贵的文化遗产没有传下来。

  귀중한 문화유산이 전해 내려오고 있지 않습니다.

- 学中文的学生都坚持下来了。

  중국어를 배우는 학생은 모두 끝까지 견지했다.

㉣ 형용사 뒤에서 상태가 강함에서 약한('动→静', '强→弱', '明→暗') 방향으로 변화하다.

- 一声枪响，整个森林顿时安静下来了。

  한 발의 총성이 울리자, 모든 삼림이 갑자기 조용해졌다.

- 天气渐渐暗下来了。날씨가 점점 어두워졌다.

㉤ 동작의 결과가 위에서 아래로 내려오다. 화자는 아랫사람이다.

- 工作已经分配下来了，我们开始干吧。

  일이 이미 분배되었으니, 우리들 일을 시작합시다.

- 我们的计划批下来了。우리들의 계획은 비준되었다.

4) 下去

① 본의

㉠ 높은 곳에서 낮은 곳으로 내려가다.

- 石头从山上滚下去了。 돌이 산 위에서 굴러내려 갔다.

② 파생의

㉠ 어떤 상태가 지속되다.

- 你能听下去吗? 당신은 계속 들어 나갈 수 있습니까?

- 你们的节约精神应该保持下去。

  너희들의 절약정신은 마땅히 오래 지켜 나가야 한다.

- 时间不早了, 我们不能再谈下去了。

  시간이 늦어서, 우리는 더 이상 얘기를 계속할 수 없다.

㉡ (현재부터 미래까지)계속 발전해가다.

- 一天比一天冷下去。 날씨가 나날이 계속 추워져 간다.

- 不能这样瘦下去。 이렇게 계속 야위어 가면 안 된다.

㉢ 위에서 아래로 내려가다. 화자는 윗사람이다.

- 课本已经发下去了。 교재를 이미 건네주었다.

5) 进来

① 본의

㉠ 밖에서 안으로 들어오다.

- 请你把这个桌子搬进来。 당신 이 탁자를 옮겨오세요.

6) 进去

① 본의

㉠ 밖에서 안으로 들어가다.

- 他搬进宿舍去了。 그는 기숙사로 이사해 갔다.

7) 出来

① 본의

㉠ 안에서 밖으로 나오다.

- 你赶快拿出来。 당신 빨리 꺼내세요.

- 他从抽屉里找出来一支钢笔。

  그는 서랍 안에서 만년필 하나를 찾아 꺼냈다.

② 파생의

㉠ (감각을 통해) 식별해 내다. '听' '看' '认' '查' '辨别' '辨认' 등의 동사가 자주 쓰인다.
- 我一眼就认出他来了。 나는 한눈에 그를 알아보았다.
- 他好像看出什么问题来了。 그는 어떤 문제인지 알아낸 것 같다.

㉡ 동작의 결과가 겉으로 드러나다.
- 制造方法还没有研究出来。 제조방법은 아직 연구해내지 못했다.
- 这个问题，我想出解决的法子来了。
  이 문제 나는 해결할 방법을 생각해 냈다.

8) 出去
① 본의
㉠ 안에서 밖으로 나가다.
- 老师走出去了。 선생님은 나가셨다.
- 不知道为什么，他搬出宿舍去了。
  왜인지 몰라도, 그는 숙사에서 이사 나갔다.

9) 回来
① 본의
㉠ 본래의 장소로 되돌아오다.
- 这封信，地址写得不对，退回来了。
  이 편지는 주소를 잘못 적어서 되돌아왔다.

10) 回去
① 본의
㉠ 본래의 장소로 되돌아가다.
- 他把那本小说带回去了。 그는 그 소설책을 가지고 돌아갔다.

11) 过来
① 본의
㉠ 기준점에 가까워지다
- 你把衣服翻过来晒晒。 당신은 옷을 뒤집어서 좀 말리세요.
- 前边走过来一位护士。 앞쪽에서 간호사 한 명이 다가왔다.

ⓛ 화자쪽으로 향하다.
  • 他转过脸来的瞬间，我就认出了他。
    그가 얼굴을 돌리는 순간, 나는 바로 그를 알아보았다.
② 파생의
㉠ 원래의 정상적인 상태로 돌아오다.
  • 他从昏迷中醒过来了。 그는 혼미한 상태에서 정신을 차렸다.
  • 听了他的劝告，大家明白过来了。
    그의 권고를 듣고, 모두들 납득했습니다.

ⓛ 힘든 시기나 난관을 헤쳐나오다.
  • 痛苦的日子终于熬过来了。 고통의 날들을 마침내 견디어냈다.

12) 过去
① 본의
㉠ 기준점에서 멀어지다
  • 他翻过身去，很快又睡着了。 그는 돌아누우며, 금방 또 잠들었다.
ⓛ 화자의 반대쪽을 향하다.
  • 她背过脸去，偷偷地擦泪。 그녀는 얼굴을 돌리고, 몰래 눈물을 닦았다.
② 파생의
㉠ 비정상적인 상태로 향하다.
  • 他一句话还没说完就昏过去了。
    그는 한마디 말도 마치지 못하고 정신을 잃었다.
ⓛ 힘든시기나 난관이 지나가다.
  • 艰苦的日子总算熬过去了。 고달픈 시기를 간신히 견디어냈다.

13) 起来
① 본의
㉠ 낮은 곳에서 높은 곳으로 향하다.
  • 爸爸站起来了。 아버지가 일어섰다.
② 파생의
㉠ 분산해 있던 것이 집중되다.
  • 团结起来力量大。 단결하면 힘이 커진다.
  • 我把这些东西都包了起来。 나는 이 물건들을 모두 포장했다.

ⓛ 어떤 동작이나 상태가 시작되어 지속되다.

- 她说着说着突然哭起来了。 그녀는 말을 하다가 갑자기 울기 시작했다.
- 观众都笑起来了。 관중은 모두 웃기 시작했다.

ⓒ 일이나 사물에 대한 평가나 추측을 진행하다. 대개 '看' '说' '想' '听' '算' 등이 호응한다.

- 这件事说起来容易, 做起来难。
  이 일은 말하기는 쉬우나 실제 하기에는 어렵다.
- 青岛的早上看起来非常好。 청도의 아침은 보기에 매우 좋다.

ⓒ 오래 전의 기억이 되살아나다.

- 他一看到红叶, 就想起自己的家乡来了。
  그는 단풍을 보자 바로 자신의 고향이 생각났다.

plus⁺

※ '起来'와 '出来'의 용법비교

'起来'는 이전에 알고 있던 일을 다시 머릿속에 떠올리는 것을 말하며, '出来'는 원래는 없었던 사물이나 사물이 동작을 통하여 창조된 것을 말한다.

· 他的名字我想起来了。 그의 이름이 생각났다.

· 这个主意是谁想出来的? 이 생각 누가 생각해낸 것인가?

14) 开来

① 본의

ⓐ 멀어지다, 넓어지다.

- 这种红色的衣服最近流行开来。 이런 붉은 색의 옷이 최근 유행되었다.
- 病虫害蔓延开来, 这片庄稼要受损失。
  병충해가 만연되면 이 일대의 농작물은 손해를 입을 거다.

O3 방향보어와 목적어의 위치

동사와 방향보어가 있고 동시에 목적어가 있을 경우에 목적어가 무엇이냐에 따라 그 위치가 달라진다.

(1) 목적어가 장소명사(운반할 수 없는 명사)일 경우

단순방향보어인 경우 장소목적어는 반드시 방향보어 앞에 놓아야 하며, 복합방향보어인 경우는 반드시 방향보어2 앞에 놓아야 한다. 또한 '비' '얼굴' '이름' '국가명' 등은 장소목적어는 아니지만, 운반할 수 없는 것이기 때문에 장소목적어와 같은 위치에 놓아야 한다.

단순방향보어 : 주어 + 동사 + 장소목적어 + 방향보어 + (了)。
복합방향보어 : 주어 + 동사 + 방향보어1 + 장소목적어 + 방향보어2 + (了)。

단·방
- 老师进教室去了。 선생님이 교실에 들어 가셨다.
- 他回宿舍去了。 그는 기숙사로 돌아갔다.
- 大夫下楼来了。 의사 선생님이 아래로 내려왔다.

복·방
- 我想爬上长城去看看。 나는 만리장성에 올라가 보고 싶다.
- 一群小孩子跑上山去了。
  한 무리의 아이들이 산으로 뛰어 올라갔다.
- 下起雨来了。 비가 내렸다.
- 他扭过脸去了。 그는 얼굴을 외면했다.
- 我想不起他的名字来。 나는 그의 이름을 생각해 낼 수 없다

② 목적어가 일반명사일 경우

일반명사는 모두 운반할 수 있는 것이다. 단순방향보어인 경우 일반목적어는 방향보어 앞뒤에 모두 놓을 수 있으며, 복합방향보어인 경우 일반목적어는 방향보어2 앞뒤에 모두 놓을 수 있다.

단순방향보어 : 주어 + 동사 + 일반목적어 + 방향보어。
**　　　　　 혹은 주어 + 동사 + 방향보어 + 일반목적어。**
복합방향보어 : 주어 + 동사 + 방향보어1 + 일반목적어 + 방향보어2。
**　　　　　 혹은 주어 + 동사 + 방향보어1 + 방향보어2 + 일반목적어。**
**　　　　 ※주어 + 동사 + 일반목적어 + 방향보어1 + 방향보어2。(×)**

단·방 ・我想带照相机去。(=我想带去照相机。)
　　　나는 사진기를 가져가고 싶다.
・我寄一封信去了。(=我寄去了一封信。)
　　　나는 편지를 한 통 부쳤다.
・小柳买了两斤西瓜来。(=小柳买来了两斤西瓜)
　　　유 군은 수박을 두 근 샀다.

복·방 ・他从书架上拿下一本书来。(=他从书架上拿下来一本书。)
　　　그는 책꽂이에서 책을 한 권 꺼냈다.
・他从书架上拿一本书下来。(×)

04 방향보어와 시태조사 '了'의 위치

(1) 목적어가 없는 경우

단순방향보어인 경우는 문미에, 복합방향보어인 경우는 문미 혹은 동사뒤에 놓는다.

단·방 ・他出去了。그녀는 나갔다.
복·방 ・他们走进来了。(○) 그들은 걸어서 들어왔다.
　　　他们走了进来。(○)
・他跑出去了。(○) 그는 뛰어나갔다.
　　　他跑了出去。(○)

(2) 목적어가 있을 경우

① 장소목적어가 올 경우
단순방향보어 문장이나 복합방향보어 문장 모두 주로 문미에 놓는다.

단·방 ・他回宿舍去了。그는 기숙사로 돌아갔다.
복·방 ・他们俩走进教室里来了。그들 둘은 교실로 들어왔다.

② 일반목적어가 올 경우
단순방향보어 문장이나 복합방향보어 문장 모두 '了'는 주로 목적어 앞에 놓는다. 또한, 복합방향보어 문장에서 '了'가 복합방향보어와 목적어 사이에 올 경우는 복합방향보어2는 생략할 수 있다.

단·방 ・他给小王带来了一封信。(=他给小王带了一封信来。)
　　　그는 왕 군에게 편지 한 통을 갖고 왔다.

- 今天上午他买回了一斤西瓜(来)。

  (=今天上午他买回来了一斤西瓜。)

  오늘 오전에 그는 수박 한 근을 사가지고 돌아왔다.

- 昨天他从图书馆借回了一本书(来)。

  (=昨天他从图书馆借回来了一本书。)

  어제 그는 도서관에서 책 한 권을 빌려왔다.

주의 | '동사+起来'의 목적어

⊛ '동사+起来'의 목적어는 반드시 '起'와 '来'사이에 위치하게 하든지, 혹은 전치사 '把'를 사용하여 동사 앞으로 끌어내야 한다.

  · 请你抬起头来。(=请你把头抬起来。) 당신 고개를 드세요.

⊛ 복합방향보어일 경우 대개 특정물은 '来/去'앞에, 수량사를 갖는 불특정물은 '来/去'뒤에 위치한다.

  · 过了几天，他想起自己的妈妈来。

  며칠 지나자, 그는 자신의 엄마가 생각났다.

  · 人群中跑出来一个人。 군중 속에서 한 사람이 뛰어나왔다.

⊛ 일반적으로 화자를 기점으로 하여 동작이 화자의 방향으로 진행되면 '来'를 쓰고, 화자로부터 멀어지는 방향으로 진행되면 '去'를 쓴다. 그러나 언어 환경이나 방언에 따라 그 방향이 달라지는 경우도 있다. 이는 상대방의 입장을 고려해서 듣는 사람 중심으로 말하기 때문이다.

  · 马上就来。(=马上就去。) 곧 갈게.

  · 我可以进来吗?(=我可以进去吗?) 들어가도 됩니까?

O5 동사와 방향보어의 결합 용례

방향보어	동보결합의 용례
上	(파)跑上(달려 올라가다), 关上(닫다), 写上(쓰다), 穿上(입다), 戴上(쓰다), 贴上(붙이다), 考上(시험에 합격하다), 赶上(따라잡다), 爱上(사랑하게 되다), 喜欢上(좋아하게 되다), 看上(마음에 들다)
上来	(파)背上来(암송해서 말할 수 있다), 说上来(말할 수가 있다)
上去	(파)看上去(보아하니), 应用上去(응용한다), 接上去(연결한다)
下来	(본)拿下来(들어내리다), 走下来(걸어 내려오다), 流下来(흘러내리다), 脱下来(벗다), 撕下来(찢어내다), 暗下来(어두워지기 시작하다), 安静下来(안정되다), 软下来(부드러워지다) (파)传下来(전해져 내려오다), 继承下来(계승되어 오다), 坚持下来(견지해오다), 记下来(적어 두다), 录下来(녹음해 두다), 留下来(남겨두다)
下去	(본)走下去(걸어 내려가다), 跑下去(뛰어 내려가다), 滚下去(굴러 내려가다) (파)干下去(해 나가다), 吃下去(계속 먹다), 活下去(살아나가다), 说下去(계속 말하다), 做下去(계속 한다), 坚持下去(지속해 나가다), 冷下去(추워져가다)
进来	(본)搬进来(옮겨오다), 走进来(걸어 들어오다), 冲进来(돌진해오다), 跑进来(뛰어 들어오다), 插进来(끼어 들어오다), 参与进来(참가해 들어오다)
进去	(본)搬进去(옮겨가다), 走进去(걸어 들어가다), 冲进去(돌진해가다), 跑进去(뛰어 들어가다), 插进去(끼어 들어가다), 吞进去(삼켜 넣다), 听进去(듣고 받아들어다)
出来	(파)写出来(써내다), 创造出来(창조해내다), 拿出来(꺼내다), 写出来(써내다), 创造出来(만들어내다), 说出来(말하다), 想出来(생각해내다), 研究出来(연구해내다), 听出来(듣고서 알아내다), 看出来((보고서)알아차리다), 认出来(알아내다)
出去	(본)拿出去(내놓다), 走出去(걸어 나가다), 跑出去(뛰어 나가다), 说出去((남에게)얘기하다), 租出去(임대가 나가다)
过来	(본)走过来(걸어서 다가오다), 飞过来(날아서 다가오다) (파)明白过来(깨닫다), 醒过来(깨어나다), 恢复过来(회복되다), 翻过来(뒤집다), 换过来(바꾸다), 改过来(잘못을 고치다)
过去	(본)跑过去('저쪽으로' 뛰어가다), 拿过去(가져가다) (파)昏过去(기절하다), 晕过去(졸도하다)

방향보어	동보결합의 용례
起来	(파)好起来(좋아지기 시작하다), 喝起来(마시기 시작하다), 下起来(내리기 시작하다), 念起来(읽기 시작하다), 打起来(싸우기 시작하다), 哭起来(울기 시작하다), 笑起来(웃기 시작하다), 多起来(많아지기 시작하다), 亮起来(밝아지기 시작하다), 冷起来(추워진다), 多起来(많아진다), 团结起来(단결하다), 收起来(거두다), 装起来(담다), 包起来(싸다), 合起来(합치다), 看起来(보기에는·보아하니), 说起来(말하자면), 听起来(들어보니), 吃起来(먹어 보니), 尝起来(맛보니), 用起来(사용해보니), 想起来(생각이 나다·회고하다), 回忆起来(추억이 나다), 拿起来(들어 올리다), 爬起来(기어서 일어나다), 藏起来(감추어두다), 躲起来(숨기어두다), 犯起来(위반되다), 埋起来(묻어두다), 存起来(적금하다), 攒起来((돈을) 모으다)

1 다음 문장에서 제시어의 정확한 위치를 고르시오.

01 丁来 A 说他打算 B 下个月到 C 美国 D。(来)

02 张主任在楼上没听见，所以你们喊了半天他 A 才 B 下 C 来 D。(楼)

03 她生气 A 了，一个人 B 跑 C 楼 D 了。(下)

04 外面下雨了，A 快 B 进 C 来 D 吧。(屋里)

05 七十岁的老人也爬 A 上 B 长城 C 去 D。(了)

06 我正要下楼，只见一个人急急忙忙地 A 跑 B 上 C 来 D。(楼)

07 他 A 已经 B 回 C 上海 D 了。(去)

08 A 张校长走 B 进 C 来 D 了。(小礼堂)

09 冰受了热会直接变成水蒸汽 A 跑 B 到 C 去 D。(空中)

10 A 火车开 B 过 C 去 D 了。(站台)

2 다음 괄호 안의 정확한 답을 고르시오.

01 只要你保守秘密，这件事就(　　　　　)。

    A 传出去　　　　B 传起来　　　　C 传不过来　　　D 传不出去

02 我希望同学们的汉语水平都能提高(　　　　　)。

    A 过来　　　　　B 起回　　　　　C 上来　　　　　D 出去

03 我妹妹一说(　　　　　)这件事就生气。

    A 出来　　　　　B 上来　　　　　C 起来　　　　　D 回来

04 的确有很多困难，但我们一定要坚持(　　　　　)。

    A 出去　　　　　B 上去　　　　　C 下去　　　　　D 过来

05 他把最后一口酒喝(　　　　　)了。

    A 下来　　　　　B 下去　　　　　C 进来　　　　　D 起来

06 网上购物就是通过网络把东西买(　　　　　)。

    A 回来　　　　　B 过去　　　　　C 过来　　　　　D 进去

07 我把作业发(　　　　　)，请大家认真修改。

    A 上去　　　　　B 下去　　　　　C 下来　　　　　D 不来

08 我突然想(　　　　　)，书包忘在图书馆了。

    A 起来　　　　　B 回来　　　　　C 下去　　　　　D 上去

09 他从上海搬(　　　　　)已经一年了。

    A 进来　　　　　B 下来　　　　　C 起来　　　　　D 过来

10 我怎么也想不(　　　　　)他是谁。

    A 起　　　　　B 回　　　　　C 上去　　　　　D 进来

3 다음 문장을 중작 하시오.

01 밖은 추우니 어서 들어와라.

02 나는 엄마에게 소포를 보내고 싶다.

03 그는 달리는 속도가 늦어졌다.

04 날씨가 점차 추워져 간다.

05 수업이 끝난 후에, 모두는 숙제를 제출하시오.

06 이 책은 재미가 없어서, 나는 계속 보고 싶지 않다.

07 이 사람을 나는 전에 본 적이 있는데, 정말 생각나질 않는다.

08) 그 아이는 보아하니 매우 건강하다.

09) 그는 한참 동안 생각하고서, 마침내 좋은 방법을 생각해 내었다.

10) 선생님이 먼저 교실에 들어오셨다.

11) 바깥에 갑자기 비가 내리기 시작했다.

12) 문으로 한 학생이 들어왔다.

13) 그들은 포도 3근을 사왔다.

14) 그는 많은 과일을 가지고 돌아왔다.

15) 나는 방금 밖에서 돌아왔다.

가능보어는 동작이나 행위의 가능성 여부를 보충 설명하는 성분이다. 중심어인 동사와 보어(결과보어·방향보어) 사이에 구조조사 '得'를 넣으면, '행위자가 어떤 동작의 결과나 방향으로의 실현이 가능하다'는 것을 나타낸다. 불가능일 때는 '得' 대신에 '不'을 사용한다. 가능보어는 주로 부정형에 사용되며, 긍정형은 의문형이나 대답할 때를 제외하고는 '能 + 동사 + 가능보어 긍정형' 형식으로 사용된다.

형식

긍정형 : 주어 + 동사 + 得 + 결과보어 또는 방향보어 + (목적어)。
　　　　　가능보어(할 수 있다)

부정형 : 주어 + 동사 + 不 + 결과보어 또는 방향보어 + (목적어)。
　　　　　가능보어(할 수 없다)

의문형 : 주어 + 동사 + 得 / 不 + 결과보어 또는 방향보어 + (목적어) + 吗?
　　　　　주어 + '동보구조의 긍정식 + 부정식' + ～?

긍정형　• 这文章不难, 我看得懂。
　　　　　이 문장은 쉬워서 나는 보고 이해할 수 있다.

부정형　• 饭太多了, 我吃不完。 밥이 너무 많아서 나는 다 먹을 수 없다.

의문형　• 一个小时演得完吗? 한 시간에 공연이 끝날 수 있습니까?

　　　　　• 你听得懂老师的话吗? 너는 선생님의 말씀을 알아들을 수 있니?

　　　　　• 黑板上的字你看得清楚吗?
　　　　　너는 칠판의 글자를 분명히 볼 수 있니?

　　　　　• 这件事, 你办得到办不到? 이 일, 당신은 처리할 수 있습니까?

01 용법

(1) 목적어는 복합방향보어의 경우를 제외하고 보어의 뒤에 위치한다.

　• 她拿不动这么重的行李。 그녀는 이렇게 무거운 물건을 들 수 없습니다.

　• 情况很紧急, 可是大家都想不出好办法来。
　　상황이 매우 급하나, 모두 좋은 방법을 생각해 낼 수 없었다.

✿ 단 목적어가 길거나 복잡한 구조일 때 문두에 위치할 수도 있다.

· 黑板上的字你看得见吗? 칠판의 글자를 당신은 볼 수 있습니까?

(2) 가능보어의 다양성

조동사 '不能'은 능력이 없거나 허락지 않음을 나타내지만, 가능보어는 불가능한 이유까지 나타낸다.

① 吃不起 : (돈이나 자격이 없어서)먹을 수 없다

　吃不到(=着) : (돈은 있으나 먹을 것이 없어서)먹을 수 없다

　吃不了 : (양이 많아서)먹을 수 없다

　吃不上 : (가난하거나, 시간이 맞지 않아)먹을 수 없다

　吃不下 : (배가 불러서)먹을 수 없다

　吃不惯 : (습관이 안 되어)먹을 수 없다

　吃不得 : (음식이 나쁘거나, 해로워서)먹을 수 없다

　吃不来 : (입맛에 맞지 않아)먹을 수 없다

　吃不动 : (이가 아파서)먹을 수 없다

② 买不起 : (살 능력이 없어서)살 수가 없다

　买不到(=着) : (돈은 있으나 물건이 없어서)살 수가 없다

　买不了 : (돈이 없어서 혹은 양이 많아서)살 수가 없다

　买不下 : (값이 맞지 않아)살 수가 없다

　买不上 : (살 사람이 많아서, 제 시간에 맞추지 못하여, 물건
　　　　　　파는 곳까지 갈 수 없어서)살 수가 없다

※ 가능보어와 정도보어의 용법비교

❶ 가능보어는 아직 발생되지 않은 일에 쓰이며, 정도보어는 이미 발생된 일이나 지금 발생되고 있는 일에 쓰인다.

❷ 형식에서 가능보어와 정도보어가 긍정형은 같을 수 있으나, 부정형이나 정반식 의문형은 다르다.

㉠ 가능보어

· 学得好   배워서 습득할 수 있다

㉡ 정도보어

· 学得好   배워서 습득하다

㉠ 가능보어 : '得'대신 '不'로 바꾼다.

· 学不好   배워서 습득할 수 없다

㉡ 정도보어 : '得'뒤의 정도보어를 '不'로 부정한다.

· 学得不好   배워서 습득하지 못하다

㉠ 가능보어 : '동사+ 가능보어'를 정반식으로 만든다.

· 学得好学不好? 배워서 습득할 수 있습니까?

㉡ 정도보어 : '得'뒤의 정도보어를 정반식으로 만든다.

· 学得好不好? 배워서 습득하였습니까?

plus⁺

※ 가능보어와 조동사의 용법비교

가능보어가 주체적 혹은 객관적 능력여부를 나타내는 점은 조동사 '能'이나 '可以'의 용법과 같다. 그러나 가능보어와 조동사의 용법이 완전히 같지는 않다. 아래는 그 용법상 차이점이다.

❶ 가능보어의 긍정형은 의문문과 대답할 때를 제외하고는 아주 적게 사용되며, 대부분 '能+ 동사+ 결과보어'로서 표현한다.

· 这篇文章不太难, 我们能看懂。(=我们看得懂)
  이 문장은 그다지 어렵지 않아, 우리들은 보고 이해할 수 있습니다.
· 你能买到那本书。 너는 그 책을 살 수 있다.

❷ 가능보어의 부정형은 아주 많이 사용된다. '不能+ 동사+ 결과보어'식은 '허가하지 않음'의 의미를 강조하므로, '능력이 없거나' '조건이 안 됨'의 의미를 나타내려면 가능보어 부정형을 써야한다.

예1
- 조 동 사 : 这些酒你不能喝了。

  이 술을 당신은 마실 수 없다.(더 마시려고 해 허가하지 않음)
- 가능보어 : 这些酒你喝不了。

  이 술을 당신은 마실 수 없다.(주량이 작아 능력이 없음)

예2
- 조 동 사 : 他们正在里面开会，你不能进去。

  그들이 안에서 회의 중이라, 당신은 들어갈 수 없다.

  (들어가는 것을 허가하지 않음)
- 가능보어 : 门没开，我进不去。

  문이 열려 있지 않아, 나는 들어갈 수 없다.

  (들어갈 능력이 없거나 조건이 안 됨)

예3
- 조 동 사 : 即使有钥匙，你也不能打开。

  설사 열쇠가 있더라도, 당신 역시 열 수가 없다.

  (여는 것을 허가하지 않음)
- 가능보어 : 我没有钥匙，打不开。

  나는 열쇠가 없어서, 열 수가 없다.(열 능력이 없음)

예4
- 조 동 사 : 这是我们的秘密，你千万不能说出去。

  이것은 우리들의 비밀이니, 당신은 절대로 말할 수 없다.

  (말할 수는 있으나, 말하는 것을 허가하지 않음)
- 가능보어 : 意思懂，但是我说不出来。

  뜻은 이해하나, 나는 말할 수 없다.(표현능력이 없음)

❸ 가능보어는 '허가'의 의미를 나타낼 수 없다. 따라서 허가 여부를 나타낼 경우 오직 조동사 '能'이나 '不能'을 써야 하며, 허락을 구할 때도 '能'이나 '可以'를 써야지 가능보어를 쓰면 안 된다.
- 我们可以进来吗? 우리들 들어가도 되나요?

  ('可以进来'부분을 '进得来'로 바꿀 수 없음)
- 你感冒了，不能出去。 당신은 감기에 걸렸으니, 밖에 나가면 안 돼요.

  ('不能出去'를 '出不去'로 바꿀 수 없음)

＊＊ 가능보어에는 '把'를 사용할 수 없다.

吃不饱 : 日本饭，他老是吃不饱。 일본음식을 나는 늘 배불리 먹을 수 없다.

走得到 : 二十分钟，你走得到家吗?

　　　　　20분이면, 당신은 집에 걸어서 도착할 수 있습니까?

看得见 : 黑板上的字，你看得见吗? 칠판의 글자를 당신은 볼 수 있습니까?

看得懂 : 没有人看得懂他写的信。

　　　　　그가 쓴 편지를 보고 이해할 수 있는 사람이 없다.

吃不惯 : 他吃不惯外国饭。 그는 외국요리를 먹는데 익숙할 수 없다.

洗得乾净 : 用洗衣机洗衣服，洗得乾净吗?

　　　　　세탁기를 사용해서 옷을 빨면, 깨끗이 세탁할 수 있습니까?

学得好 : 中文会话你学得好学不好?

　　　　　중국어회화를 당신은 배워서 습득할 수 있습니까?

学不会 : 为什么游泳我老是学不会? 왜 수영을 나는 늘 배울 수 없을까?

找不着 : 我找不着他的地址。 나는 그의 주소를 찾을 수 없다.

记不住 : 我总是记不住声调。 나는 언제나 성조를 기억할 수 없다.

难不住 : 什么事都难不住他。 어떠한 일도 그를 난처하게 할 수 없다.

办不成 : 那个地方太大，如果你没有车，什么也办不成。

　　　　　그곳은 너무 커서, 만약 당신이 차가 없으면 아무 일도 할 수 없다.

学不完 : 这本书，这个月我们大概学不完。

　　　　　이 책을 이번 달에 우리는 아마도 다 배울 수 없을 것이다.

离不开 : 他离不开妈妈。 그는 엄마를 떨어질 수 없다.

搬得动 : 谁搬得动这块大石头? 누가 이 돌을 옮길 수 있습니까?

上不了 : 老师病了，明天上不了课了。

　　　　　선생님은 병이 나서 내일 수업에는 나오실 수가 없다.

回得来 : 早出发，当天一定回得来。

　　　　　아침 일찍 출발하면, 반드시 당일 돌아올 수 있다.

谈得来 : 他们俩很谈得来。 그들 둘은 말이 잘 통한다.

进不去 : 大门已经关上了，我们进不去，怎么办?

　　　　　대문이 이미 닫혀, 우리들 들어갈 수 없으니 어쩌지?

考得上 : 他今年一定考得上大学。

　　　　　그는 금년에 반드시 대학에 합격할 수 있을 것이다.

吃不下 : 肚子已经饱了，我吃不下。

　　　　　배가 너무 불러서 나는 더 이상 먹지 못하겠다.

装不下 : 这个箱子装不下二十本书。 이 상자는 20권의 책을 담을 수 없다.

抽不出　　：最近太忙，抽不出时间去看你。
　　　　　　요즘 너무 바빠서 시간을 낼 수 없다.
瞒不过　　：你们瞒不过我的眼睛。너희는 나의 눈을 속일 수 없다.
喝不起　　：那么贵的酒我们喝不起。그렇게 비싼 술을 우리는 마실 수 없다.
看不起　　：这个人骄傲得很，谁都看不起。
　　　　　　이 사람은 매우 거만하여, 아무나 경시한다.
爬得上去：那座山虽然很高，但是我们一定爬得上去。
　　　　　　저 산은 아주 높지만, 우리들은 반드시 올라갈 수 있다.
摘不下来：那张画儿摘不下来了。그 그림을 뗄 수 없다.
写不下来：老师讲得太快，我写不下来。
　　　　　　선생님의 강의가 빨라서, 나는 쓸 수가 없다.
说不下去：他说到一半就哭了，所以说不下去了。
　　　　　　그가 반절을 말하고 울어, 말을 계속할 수 없었다.
搬不进来：门太小，桌子搬不进来。
　　　　　　문이 너무 작아, 탁자가 운반되어 들어올 수 없다.
认不出来：我认不出他是谁来。나는 그가 누구인지 알아낼 수 없다.
想不出来：情况很紧急，可是大家都想不出好办法来。
　　　　　　상황이 매우 긴급했으나, 모두들 좋은 방법을 생각해 낼 수 없었다.
做不出来：这道题我做不出来。이 문제를 나는 풀 수가 없다.
走不出去：这个门走不出去，请你们走那个门。
　　　　　　이 문은 걸어 나갈 수 없으니, 당신들은 저 문으로 가세요.
改不过来：说惯了，怎么也改不过来。
　　　　　　이렇게 말하는 것이 습관이 돼서 아무래도 고칠 수 없습니다.
照顾不过来：这个班学生太多，老师照顾不过来。
　　　　　　이 반은 학생이 너무 많아, 선생님이 다 돌볼 수 없다.
忙不过来：这么多的事情，一个人忙不过来。
　　　　　　이렇게 많은 일을 혼자서는 바빠서 처리할 수 없다.
说不过去：这样办太说不过去。이렇게 하는 것은 너무 사리에 어긋난다.
拿不起来：这么重的水桶，我拿不起来。
　　　　　　이렇게 무거운 물병을 나는 들어 올릴 수 없다.
吃不了　　：我一个人吃不了这么多的面条。
　　　　　　나 혼자서 이렇게 많은 국수를 먹을 수 없다.
好不了　　：他的病好不了。그의 병은 나아질 것 같지 않다.
动不得　　：这是我爸爸的东西，我们动不得。
　　　　　　이것은 내 아버지의 물건이어서, 우리들은 움직일 수 없다.

03 동사와 가능보어의 결합 용례

가능보어	동보결합의 용례
到	办不到(처리할 수 없다), 达不到(도달할 수 없다), 送得到(보낼 수 있다), 收得到(받을 수 있다), 做不到(할 수 없다), 想不到(=没想到, 생각지 못하다), 想得到(생각이 미치다), 看得到(볼 수 있다), 碰不到(만날 수 없다), 吃不到(먹을 수 없다), 拿不到(손에 넣을 수 없다), 见不到(볼 수 없다), 买不到(살 수 없다), 谈不到(말할 수 없다), 找不到(찾을 수 없다)
饱	吃得饱(배불리 먹을 수 있다), 吃不饱(배불리 먹을 수 없다)
见	听得见(들을 수 있다, 들리다), 听不见(들을 수 없다·들리지 않는다), 看得见(볼 수 있다), 看不见(볼 수 없다), 闻不见(맡을 수 없다)
懂	听得懂(듣고 이해할 수 있다), 看得懂(보고 이해할 수 있다), 叫不懂(알아들을 수 없다)
惯	住得惯(사는데 익숙할 수 있다), 吃不惯(입에 맞지 않다), 看不惯(보는데 익숙할 수 없다)
干净	刷不干净(깨끗이 닦을 수 없다), 洗不干净(깨끗이 씻을 수 없다), 擦不干净(깨끗이 닦을 수 없다)
好	学得好(배워서 습득할 수 있다), 学不好(배워서 습득할 수 없다), 睡不好(잘 잠잘 수 없다), 说不好(말을 잘할 수 없다)
会	学不会(배워 습득할 수 없다)
着	用不着(사용할 수 없다), 睡不着(잠들 수 없다), 找不着(찾을 수 없다), 见不着(볼 수 없다), 管不着(통제할 수 없다), 够不着(힘에 부치다)
住	禁不住(참을 수 없다), 禁得住(참을 수 있다), 忍不住(참을 수 없다), 靠不住(믿을 수 없다), 靠得住(믿을 만하다), 站不住(설 수가 없다), 盖不住(감출 수 없다), 停不住(정지할 수 없다), 坐不住(진득하게 앉아 있을 수 없다), 记不住(기억할 수 없다)
成	办不成(처리할 수 없다), 去不成(갈 수 없다), 开得成(열 수 있다), 看不成(볼 수 없다), 睡不成(잠을 이룰 수 없다), 写不成(글을 쓸 수 없다)
完	做不完(다 처리할 수 없다), 念得完(다 읽을 수 있다), 吃不完(다 먹을 수 없다)
开	离不开(떨어질 수 없다), 分不开(떼어놓을 수 없다), 打不开(열 수 없다), 想不开(생각을 떨쳐버리지 못하다), 找不开(거슬러줄 수 없다)

가능보어	동보결합의 용례
动	拿不动(들을 수 없다), 走不动(걸을 수 없다), 搬得动(옮길 수 있다)
多	差不多(큰 차이가 없다), 差得多(크게 다르다)
及	来不及(시간에 맞출 수 있다), 来得及(시간을 맞출 수 없다)
通	说不通(말이 통할 수 없다)
了 (liǎo)	受不了(참을 수 없다), 受得了(참을 수 있다), 吃得了(먹을 수 있다), 好得了(좋아질 수 있다), 拿得了(들 수 있다), 去不了(갈 수 있다), 忘不了(잊을 수 없다), 学不了(배울 수 없다), 回不了(돌아갈 수 없다), 买不了(살 수 없다), 干不了(말릴 수 없다), 好不了(병이 나을 수 없다), 帮不了(도울 수 없다), 错不了(틀림없다), 丢不了(잃어버릴 수 없다), 改不了(고칠 수 없다), 来不了(올 수 없다)
得 (de)	巴不得(갈망하다), 怪不得(어쩐지·탓할 수 없다), 恨不得(간절히~하고 싶다), 见不得(볼 수 없다·보아서는 안 된다), 了不得(대단하다), 舍不得(아쉬워하다, 아까워하다), 舍得(아깝지 않다) ※ '巴不得'는 가능한 일, '恨不得'은 불가능한 일에 대한 간절한 희망을 나타냄. ※ 不见得(~라고는 생각하지 않는다), 不由得(저절로), 不得了(야단났다·매우 심하다)
定	说不定(단언하기 어렵다), 拿不定(정하지 못하다)
来	谈得来(말이 잘 통하다), 合不来(뜻이 맞지 않다), 唱不来(노래할 줄 모른다), 停不来(멈출 수 없다), 上不来(올라올 수 없다), 进得去(들어갈 수 있다), 过不来(건너올 수 없다), 回得来(돌아올 수 있다), 出不来(나갈 수 없다) 划得来(수지가 맞다), 划不来(수지가 맞지 않다)
去	出得去(나갈 수 있다), 进不去(들어 갈 수 없다), 过不去(건너갈 수 없다), 上不去(올라갈 수 없다), 回不去(돌아갈 수 없다)
上	考不上(합격할 수 없다), 比不上(비교할 수 없다), 穿不上(입을 수 없다), 包不上(포장할 수 없다), 赶得上(따라잡을 수 있다), 赶不上(따라잡을 수 없다), 算不了(계산할 수 없다), 说不上(할 정도는 아니다, (잘 몰라서)분명히 말할 수 없 다)
下	吃不下('배불러서' 먹을 수 없다), 放得下(놓을 수 있다), 写得下(쓸 수 있다), 住不下(살 수 없다), 放不下(놓을 수 없다), 搁不下(놓을 수 없다), 坐不下('장소가 좁아' 앉을 수 없다), 装不下(담을 수 없다)
出	抽不出('시간을' 낼 수 없다)
过	说不过(말로는 당해낼 수 없다), 比不过(이길 수 없다)

가능보어	동보결합의 용례
起	看不起(깔보다), 看得起(존중하다), 对不起(면목이 없다·미안하다), 对得起(면목이 서다·떳떳하다), 买得起(살 수 있다), 买不起(살 수 없다), 吃不起('비싸서'먹을 수 없다), 了不起(대단하다), 住不起(살 수 없다), 请不起('비용이 많이 들어' 초청하지 못하다), 穿不起('돈이 없어서' 입을 수 없다), 戴不起(착용할 수 없다), 担不起(감당할 수 없다)
上去	走不上去(걸어 올라갈 수 없다), 拿不上去(들어 올라갈 수 없다), 搬不上去(옮겨 올릴 수 없다)
上来	搬不上来(옮겨 올릴 수 없다), 拿不上来(들어 올릴 수 없다), 走不上来(걸어 올라올 수 없다)
下来	走不下来(다 돌지 못하다), 拿不下来(들어 내릴 수 없다)
下去	说不下去(말을 계속할 수 없다), 做不下去(계속해서 해 나갈 수 없다), 吃不下去(음식을 넘길 수 없다)
进来	搬不进来(옮겨 들어올 수 없다)
进去	听不进去(귀에 들어오지 않는다), 放不进去(놓을 수 없다)
出来	想得出来(생각해 낼 수 있다), 想不出来(생각해 낼 수 없다), 看不出来(알아볼 수 없다), 听不出来(들어서 알 수 없다), 查得出来(찾아낼 수 있다), 猜不出来(맞출 수 없다)
出去	搬不出去(옮겨낼 수 없다), 拿不出去(남 앞에 내놓을 수 없다), 走不出去(걸어 나갈 수 없다)
过来	改不过来(고칠 수 없다), 忙不过来(바빠서 어쩔 수 없다), 管不过来((능력이 안되어)관리할 수 없다), 做不过来(할 수 없다)
过去	说不过去(말이 되지 않는다·사리에 어긋나다)
起来	拿不起来(들어 올릴 수 없다), 想不起来(생각해 낼 수 없다)

1 다음 문장에서 제시어의 정확한 위치를 고르시오.

01 你 A 决定 B 了 C 这件事情 D 吗?(得)

02 他的汉语水平 A 够不 B 考 C 研究生 D 的。(上)

03 我的自行车 A 丢了,可能 B 找 C 到 D 了。(不)

04 A 在教室我 B 坐在后面,C 听 D 清楚老师说的话。(不)

05 老王刚把茶倒好,A 还 B 没 C 喝 D 的时候,就被办公室叫走了。(来得及)

2 다음 괄호 안의 정확한 답을 고르시오.

01 这些书太沉了,我(　　　　　　　　)。

    A 不背动　　　　　B 不动背　　　　　C 背不动　　　　　D 动不背

02 这么多饭,我一个人怎么(　　　　　　　)呢?

    A 吃不了　　　　　B 吃不完　　　　　C 吃完不了　　　　D 吃得了

03 汉语语法很难,不努力就(　　　　　　　　)。

    A 不掌握　　　　　　　　　　　B 掌不握

    C 不能不掌握　　　　　　　　　D 掌握不了

04 太贵的东西我买(　　　　　)。

    A 不出　　　　　B 不下　　　　　C 不到　　　　　D 不起

05 还有三十公里的路呢,看样子四点钟以前赶(　　　　　　)飞机场了。

    A 不了　　　　　B 不到　　　　　C 不起　　　　　D 不上

06 我已经提醒你好几遍了,(　　　　　　　　)?

    A 你怎么还记不住　　　　　　　B 怎么记不住你还

    C 记不住怎么你还　　　　　　　D 还怎么你记不住

07 门太窄, 机器太大, (   )。

    A 抬进去 　　　　B 不抬进去 　　　　C 抬不进去 　　　　D 进不去抬

08 电影的内容太无聊, 我们实在看不(   )了, 就偷偷地溜了出来。

    A. 过去 　　　　B. 下去 　　　　C. 上去 　　　　D. 进去

09 这个问题太难, 我(   )。

    A 回答得来 　　　　　　　　B 回答不上来

    C 不回答上来 　　　　　　　D 上来回答

10 孩子太小了, (   )那么远的路。

    A 走得动 　　　　B 走不动 　　　　C 走得了 　　　　D 走不了

3 다음 문장을 중작 하시오.

01 이렇게 비싼 요리, 난 먹을 수 없다.

02 이렇게 많은 요리를 우리 둘이서 다 먹을 수 없다.

03 저 산은 너무 높아, 내가 오를 수 없다.

04 이 수수께끼 나는 알아맞힐 수 있다.

05 나는 그의 이름을 생각해낼 수 없다.

06 영화가 8시 반에 시작하니, 지금 가면 아직 늦지 않을 거야.

07 곧 졸업하게 되니, 모두는 학교와 선생님을 떠나기 아쉬워하였다.

08 아이가 손이 너무 작아, 이 큰 컵을 잡을 수 없다.

09 장 군은 정말 대단해, 한 사람이 5개국의 언어를 말할 수 있다.

10 이 일은 너무 복잡해서, 나는 처리할 수가 없다.

11 어쩐지 옷이 몸에 맞다니, 본래 맞춘 것이구나.

12 사진을 보니, 저절로 내 엄마가 또 생각났다.

13 이렇게 커다란 짐을 당신 혼자서 들을 수 있습니까?

14 이 문장들을 당신은 보고 이해할 수 있습니까?

15 우리들은 내일 돌아올 수 있습니까?

제4장 특수 문장의 이해

　　사람이 언어를 사용해 자신의 의사를 전하려 할 때, 항상 문장을 기본단위로 하여 전한다. 그 문장에는 형태적으로 볼 때 2개의 종류가 있는데 바로 단문과 복문이다.

　　단문에는 주어와 술어를 갖춘 주술문과 하나의 단어나 주술구 이외의 구로 되어 있는 비주술문이 있다.

　　여기서는 이 문장들 중에서 '是~的'문·무주어문(无主语文)·존현문(存現文)·존재문(存在文)·비교문(比较文)·연동문(连动文)·겸어문(兼语文)·파자문('把'字文)·피동문(被动文)·반어문(反语文), 이 열 개의 특수한 문장에 대하여 서술하기로 한다.

01 '是～的' 구문

과거의 강조, 명사의 생략, 긍정의 어기를 나타낸다.

1 강조

과거에 발생한 동작의 주체자(행위자)·시간·장소·방식을 강조한다.

주어 + (是) + 부사어 + 동사 + 的。

- 这封信是我母亲写的。(주체자 강조) 이 편지는 나의 어머니가 쓴 것이다.
- 我是前天上午来的。(시간 강조) 나는 그저께 오전에 왔다.
- 这件衣服你是在哪儿买的? (장소 강조) 이 옷을 당신은 어디에서 샀습니까?
- 我是从日本来的。(장소 강조) 나는 일본에서 왔다.
- 我是坐飞机来的。(방식 강조) 나는 비행기를 타고 왔다.
- 我的衣服是用洗衣机洗的。(방식 강조) 나의 옷은 세탁기로 빨았다.

⊛ 이때 '是'를 생략할 수 있다.(긍정형)

01 용법

(1) '的'의 위치

① 목적어가 인칭대명사인 경우나 목적어 뒤에 방향보어가 붙을 경우, '的'은 반드시 문미에 위치한다.

예1
- 我是十年以前认识她的。(○) 나는 10년 전에 그녀를 알았다.
  我是十年以前认识的她。(×)

예2
- 她是在上海遇见他的。(○) 그녀는 상해에서 그를 만났다.
  她是在上海遇见的他。(×)

예3
- 我是下午从城里到这里来的。(○)
  나는 오후에 시내에서 여기로 왔다.

② 목적어가 일반명사인 경우, '的'은 주로 목적어의 앞에 위치한다.

예1
- 我是去年结的婚。(○) 나는 작년에 결혼했다.
  我是去年结婚的。(○)

예2 • 我是今天六点起的床。(○) 나는 오늘 여섯 시에 일어났다.
　　　　我是今天六点起床的。(○)

예3 • 你们昨天是什么时候睡的觉?(○) 당신들은 어제 언제 잠을 잤습니까?
　　　　你们昨天是什么时候睡觉的?(○)

예4 • 他是在房间里找到的铅笔。(○) 그는 방안에서 연필을 찾았다.
　　　　他是在房间里找到铅笔的。(○)

예5 • 刚才是谁给你打的电话?(○) 방금 누가 당신에게 전화를 걸었습니까?
　　　　刚才是谁给你打电话的?(○)

(2) '是~的'의 부정은 '不是~的'이며, 이때 '是'는 생략할 수 없다
  • 朴先生不是跟金老师学的中文。
　　박 씨는 김 선생님에게 중국어를 배운 것이 아니다.

2　명사의 생략

전에 나온 명사나 대명사를 생략하여, 사람이나 사물의 부류를 명확하게 알려준다. 이때 '是'와 '的'은 반드시 사용해야 하며, '的'은 반드시 문미에 와야 한다.

  • 我是教书的。 나는 가르치는 사람입니다.
  • 我的词典是新的。 나의 사전은 새 것이다.
  • 这封信不是给你的。 이 편지는 당신에게 주는 것이 아니다.

3　긍정의 어기

일반 문장에 '是~的'을 첨가하여, 긍정의 어기를 강조한다. 과거·현재·미래 모두 가능하다. 이 때 '是'와 '的'은 반드시 사용해야 하며, '的'은 반드시 문미에 와야 한다. 부정은 '是' 뒤에 '不'나 '没'를 쓴다.

  • 他是很客气的。 그는 매우 예의 바르다.
  • 他是不会唱歌的。 그는 노래를 부를 줄 모른다.
  • 这件事我是没想到的。 이 일을 나는 생각하지 못했다.

1 다음 문장에서 제시어의 정확한 위치를 고르시오.

01) 这 A 三位是9月20号 B 早上 C 到这儿 D。(的)

02) 他 A 妹妹桌上的两本 B 书是从王丽 C 老师那儿借来 D。(的)

03) A 这些胶卷 B 是 C 从这家商店 D 买的。(都)

04) 我是在门口 A 看 B 见 C 他 D。(的)

05) 我 A 是 B 从外文 C 书店买 D 这本画册。(的)

06) 这次 A 考试 B 是我出 C 题目 D。(的)

07) 系红 A 领带 B 是我 C 哥哥 D。(的)

08) A 这几个同学 B 今天 C 下午c刚来的。(不是)

09) A 回国的 B 行李 C 是我 D 收拾的。(自己)

10) 如果自己不努力，汉语水平 A 是 B 能 C 提 D 高的。(不)

2 다음 문장을 중작 하시오.

01) 이 요리는 내가 만들었다.

02) 그 테이프는 중국에서 샀다.

03) 그는 어제 북경에 도착했어요.

04) 우리는 공원에서 사진을 찍었다.

05) 이 옷은 중국에서 산 것이 아닙니다.

06) 나는 대학에서 중국어를 배운 것이 아니에요.

07) 당신은 어느 해에 선생님이 되었습니까?

08) 이 일은 누가 당신에게 알려준 거예요?

09) 나는 백 원짜리를 사려고 한다.

10) 이곳의 겨울은 매우 춥다.

02 무주어문

중국어 문장은 대개 '주어+술어+목적어'의 세 부분으로 되어 있으나, '술어+목적어'만 있는 문장도 있다. 이렇게 '주어+술어' 부분을 갖추지 않은 문장을 무주어문이라고 한다. 무주어문은 주어를 생략한 것이 아니고, 주어를 확실하게 말할 필요가 없는 문장이므로, 사람의 의지와는 상관없이 생기는 자연현상을 표현할 때에 주로 쓰이며, 명령·축하·새로운 상황이 생긴 것 등을 말할 때도 쓰인다. 부정할 경우 '不'나 '没有'를 쓴다.

> **긍정형** : (부사어) + 동사 + 목적어。
>
> **부정형** : (부사어) + 不(没) + 동사 + 목적어。
>
> **의문형** : (부사어) + 동사 + 不 + 동사 + 목적어?

긍정형
- 现在下雨。 지금 비가 온다.
- 刚才刮风。 조금 전에 바람이 불었다.
- 请勿吸烟! 담배를 피우지 마세요.
- 祝你生日快乐! 당신의 생일을 축하합니다!
- 为我们的友谊干杯! 우리의 우정을 위하여 건배!
- 上课了。 수업이 시작됐다.

부정형
- 刚才没刮风，现在不下雨。
  조금 전에 바람이 불지 않았고, 지금은 비가 오지 않는다.

의문형
- 下不下雨? 비가 옵니까?

1 **다음 문장을 중작 하시오.**

01) 천둥이 쳤다.

02) 눈이 내리고 있다.

03) 벨이 울렸다.

04) 꽃이 피었다.

05) 건강하시길 빕니다.

03 존현문

사물이나 사람이 존재하거나 나타나거나 사라지는 것을 객관적으로 묘사하는 문장이다. 주어에는 장소사나 시간사가 오며, 장소사인 경우 뒤에 '上' '里' 등의 방위사를 붙여야 하며, 목적어가 동사의 주체이다. 존현문은 그 존재·출현·소실을 처음 인식했을 때 혹은 그 사태의 발생에 관심이 있을 때 사용되므로, 목적어에 불특정한 사람이나 사물이 와야 한다. 즉, 이미 알고 있는 특정한 사람이나 사물은 목적어로 사용할 수 없다. 그러나 부정할 경우 '没(有)'를 쓰고 목적어를 특정화해야 한다.

형식

> 긍정형:　　　주어　　　+　　　동사술어　　　+　　　목적어。
> 　　　　　（장소사 · 시간사）（존재 · 출현 · 소실 동사）（불특정한 사람 · 사물）
>
> 부정형:　　　주어 + 没 + 술어 + 목적어。
> 　　　　　　　　　　　　　　（특정물）

존 재
- 桌子上放着很多书。 탁자 위에 많은 책이 놓여 있다.
- 墙上挂着一本日历。 벽에 달력 하나가 걸려 있다.
- 后头坐着三个人。 뒤쪽에 세 사람이 앉아 있다.
- 黑板上写着很多字。 칠판에 많은 글자들이 쓰여 있다.

출 현
- 公司里来了两个新职员。 회사에 새 직원 두 명이 왔다.
- 今天来了一位客人。 오늘 손님이 한 분 오셨다.
- 门外走进了一个姑娘来。 문밖에서 아가씨 한 명이 들어왔다.
- 山上走下了一只羊。 산에서 양 한 마리가 내려왔다.
- 天上出现了一条彩虹。 하늘에 무지개가 떴다.
- 后边走过来一位老人。 뒤쪽에서 노인 한 분이 건너온다.

소 실
- 楼里搬走了两家。 동에서 두 집이 이사 갔다.
- 那个警察局跑了一个小偷儿。 그 경찰서에서 도둑이 도망갔다.
- 这一行漏了两个字。 이 줄에서는 두 글자가 빠졌다.

★ 존현문의 존재를 나타내는 문장의 목적어가 특정한 것으로 변할 경우, 형식이 다음과 같이 바뀐다.

> **주어 + 동사 술어 + 在 + 목적어。**
> **(특정한 사람·사물)　　　　　(장소사)**

· 我的衣服都挂在衣柜里。 내 옷은 모두 옷장 안에 걸려 있다.
· 那张海报贴在墙上。 그 포스터는 벽에 붙어있다.
· 他的朋友坐在沙发上。 그의 친구는 소파에 앉아 있다.니까?

01 존재·출현·소실의 문장에 자주 사용되는 동사

(1) 존재를 나타내는 문장의 동사는 대부분 사람이나 사물의 자세나 정지된 상태를 나타내는 것들이다. 이 경우 동사 뒤에 늘 시태조사 着·过가 온다. 사람이나 사물의 정지된 상태를 나타내는 동사로는 주로 蹲(웅크리다)·站(서다)·坐(앉다)·躺(눕다)·卧(눕다)·住(거주하다)·靠(기대다)·停(정지하다) 등이, 사물의 놓는 상태를 나타내는 동사로는 放(두다, 놓다)·挂(걸다)·写(쓰다)·画(그리다)·贴(붙이다) 등이 쓰인다.

(2) 출현을 나타내는 문장의 동사는 단독으로 쓰이거나 동사 뒤에 방향보어가 함께 쓰인다. 출현을 나타내는 동사로는 주로 来(오다)·出(나오다)·出现(나타나다)·起(일어나다) 등이, 방향보어와 결합한 것으로는 上来(올라오다)·进来(들어오다)·出来(나오다) 등이 쓰인다.

(3) 소실을 나타내는 문장의 동사 뒤에는 늘 시태조사 '了'가 온다. 소실을 나타내는 동사로는 주로 搬(이사 가다)·掉(떨어지다)·走(걷다, 떠나다)·跑(달리다, 달아나다)·丢(잃다)·死(죽다) 등이 쓰인다.

1 **다음 문장을 중작 하시오.**

01) 칠판에 개 한 마리가 그려져 있다.

02) 벽에 우리 가족의 사진이 걸려 있다.

03) 탁자 위에 찻잔 하나가 놓여 있다.

04) 우리 기숙사에 한 명의 새 급우가 왔다.

05) 저쪽에서 한 건의 교통사고가 발생하였다.

06) 우리 반에서 두 명의 친구가 떠났다.

07) 저쪽에서 한 아이가 달려온다.

08) 큰길에서 두 사람이 건너온다.

09) 차에서 두 사람이 내린다.

10) 오늘 이 선생 집에서 선물을 보내왔다.

04 존재문

동사 '在' '有' '是'는 모두 존재를 나타낸다.

01 '在'字文

(1) '존재(~에 있다)'의 의미

이미 알고 있는 특정물이 어느 장소에 있음을 나타낸다. 주어에는 특정 존재물이 오며, 목적어에는 장소사가 온다.

긍정형 :	주어 + 在 + 목적어。
	〔특정물(사람·사물)〕 (장소사)
부정형 :	주어 + 不在 + 목적어。
의문형 :	주어 + 在 + 목적어 + 吗?
	주어 + 在不在 + 목적어?

긍정형 • 你的中韩辞典在书架上。 당신의 중한사전은 책장에 있다.

부정형 • 他的爸爸不在家里。 그의 아버지는 집에 안 계신다.

의문형 • 韩国在中国东边吗? 한국은 중국동쪽에 있습니까?

(2) '~에서'의 의미

전치사로서 장소나 범위를 나타내는 말 앞에 쓰여 전치사구를 구성한다.

형식 주어 + 在 + 전치사목적어 + 술어~。

• 我在海关工作。 나는 세관에서 근무한다.

• 他在北京住了五年。 그는 북경에서 5년간 살았다.

02 '有'字文

동사 '有'가 술어로 쓰인 문장을 말한다. '有'는 비동작동사로서, 소유·존재·열거·포함·도달·비교 등의 뜻을 나타낸다. 부정형은 '没(有)'이다.

(1) '소유(~을 가지고 있다)'의 의미

주어에는 인칭대사가 온다.

형식

긍정형 :　　주어　　+　有　+　　목적어。
　　　　　(인칭대명사)　　　　　(사람 · 사물)
부정형 : 주어 + 没有 + 목적어。
의문형 : 주어 + 有 + 목적어 + 吗?
　　　　　주어 + 有没有 + 목적어?

긍정형 ・我有自动提款卡。 나는 현금자동인출카드를 갖고 있다.
부정형 ・我明天没有工夫。 나는 내일 시간이 없다.
의문형 ・你现在有五块钱吗? 당신은 지금 5원 있습니까?

(2) '존재(~에~이 있다)'의 의미

어떤 장소에 단순히 무엇이 '있다' '없다'는 존재의 유무만을 서술한다. 주어에는 장소사가 오며, 목적어에는 불특정물이 온다.

형식

긍정형 :　　주어 + 有 + 목적어。
　　　　　(장소사)　　〔불특정물(사람 · 사물)〕
부정형 : 주어 + 没有 + 목적어。
의문형 : 주어 + 有 + 목적어 + 吗?
　　　　　주어 + 有没有 + 목적어?

• 教室里有两个学生。 교실에 학생 두 명이 있다.

• 马路的两边没有树。 도로 양편에 나무들이 없다.

• 学校门口儿有复印店吗? 학교 교문에 복사 집이 있습니까?

(3) '열거(〜있다)'의 의미

주어 + 有 + 병렬목적어。

• 花儿开的很好看，有红的、黄的、白的。
  꽃핀 것이 무척 아름답다. 붉은색·노란색·흰색들이 있다.
• 展览室陈列着的，有古画、书法等。
  전람실에 진열되고 있는 것은 고화·서예 등이 있다.
• 老师留给他们的功课，有造句、翻译。
  선생님이 그들에게 내준 숙제는 작문·번역이 있다.

(4) '포함(〜있다)'의 의미

주어 + 有 + 수사 + 양사 + 명사。

• 这本书一共有二十四课。 이 책에는 모두 24과가 있다.
• 一年有十二个月。 일 년은 12개월이 있다.
• 这个班有三十五个学生。 이 반에는 35명의 학생이 있다.

(5) '도달(수량 · 중량 · 크기 · 정도 · 시간 · 거리 방면)'의 의미

주어 + (没)有 + 수사 + 양사 + (형용사)。

- 他有三十多岁。 그는 삼십 여 세가 되었다.(수량의 도달)
- 那座山有多高? 그 산은 얼마나 높습니까?(높이의 도달)
- 那条路有两百里长。 그 길은 200리 길다.(길이의 도달)
- 他走了有三天了。 그가 간 지 삼일이 되었다.(시간의 도달)

(6) '비교(~만큼 되다)'의 의미 : 비교문 참조

주어 + (没)有 + 명사 + 那么 / 这么 + 형용사。

- 那种橘子有饭碗那么大。 그 귤은 밥 그릇 만큼 크다.
- 那个孩子没有他这么聪明。 그 아이는 그 만큼 총명하지 못하다.

주의 | '有' 앞

★ '有' 앞에는 정도부사와 '对 + 명사' 전치사구조를 사용할 수 있다.
   부정형은 '没(有)'이다.

   · 王老师很有经验。 왕 선생님은 매우 경험이 많다.
   · 这个工作没有意思。 이 일은 재미없다.
   · 每件铜器都有艺术价值。 매 동기마다 모두 예술적 가치가 있다.
   · 你对秘书工作有没有经验? 당신은 비서 일에 대하여 경험이 있습니까?
   · 运动对身体有好处。 운동은 몸에 대하여 좋은 점이 있다.
   · 张老师对京剧非常有研究。 장 선생님은 경극에 대하여 매우 연구가 깊다.
   · 我对足球比赛最有兴趣。 나는 축구시합에 가장 흥미가 있다.

03 '是'字文

'是'자문은 '有'자문과 문형은 같으나, 차이점은 목적어에 불특정물뿐
만 아니라, 특정물도 온다는 점이다.

긍정형 : 주어 + 是 + 목적어。(~있다, ~이다.)
　　　　　(장소사)　　　　　(불특정물 또는 특정물)
부정형 : 주어 + 不是 + 목적어。

긍정형
- 桌子下边是他的词典。 탁자 아래에는 그의 사전이 있다.
- 我家旁边是网吧。 우리 집 옆은 PC방이 있다.
- 我前边是王军。 내 앞은 왕 군이다.

부정형
- 房子前面不是花坛。 집 앞은 화단이 아니다.

plus⁺

※ '有'와 '是'의 용법비교

❶ 의미 : '有'는 정황을 모른 채 단순하게 말하는 것이며, '是'는 무엇인가 하나가 있다는 것은 이미 알고서 말하는 것이다.
- 桌子上有一本书。 탁자 위에 책 한권이 있다.
- 桌子上是一本书。 탁자 위에 책 한권이 있다.
- → 탁자 위에 물건이 하나 있는데, 그것은 바로 한 권의 책이다.

다시 말하면, '有'자문은 책 한 권 이외에도 다른 것이 존재하고 있을 가능성을 포함하고 있으며, '是'자문은 오직 한 권의 책만 있고 다른 것은 존재하지 않음을 표현한다. 따라서 다음과 같이 말할 수 있다.
- 桌子上有一本书, 还有一本词典。(○)
  책상 위에 책 한 권이 있고, 또 사전 한 권이 있다.
- 桌子上是一本书, 还是一本词典。(×)

❷ 부정형식 : '有'의 부정은 '没有'이며, '是'의 부정은 '不是'이다.
- 桌子上没有书。
  탁자 위에 책이 없다 → 다른 물건이 있을 수도 있고, 없을 수도 있다.
- 桌子上不是一本书。
  탁자 위에 있는 것은 책이 아니다 → 반드시 다른 물건 하나가 있다.

❸ 목적어 : '有'의 목적어는 불특정물이지만, '是'에는 불특정물 또는 특정물 모두 올 수 있다.
- 对面是一个大学。 (불특정물) 맞은편은 대학이다.
- 对面是北京大学。 (특정물) 맞은편은 북경대학이다.

1 다음 문장을 중작 하시오.

01 장 선생님은 중국어 책이 많이 있다.

02 교실 안에 한 장의 중국지도가 있다.

03 우리 사무실에는 컴퓨터가 한 대 있다.

04 그 상점에 홍차가 있습니까?

05 그 서점은 우체국 옆에 있다.

06 어제 이 시간에 나는 도서관에 없었다.

07 책상 위에 책 한 권이 있다.

08 운동장 남쪽은 우리들의 체육관이다.

09 천안문 뒤쪽은 고궁이다.

10 침대 아래쪽에 나의 상자가 있는데, 상자 안에는 적지 않은 물건이 들어있다.

05 비교문

두 대상 간의 비교를 나타내며, 크게 대립비교와 평열비교로 구분되는데, 여기서는 평열비교를 중심으로 서술한다.

01 동사 '比'를 사용한 비교(〜비교하다)

- 他把这两张画儿比了半天。 그는 이 두 장의 그림을 한참 비교해 보았다.
- 比一比价钱就知道那家商店便宜。

  값을 비교해 보아야 그 상점이 싸다는 것을 안다.
- 你们比一下就知道谁最高了。

  너희들을 비교해 보고서야 누가 가장 크다는 것을 알았다.
- 跟纽约比起来旧金山的夏天比较凉快。

  뉴욕과 비교하니 샌프란시스코의 여름이 비교적 시원하다.
- 跟乡下比起来这儿的交通方便多了。

  고향과 비교하니 여기의 교통이 더욱 편리하다.

02 전치사 '比'를 사용한 비교(〜보다)

두 대상을 비교한 결과나 차이를 나타낼 때, 전치사 '比'를 사용하여 비교의 대상을 이끌어 내고, 술어를 사용하여 비교한다.

> 긍정형 : 주어 + 比 + 비교대상 + 술어 + 수량보어 혹은 기타성분。
> 　　　　(A) (전치사)　　(B)　　　　　　　(비교의 차이 혹은 결과)
>
> 부정형 : 주어 + 不 + 比 + 비교대상 + 술어 + 수량보어 혹은 기타성분。
> 의문형 : 주어 + 比 + 비교대상 + 술어 + 수량보어 혹은 기타성분 + 吗?

1) 긍정형

① 문형1 : A + 比 + B + 还 / 更 + 동사(구) / 형용사(구)

A가 B보다 정도가 높음을 나타낸다.

- 这个比那个还便宜。 이것은 그것보다 더 싸다.
- 哈尔滨比沈阳更冷。 하얼빈은 심양보다 더 춥다.
- 他的汉语水平比以前提高了。 그의 중국어 수준은 이전보다 높아졌다.

❋ 이 때 '很' '非常' '比较' '特别' '太' '最' 등 일반적인 정도부사는 쓸 수 없고, 단지 '还', '更'을 써서 '훨씬 더'라는 의미를 나타내며, 일반적인 비교에서는 뜻이 같아 서로 바꿀 수 있다. '还'는 비교의 결과가 예상했던 것과 오히려 반대가 되는 경우에 많이 사용된다.

plus⁺

※ '还'과 '更'의 용법비교

❶ 일반적인 비교에서는 서로 바꿔 쓸 수 있다
· 他比我还高。(=他比我更高。) 그는 나보다 더 크다.
· 上海比北京还热。(=上海比北京更热。) 상해는 북경보다 더 덥다.

❷ 과장적 비교에는 '还'을 쓰며, '更'은 쓸 수 없다. 이때 '还'의 뜻은 '好像'과 같다.
· 那里的蚊子比苍蝇还大。 그 곳의 모기는 파리보다 더 큰 것 같다.
· 老人骑自行车比步行还慢。
노인이 자전거를 타는 것은 보행보다 더 느린 것 같다.

❸ '还'을 쓰면 A와 B의 상황에 의외의 변화가 생겼음을, '更'을 쓰면 A와 B의 상황에 더욱 발전이 생겼음을 나타낸다. 이 문장에서는 시간사와 '了'가 모두 와야 한다.
· 这学期他的发音比我还好了。
이번 학기 그의 발음이 나보다 더 좋다.(지난 학기는 그의 발음이 나보다 못했음)
· 这学期他的发音比我更好了。
이번 학기 그의 발음은 나보다 더 좋다.(지난 학기도 그의 발음이 나보다 좋았음)

❹ 3개 항목을 비교할 때는 '更'을 사용해야 한다.
· 上海比北京还热，当然比大连更热了。
상해는 북경보다 더 더우며, 당연히 대련보다 더 덥다.

② 문형2 : A + 比 + B + 형용사 + 得多 / 多了 / 一点儿 / 一些
형용사 술어의 구체적인 정도의 차이를 나타낸다. '得多'는 '훨씬'의 뜻이며, '多了'는 '훨씬'의 뜻으로 '변화되었음'을 강조하며, '一点儿'과 '一些'는 '약간'의 뜻을 나타낸다.

• 汽车比马车快得多。 자동차는 마차보다 훨씬 빠르다.
• 进口车比国产车贵多了。 수입차는 국산차보다 훨씬 비싸졌다.

• 他比以前瘦了一点儿。그는 예전보다 조금 말랐다.
• 他比我高一些。그는 나보다 키가 조금 크다.

③ 문형3 : A + 比 + B + 동사 / 형용사 + 수량사
확실한 수치의 차이를 나타낸다.

• 姐姐比妹妹大三岁。언니가 동생보다 3살 많다.

④ 문형4 : A + 比 + B + 早 / 晩 / 多 / 少 + 동사 + (了) + 수량사 + (목적어)
동사술어의 확실한 수치의 차이를 나타낸다.

• 我比你多喝了两杯茶。나는 너보다 차를 두 잔 더 마셨다.

⑤ 문형5 : A + 동사 / 형용사 + 得 + '比+B' + 정도보어(형용사)
　　[=A + '比+B' + 동사 / 형용사 + 得 + 정도보어(형용사)]
정도의 차이를 나타내며, 이 때 '比+B'은 술어 앞이나 정도보어의 앞
에 위치한다.

• 汽车**比马车**跑得快。(=汽车跑得**比马车**快。)
　자동차는 마차보다 훨씬 빠르다.
• 他说汉语**比我**说得流利。(=他说汉语说得**比我**流利。)
　그는 나보다 더 중국어를 유창하게 한다.

⑥ 문형6 : 一 + 시간사 + 比 + 一 + 시간사 + 형용사
시간의 흐름에 따라, 사람이나 사물의 상태·정도가 점점 심화되는 것
을 나타낸다. 시간사에는 '天' '年' '次' 등의 시간 단위나 양사가 주로
쓰인다.

• 天气一天比一天冷了。날씨가 나날이 점점 추워진다.
• 生活一年比一年好。생활이 매년 나아진다.
• 他的考试成绩一次比一次好。그의 시험성적이 회를 거듭할수록 좋아진다.

2) 부정형 : '不'은 '比'의 앞에 놓인다.
• 这个不比那个便宜。이것은 그것보다 싸지 않다.

3) 의문형

- 这座山比那座山高吗? 이 산은 저 산보다 높습니까?

주의 | 수량정도 비교

⊛ '是'나 '有'로도 수량정도를 비교할 수 있다

· 这张桌子比那张长一倍。 이 탁자는 저것보다 두 배 길다.
  =这张桌子是那张的两倍.
  =这张桌子有那张的两倍长.

03 '有(동사)'를 사용한 비교(~만큼 도달하다)

A의 성질이나 수량이 B의 정도에 도달하였음을 나타낸다. 이 비교문은 주로 부정형이나 의문형으로 쓰인다. 이때 '有'는 '达到'의 의미로 비교의 대상을 이끌어내고, 형용사 술어를 사용하여 비교한다. '比'를 이용한 비교문과는 달리 술어 뒤에 비교의 차이를 나타내는 수량보어를 쓸 수 없다. 왜냐하면, 그 자체가 'A가 B만큼 도달하다'라는 의미를 나타내므로 그 차이를 따로 표시할 필요가 없기 때문이다. '这么' '那么'는 생략할 수 있으며, '这么'는 거리가 가까운 것을, '那么'는 거리가 먼 것을 나타낸다.

또한 'A不比B' 형식과는 달리 'A没有B'형식의 형용사 술어부분에는 '慢' '矮' '小' '少' '短' '浅' '轻' '贵' '近' 등의 형용사보다는 좋은 방향의 의미를 가진 '快' '高' '大' '多' '长' '深' '重' '便宜' '远' 등의 형용사가 주로 쓰인다.

형식

긍정형: 주어(A) + 有 + 비교대상(B) + (这么 / 那么) + 형용사 / 동사 술어+목적어。
(~만큼 도달하다)

부정형: 주어 + 没有 + 비교대상+(这么 / 那么) + 형용사 / 동사 술어+목적어。
(~만큼 ~못하다)

의문형: 주어 + 有 + 비교대상 + (这么 / 那么) + 형용사/ 동사 술어+목적어 + 吗?
주어 + 有没有 + 비교대상 + (这么 / 那么) + 형용사 / 동사 술어+목적어?
(~만큼~합니까?)

- 他的身体没有我好。(= 我的身体比他好。)

  그의 몸은 나만큼 좋지는 못하다.

- 弟弟没有哥哥高。(= 哥哥比弟弟高。) 동생은 형만큼 크지 않다.

- 今年的冬天有没有去年冷? 금년의 겨울은 작년만큼 추울까?

- 他弟弟有没有我这么高? 그의 동생은 키가 나만큼 큽니까?

- 他有我孩子这么大。 그는 내 아이만큼 크다.

- 弟弟有哥哥那么高。 동생은 형만큼 크다.

O4 'A不如B'를 사용한 비교(A는 B보다 못하다)

형식 1

주어(A) + 不如 + 비교대상(B)。
〔명사/대명사/동사(구)〕

- 他们班不如我们班。 그들 반은 우리 반보다 못하다.

- 这种文字处理机不如那种。 이 워드프로세서는 저것보다 못하다.

- 奶奶的身体不如以前了。 할머니의 건강이 이전만 못해졌다.

- 去近的地方，坐车不如骑车。

  가까운 곳에 갈 때는 차를 타는 것이 자전거 타는 것보다 못하다.

형식 2

주어 + 不如 + 비교대상 + 비교내용。
(A)   (B)   (형용사/동사(구))

- 骑车不如坐车快。 자전거를 타는 것은 차를 타는 것보다 빠르지 못하다.

- 这个公司的录音机不如那个公司的好。

  이 회사의 녹음기는 그 회사 것만 못하다.

- 看书不如看电视有意思。

  책 읽는 것이 텔레비전 보는 것보다 재미있지 못하다.

- 这张照片不如那张照得好。 이 사진은 저 사진 찍은 것보다 못하다.

plus+

※ 'A 不如 B'와 'A 没有 B+ 형용사'의 용법비교

❶ 'A没有B+ 형용사'문장에는 형용사 앞에 '这么·那么'를 사용할 수 있으나, 'A不如B'문장에는 사용할 수 없다.

❷ 'A没有B+ 형용사'문장의 형용사는 '좋은' 혹은 '나쁜' 의미의 형용사를 모두 사용할 수 있으나, 'A不如B'문장의 형용사는 '좋고, 희망적인' 의미의 형용사만을 사용해야 한다.

· 三楼没有二楼这么吵闹。 삼층은 이층만큼 소란하지 않다.
· 二楼不如三楼安静。 이층은 삼층보다 조용하지 못하다.

05 '跟～一样'를 사용한 비교(～와 같다)

두 사람(사물) 사이의 동등함을 비교한다. 이때 '跟'를 사용하여 비교의 대상을 이끌어 내고, 술어를 사용하여 비교한다. 이때 '跟'대신에 '同'이나 '和'를 써도 된다.

> 긍정형 : 주어 + 跟 + 비교대상 + 一样[+형용사/동사(구)]。
> 부정형 : 주어 + 不 + 跟 + 비교대상 + 一样[+형용사/동사(구)]。
>   주어 + 跟 + 비교대상 + 不 + 一样[+형용사/동사(구)]。
> 의문형 : 주어 + 跟 + 비교대상 + 一样不一样[+형용사/동사(구)]?

긍정형 • 中文跟英语一样难。 중국어는 영어만큼 어렵다.

부정형 • 我的雨伞不跟你的一样。 내 우산은 네 것과 다르다.

• 这本书跟那本书不一样厚。 이 책은 그 책만큼 두껍지 않다.

의문형 • 这条路跟那条路一样不一样宽? 이 길은 저 길만큼 넓을까?

- - -

☆ '一样' 대신에 '差不多'를 쓸 수 있는데, 이때는 '거의 같다'는 의미이다.

· 这顶帽子的颜色跟我的帽子差不多。
이 모자의 색은 나의 모자와 비슷하다.

06 '(好)像~似的'를 사용한 비교 (마치 ~같다(비유), ~하는 것 같다(추측))

다른 사람이나 사물을 빌려 모양이나 정황이 서로 닮았음을 비유하거나, 또한 추측으로서 불확실한 판단이나 느낌을 나타낸다.

> 긍정형 : 주어 + (好)像 + 비교대상 + 似的 + (기타성분)。
> 부정형 : 주어 + 不像 + ~。
> 의문형 : 주어 + 像不像 + ~?

긍정형
- 他像一只兔子似的跑了。 그는 한 마리의 토끼처럼 뛰었다.
- 他好像不知道似的。 그는 모르는 것 같다.

부정형
- 他不像你这么聪明。 그는 너만큼 똑똑하지 못하다.

의문형
- 她像不像我妹妹? 그녀는 내 여동생을 닮았습니까?

07 '越~越'를 사용한 비교(~ 할수록~하다)

비례비교로서, 조건에 따라 정도가 심해짐을 나타낸다.

> 주어 + 越 + 술어 + 越 + 술어。

- 这件衣服我越看越喜欢。 나는 이 옷을 볼수록 좋다.
- 那个小孩子越看越可爱。 그 아이는 보면 볼수록 귀엽다.
- 辣椒越小越辣。 고추는 작을수록 맵다.

08 '越来越~'(점점 더 ~ 하다)

시간이 지남에 따라 정도가 심해짐을 나타낸다. 발전·변화의 의미이므로, 문장 끝에 대개 '了'가 온다.

- 天气越来越冷了。 날씨가 점점 추워진다.
- 他的身体越来越好了。 그의 몸은 갈수록 좋아진다.

⊛ 정도부사의 수식을 다시 받지 않는다.

·天气越来越冷多了。(×)

1 다음 문장에서 제시어의 정확한 위치를 고르시오.

01) 他说话 A 比我 B 说得 C 慢 D。（一点儿）

02) 我 A 有事，今天 B 比平时 C 走了 D 十分钟。（早）

03) 我 A 觉得 B 他的意见 C 没有李华的 D 重要。（那么）

04) 老焉每天的工作也很紧张，A 他 B 不 C 轻松 D。（比我）

05) A 这些问题 B 比上次的 C 更 D 复杂。（不会）

2 다음 괄호 안의 정확한 답을 고르시오.

01) 今天比昨天（　　　　　）。
 A 热极了   B 热得很
 C 热多了   D 很热

02) 姐姐比妹妹（　　　　　）。
 A 一年早上了大学   B 早上一年大学了
 C 早上了一年大学   D 一年大学早上了

03) 大的这张地图（　　　　　）。
 A 比小的不清楚多少 B 不比小的清楚多少
 C 比小的不太清楚   D 不比小的太清楚

04) 冬天你的家乡（　　　）北京冷吗?
 A 更   B 是
 C 有   D 比较

05) 我打篮球（　　　　　）。
 A 不如他打得那么不好 B 不如他那么打得好
 C 不如他打得那么好   D 不如他那么打得不好

3 다음 문장을 중작 하시오.

01) 너의 중국어 발음은 그보다 더 좋다.

02) 내가 배운 단어가 그보다 훨씬 많다.

03) 당신은 작년보다 훨씬 뚱뚱해졌다.

04) 그의 중국어는 하루하루 좋아졌다.

05) 그는 글자를 나보다 빨리 쓴다.

06) 북경의 여름은 상해만큼 덥지 않다.

07) 이 수박은 설탕만큼 달다.

08) 자동차는 기차만큼 빠르지 않다.

09) 북경도 서울만큼 번화합니까?

10) 걷는 것이 차를 타는 것만큼 빠르지 못하다.

11) 두 사람은 대면한 이후, 마치 모르는 것 같았다.

12) 내 의견은 그와 다르다.

13) 오늘은 어제와 똑같이 시원하다.

14) 나의 취미는 너와 비슷하다.

15) 중국어를 학습하는 사람이 갈수록 많아진다.

06 연동문

한 문장 안에 두개(혹은 두개 이상)의 동사(동사구)로 구성된 문장을
말한다. 이때 복수의 동사(구)가 나타내는 행위의 주체 즉 주어는 하나
이다.

> **형식**
>
> 긍정형 : 주어 + 동사1 ～ + 동사2 + (了)～。
> 부정형 : 주어 + 不 / 没有 + 동사1 ～ + 동사2 ～。

긍정형 • 今年暑假他要回老家休息。
올 여름방학에 그는 고향에 돌아가 쉬려고 한다.

부정형 • 他们不去旅游了。 그들은 여행가지 않는다.

• 我们没有去那个工厂参观。 우리는 그 공장에 견학하러 가지 않았다.

1 용법

01 동작(행위)의 목적

뒤의 동작은 앞의 동작을 위한 목적이다. 이때는 뒤에서부터 해석한다.

• 他每天到图书馆看书。 그는 매일 책을 보러 도서관에 간다.
• 他倒了一杯茶喝。 그는 마시려고 차 한 잔을 따랐다.
• 我们到商店去买东西。 우리들은 물건을 사러 상점에 간다.
• 小苏下星期一去旅行。 소 군은 다음 주 월요일 여행 간다.

02 동작의 수단이나 도구

앞의 수단이나 도구를 사용하여 뒤의 것을 실현한다. 앞뒤의 어순은 동
작이 행해지는 순서와 일치한다.

• 我们后天坐船去南京。 우리들은 모레 배를 타고 남경에 갈 것이다.
• 我们坐火车去釜山。 우리들은 기차를 타고 부산에 간다.
• 刚才他打电话找你。 방금 그가 전화를 걸어 당신을 찾았다.
• 中国人用筷子吃饭。 중국인은 젓가락을 사용하여 밥을 먹는다.

03 동작의 방식

앞의 방식을 써서 뒤의 것을 실현한다. 앞뒤의 어순은 동작이 행해지는 순서와 일치한다. 이 때는 앞 동사 뒤에 반드시 '着'를 붙여야 한다.

- 他坐着看电视。 그는 앉아서 텔레비전을 본다.
- 他躺着看书。 그는 누워서 책을 본다.

04 동작의 전후 순서

앞 동작이 완전히 끝난 후 뒤 동작이 이어짐을 나타낸다.

- 我关灯睡觉了。 나는 불을 끄고 잠을 잤다.
- 他吃过饭就看电视。 나는 밥을 먹고 TV를 본다.
- 她放了学就回家了。 그녀는 수업을 마치고 집으로 돌아갔다.
- 她吃了饭就上街了。 그녀는 밥을 먹고 거리에 나갔다.
- 我听了很兴奋。 나는 듣고서 매우 흥분했다.
- 昨天我们买了礼物就回家了。 어제 우리들은 선물을 사고서 집에 돌아갔다.

05 보충설명

앞 동사는 '有(~있다)'이고, 뒤의 동사는 '有'의 목적어를 보충 설명한다. '有'의 목적어는 '一个' '几个' '人' 등과 같은 불특정물이 온다. 이때는 뒤에서부터 해석한다.

- 你最近有小说看吗? 당신은 최근 본 소설이 있습니까?
- 我有几个问题要问你。 나는 당신에게 물어 볼 몇 개의 문제가 있다.
- 从前有个老人叫愚公。 옛날 愚公이라는 노인이 살고 있었다.
- 我有资格参加这次活动。 나는 이 활동에 참가할 자격이 있다.
- 我没有钱买这个。 나는 이것을 살 돈이 없다.

★ 부정사·조동사·부사·전치사구는 '동사1' 앞에 놓이며, '동사1' 앞에 전치사구가 오면 부정사·조동사·부사는 그 앞에 쓴다.

- 我们也坐船去旅行。 우리도 배를 타고 여행을 간다.
- 我一定会去告诉他的。 나는 반드시 그에게 알리러 갈 것이다.
- 我们能在这里坐船去中国。
  우리들은 여기에서 배를 타고 중국에 갈 수 있다.

✸ 시태조사 '了'와 경험태 조사 '过'는 '동사2(마지막)' 뒤에 놓인다.

· 刚才他打电话叫了一辆车。

　방금 그는 전화를 걸어 차 한 대를 불렀다.

· 他来这儿问过。 그는 이곳에 와서 들어본 적이 있다.

1 다음 문장에서 제시어의 정확한 위치를 고르시오.

01) 我想 A 吃 B 饭 C 去 D 看电影。（了）

02) 他们 A 准备 B 了解 C 一下儿 D 公司的情况。（找你）

03) 一进6月我们这儿 A 每天 B 都 C 很多人 D 去海边游泳。（有）

04) 我 A 照 B 一张照片寄 C 给奶奶 D。（要）

05) 校长 A 打电话 B 通知她的父母 C 来 D 接她。（已经）

2 다음 괄호 안의 정확한 답을 고르시오.

01) 我想在街上（　　　　　　　　）。

    A 找个银行取点儿钱

    B 找了个银行取点儿钱

    C 找个银行取了点儿钱

    D 找了个银行取了点儿钱

02) 我的朋友明天到北京，我（　　　　　　　　）。

    A 去机场要接她

    B 要去机场接她

    C 要机场去接她

    D 机场要去接她

03) 我渴死了，（　　　　　　　　）。

    A 给我买了一瓶汽水喝吧

    B 给我买瓶汽水喝吧

    C 买了一瓶汽水喝吧

    D 一瓶汽水买喝了吧

04 下火车时(　　　　　　　　)。

    A 有位先生帮我提行李

    B 有位先生帮了我提行李

    C 帮我有位先生提行李

    D 帮助我有位先生提行李

05 很快就要放假了，小苏打算(　　　　　　　　)去南方旅游。

    A 考完了试

    B 考试了

    C 先考试

    D 完了考试

3 다음 문장을 중작 하시오.

01 나는 여행사에 항공권을 사러 간다.

02 우리는 6시에 일어나서 산보한다.

03 그는 차가운 물을 따라 마셨다.

04 그는 매점에 가서 우유를 샀다.

05 중국인도 젓가락을 이용하여 밥을 먹는다.

06 나는 전철을 타고 회사에 간다.

07 나는 기차를 타고 서울에 가지 않는다.

08 왕 씨는 매일 자전거로 출근한다.

09 나는 그녀를 만나러 갈 시간이 없다.

10 당신 요즘 쓸 돈이 있습니까?

07 겸어문

술어 부분이 두 개의 동사로 구성되어 있으며, 앞 동사의 목적어가 뒤 동사의 주어를 겸하는 동사술어문을 말한다. 즉 단어 하나가 목적어와 주어를 겸한다고 해서 겸어문(兼语文)이라고 한다. 이것 역시 연동문에 속하며 겸어식 연동문이라고도 부른다. 앞 동사에는 주로 사역동사(让·叫·使·令)가 주로 쓰이며, 의뢰(请)·파견(派)·부탁(求·托)·호칭(称)·인정(认·选) 등의 뜻을 가진 동사들도 쓰인다.

긍정형 : 주어 + 동사1 +   兼语   + 동사2 + (了)~。
                        〔동사1의 목적어(동목구조)〕
                        〔동사2의 주어(주술구조)〕

부정형 : 주어 + 不(没有) + 동사1 + ~。
의문형 : 주어 + ~   ~ + 吗?
         주어 + 동사1 + 不(没) + 동사1 + ~?

01 용법

(1) 사역(使役)

让·叫·使·令 등이 있다.

① 让(=叫, ~에게 ~하게 하다, ~에게 ~시키다)

구어체에 주로 쓰이며, '명령하여 시키다'는 의미가 강하며, 이때 '叫'로 바꿀 수 있다.

긍정형
- 妈妈让我打扫屋子。 엄마는 나에게 방을 청소하라고 시킨다.
- 老师叫学生们练习发音。 선생님은 학생들에게 발음을 연습하라고 한다.

부정형
- 爸爸不让我去看电影。 아빠는 나에게 영화를 보러 가지 못하게 한다.
- 大夫没让我吃这种药。 의사는 나에게 이 약을 못 먹게 했다.

❋ '不(没)让', '不(没)叫'는 '허가하지 않음'을 나타낸다.

의문형
- 妈妈叫弟弟去买酱油吗? 엄마는 동생에게 간장을 사오도록 시켰냐?
- 妈妈叫没叫弟弟去买酱油? 엄마는 동생에게 간장을 사오도록 시켰냐?

주의 | '让'이 일반동사일 때

★ '让'이 일반동사일 때는 '양보하다'는 뜻으로 쓰인다.

· 上车以后应该自觉给老人让座。

차에 탄 이후에 응당 자발적으로 노인에게 자리를 양보해야 한다.

· 你应该给老师让路。 당신은 선생님에게 길을 양보해야 한다.

② 使(~에게 ~하게 하다)
문어체에 주로 쓰이며, '결과를 얻게 되다'는 의미가 강하다. 주로 추상적인 말과 연결된다.

- 他使我了解了很多情况。

  그는 나에게 많은 상황을 이해할 수 있게 하였다.

- 虚心使人进步, 骄傲使人落后。

  겸손은 사람에게 진보하게 하고, 교만은 사람을 퇴보하게 한다.

- 他的话使人感动。 그의 말은 사람들을 감동시켰다.

(2) 의뢰

① 请(~에게 ~청하다, ~에게 ~초청하다)

- 我请你吃午饭。 나는 너에게 점심을 청한다.
- 我请她唱歌。 나는 그녀에게 노래를 부르라고 청했다.
- 老金请王大夫来看病人。

  김 씨는 왕 의사에게 환자를 진찰하러 오도록 청했다.

- 下星期我们请陈教授来讲演。

  다음 주 우리들은 진 교수님께 강연에 오시도록 청했다.

(3) 파견

① 派(~을 파견하다)

- 下月公司要派我去北京。 다음 달 회사는 나를 북경에 파견하려고 한다.

(4) 부탁

① 求(=托, ~에게~부탁하다)

• 你求他帮帮忙吧。 당신 그에게 도와달라고 부탁해 보세요.

• 我托他买了一本书。 나는 그에게 책을 한 권 사주도록 부탁했다.

(5) 호칭

①称(~라고 부르다)

• 历史上称这一时期为三国时代。 역사상 이 시기를 삼국시대라고 부른다.

• 我们都称他小王。 우리들은 모두 그를 왕 군이라고 부른다.

(6) 인정

①认(~으로 삼다)

• 我认你作我的师傅吧! 제가 당신을 사부님으로 모시겠습니다.

②选(~으로 선출하다)

• 我们选他当班长。 우리들은 그를 반장으로 선출했다.

(7) 애증

①表扬(칭찬하다)

• 领导经常表扬他工作很努力。

지도자는 그가 열심히 일한다고 자주 칭찬한다.

②嫌(싫어하다)

• 大家嫌他说话罗嗦。 모두 그의 말이 지루하다고 싫어한다.

③原谅(용서하다)

• 她原谅我又迟到了。 그녀는 내가 또 지각한 것을 용서해 줬다.

④讨厌(싫어하다)

• 我讨厌他总是迟到。 나는 그가 늘 지각하는 것이 싫다.

❶ '过·着·了'는 '동사1' 뒤에 쓸 수 없다.

· 我让他去中国学过汉语。

나는 그에게 중국에 가서 중국어를 공부하라고 한 적이 있다.

· 他让我先在这儿住着。 그는 나에게 우선 여기에서 머물라고 하였다.

· 我已经让他们回去了。 나는 이미 그들에게 돌아가라고 했다.

· 我劝他在家里休息了。 나는 그에게 집에서 쉬라고 권했다.
· 他让我买了一本挂历。 그는 나에게 달력 하나를 사도록 했다.

❷ '동사1'과 겸어 사이에는 형식상으로도 아주 밀접하여 시간사나 부사를 쓸 수도 없으며, 쉴 수도 없다. 그러나 두 동사 앞에는 모두 부사를 쓸 수 있다.

· 他做的事常常使我心里不安。
  그가 하는 일은 늘 나를 불안하게 한다.
· 她常常请我吃饭。 그녀는 자주 나에게 밥을 사준다.

❸ 부정사(别·不要)·조동사·부사는 '동사1' 앞에 위치한다.

· 请你别让她去。 당신은 그녀에게 가라고 하지 마세요.
· 我想请他来作一个报告。
  나는 그에게 보고서 하나를 작성해 오라고 청하고 싶다.

1 다음 문장에서 제시어의 정확한 위치를 고르시오.

01) A 邮票 B 贴 C 在信封上 D 了。(让我)

02) A 这部书 B 一定 C 能 D 你明白很多事情。(让)

03) 小张 A 不 B 让 C 在动物园门口儿 D 等他。(我)

04) A 刘老师 B 写 C 一篇作文 D。(让他)

05) A 我们团结起来，B 把伟大的 C 祖国建设得更加美好 D。(让)

2 다음 괄호 안의 정확한 답을 고르시오.

01) 这里的风光(　　　　)我想起了家乡。

A 让　　　　　　　　　　　　B 被
C 把　　　　　　　　　　　　D 给

02) 动人的歌声(　　　　)大家暂时忘记了心里的烦恼。

A 把　　　　　　　　　　　　B 使
C 给　　　　　　　　　　　　D 被

03) 我的老同学(　　　　　　　　)。

A 昨天请我在全聚德吃了一顿饭
B 请我昨天在全聚德吃了一顿饭
C 请我在全聚德昨天吃了一顿饭
D 请我在全聚德吃了一顿饭昨天

04) 请你(　　　　　　　　)。

A 等我在公园入口处六点半
B 等我六点半在公园入口处
C 在公园入口处等我六点半
D 六点半在公园入口处等我

05 等小李回来时(　　　　　　　　　　　　　　　)。

   A 请你给他让老师回电话

   B 请你让他给老师回电话

   C 请你给老师让他回电话

   D 让你请他回电话给老师

3 다음 문장을 중작 하시오.

01 그의 말은 나를 무척 화나게 하였다.

02 선생님께서 우리에게 새 단어를 외우라고 하셨다.

03 선생님께서 나보고 네게 이 일을 알리라고 하셨다.

04 이 일은 그를 매우 난처하게 하였다.

05 내 친구는 나를 그의 집에 물만두를 먹으러 오라고 초청했다.

06 회사는 나를 중국에 가서 일하도록 파견하였다.

07 우리는 그를 반장으로 선출했다.

08 엄마는 우리들에게 사탕을 먹지 못하게 하신다.

09 나는 그에게 가라고 부탁하지 않았다.

10 내일의 시합에 선생님께서 우리들에게 참가하라고 하셨습니까?

08 파자문

동사술어문은 일반적으로 '동사+목적어'의 어순이지만, 파자문은 전치사 '把'자를 써서 목적어를 동사 앞으로 도치시키는 문형이다. 일반 동사술어문은 주어의 행위가 강조되나, 파자문은 동작 행위의 대상(목적어)에 초점이 맞춰져 있으며, 때문에 목적어에 대한 처치에 중점을 둔다. 즉, 목적어에 적극적인 처치(동작)를 가해 생긴, ①위치의 이동 ②상태의 변화 ③변화로 인한 결과를 강조한다. 이 때문에 처치문(處置文)이라고도 하며, 주로 '(목적어를)~해 버렸다', '(목적어를)~해 놓았다'로 해석된다. 따라서 처치문의 동사는 이러한 부가 성분이 들어있어야 하므로 하나의 간단한 동사일 수는 없고, 반드시 보어(주로 결과보어나 방향보어)나 조사 등이 붙은 동사구의 형식을 취한다. 파자문이나 결과보어 문장은 둘 다 동작을 거쳐 생긴 결과를 나타내므로, 파자문에서 결과보어를 자주 볼 수 있다.

긍정형 : 주어 + 把 + 목적어 + 동사 + 부가성분。
〔주동자〕   〔피동자〕〔행위·동작〕〔중점부분(어떻게 처리되었는지 혹은 처리의 결과)〕

부정형 : 주어 + 不 / 没 + 把 + 목적어 + ~。
의문형 : 주어 + ~ + (了)吗?
　　　　주어 + 의문사 + ~(了)?
　　　　주어 + 술어의 긍정부정식~?

01 용법

(1) 긍정형

① 이동

- 我们把她送到机场。 우리는 그녀를 공항까지 배웅한다.
- 你把钱交给谁了? 당신은 돈을 누구에게 줬습니까?

② 변화

- 他把这本小说翻译成了韩文。 그는 이 소설을 한국어로 번역했다.
- 我把美元换成了人民币。 나는 달러를 인민폐로 바꿨다.
- 把窗户关上。 창문을 닫아라.
- 你把房间好好打扫打扫。 너는 방을 잘 청소해라.

③ 결과

- 我把药吃了。 나는 약을 먹었다.
- 他把照片寄来了。 그는 사진을 부쳐왔다.
- 他把窗户关上了。 그는 문을 닫았다.
- 她把今天的作业做完了。

  그녀는 오늘의 숙제를 다 끝냈다.(마음이 편해졌다)

(2) 부정형

- 你怎么不把话说完? 당신은 어째서 이야기를 끝까지 다 말하지 않습니까?
- 我也没把照相机带来。 나도 카메라를 가져오지 않았다.
- 我不想把他带去。 나는 그를 데리고 가고 싶지 않다.

(3) 의문형

- 你把照相机带来了吗? 당신은 사진기를 가져왔습니까?
- 你把那本杂志看完了吗? 너는 그 잡지를 다 읽었니?
- 你为什么不把这消息告诉他?

  너는 어째서 이 소식을 그에게 알려주지 않니?
- 你可不可以把这个照相机借给我?

  너는 이 사진기를 내게 빌려줄 수 있니?

02 파자문의 성립조건

(1) 목적어는 특정물로서, 쌍방이 모두 알고 있는 것이어야 한다.

- 我把那个花瓶买来了。 나는 그 꽃병을 사왔다.
- 他把那本书拿过来了。 그는 그 책을 가지고 왔다.

이처럼 대상을 표시하는 목적어에 아무 것도 붙어있지 않는 경우도 많다. 그러나 그 의미는 특정적인 것이어야 한다.

(2) 술어는 타동사(동작동사)이어야 한다.

(3) 술어 뒤에 다음의 네 가지 성분 중 하나가 반드시 부가되어야 한다.

① 시태조사 '了(~했다)' '着(~하여 있다)' '过了(~했다)'가 와야 한다.

• 他把糖吃了。 그는 사탕을 먹었다.

• 他把脸红着，一句话也不说。 그는 얼굴을 붉히며 말 한마디도 하지 않는다.

• 他把大门开着就走了。 그는 문을 열어놓고 나갔다.

• 妈妈把我的那些脏衣服全洗过了。
  엄마는 나의 그 더러운 옷들을 전부 빨았다.

② 중첩동사(혹은 '동사+ 一下')가 와야 한다.

• 你要把这一课复习复习。 너는 이 과를 잘 복습해야 한다.

• 你把这本书看一看。 당신 이 책을 좀 보세요.

• 他把信看了又看。 그는 편지를 읽고 또 읽었다.

③ '(동사+)给'나 '告诉' '通知' 등의 동사가 이끄는 간접목적어가 와야 한다.

• 你把那些钱给他吧。 당신은 그 돈을 그에게 주세요.

• 你不要把这个给她。 당신은 이것을 그녀에게 주지 마세요.

• 我已经把那个消息告诉他了。 나는 이미 그 소식을 그에게 알려 주었다.

④ 결과보어 · 방향보어 · 정도보어 · 수량보어가 와야 한다. 단, 가능보어는 올 수 없다. 특히 동사술어 뒤에 결과보어 '在 · 到 · 成 · 给' 등이 올 경우에는 반드시 파자문을 사용해야 한다. 이 때 '到'는 '목적달성'의 용법으로는 쓰이지 않고, '도달하다'는 용법으로만 쓰인다.

결과보어

(在)

- 她把邮票贴在信封上了。 그녀는 우표를 봉투에 붙였다.
- 他把几本棵本放在书包里了。 그는 교과서 몇 권을 책가방에 넣었다.

(到)

- 他把椅子拿到楼上去了。 그는 의자를 위층으로 가져갔다.

(成)

- 我想把这些美元换成人民币。 나는 이 달러를 인민폐로 바꾸려고 한다.
- 请你把这封信翻译成中文。 이 편지를 중국어로 번역해 주십시오.

(给)

- 我想把这个生日礼物送给父亲。 나는 이 생일 선물을 아버지께 드리려고 한다.
- 我把火车票交给了他。 나는 기차표를 그에게 건넸다.

(기타)

- 我们不把他当作朋友。 우리들은 그를 친구로 여기지 않는다.
- 昨天我把书包弄丢了。 어제 나는 책가방을 잃어버렸다.
- 我把今天的作业做完了。 나는 오늘의 숙제를 다 했다.

방향보어

- 把他叫回来! 그를 불러 돌아오게 하라!
- 你去把汽车开到门口来。 당신이 가서 차를 문 앞으로 가져오세요.
- 他们把家具都搬去了。 그들은 가구를 모두 옮겼다.
- 那个同学已经把那些材料借去了。

  그 학우가 이미 그 자료들을 빌려갔다.

정도보어

- 他把话说得很清楚。 그는 말을 아주 분명히 했다.
- 那个孩子把爸爸气得不得了。 그 아이는 아빠를 굉장히 화나게 했다.

- 他把那个理由说了一遍。 그는 그 이유를 다시 한 번 말 했다.
- 她把那本历史小说看了两遍。 그녀는 그 역사소설을 두 번 읽었다.

✸ 결과보어나 정도보어가 올 때는 주로 사역의 의미를 나타낸다.

· 把她羞哭了。 그녀를 부끄러워 울게 하였다.
· 把我冻得直哆嗦。 나를 추워서 계속 벌벌 떨게 하였다.

03 파자문을 만들 수 없는 동사

동사는 '把' 뒤의 목적어의 위치를 바꾸거나 형태를 변하게 하는 등의 처치를 나타낼 수 있는 타동사이어야 한다. 따라서 목적어에 영향을 줄 수 없는 동사들은 파자문을 만들 수 없다. 이러한 동사는 다음과 같다.

① 판단이나 존재를 나타내는 동사 : 是 · 有 · 在
② 지각이나 감각을 나타내는 동사 : 知道 · 认为 · 觉得 · 打算 · 看见 · 听见
③ 감정을 나타내는 동사 : 爱 · 喜欢 · 希望 · 愿意
④ 방향을 나타내는 동사 : 走 · 来 · 去 · 上 · 下 · 进 · 出
⑤ 몸자세를 나타내는 동사 : 站 · 坐 · 躺 · 跪

✸ 조동사(要 · 能 · 应该), 부정부사(不 · 没(有)), 시간사(已经 · 今天 · 赶快) 등은 반드시 '把'자 앞에 위치한다.

· 今天你能把事儿做完吗? 오늘 당신은 일을 다 할 수 있습니까?
· 他还没有把自己的工作做完。 그는 아직 자신의 일을 끝내지 못했다.
· 我昨天把书还给图书馆了。 나는 어제 책을 도서관에 반납했다.

✸ 목적어의 이동방향을 나타내는 전치사구(向 · 往 · 朝) 등은 목적어 뒤에 위치한다.

· 他把手向头上一遮。 그는 손을 머리 위로 막았다.

plus⁺

※ 파자문과 평서문의 용법 비교

❶ **평서문** 我今天上午去找他了。 나는 오늘 오전에 그를 찾아갔다.
('그를 찾아 가는'일반적인 행위를 표현)

파자문 我今天上午把他找来了。 나는 오늘 오전에 그를 찾아왔다.
('그를 찾은' 결과 '찾아왔음'을 강조)

❷ **평서문** 我下午想去邮局取包裹。
나는 오후에 소포를 가지러 우체국에 가려고 한다.
('소포를 가지러 가는' 일반적인 행위를 표현)

파자문 我下午想去邮局把包裹取回来。
나는 오후에 소포를 가지고 오려고 우체국에 가려고 한다.
('가지고 돌아옴'을 강조)

1 다음 문장에서 제시어의 정확한 위치를 고르시오.

01) A 我刚刚 B 这个消息 C 告诉她，D 她就哭了。(把)

02) A 导游 B 把游客 C 带到长城上 D 去了。(已经)

03) A 丁教授 B 还 C 没有 D 翻译完。(把这篇小说)

04) 老刘 A 叫人 B 都 C 搬到汽车上去 D。(把行李)

05) 他到现在 A 还 B 把我要的东西 C 送来 D。(没有)

06) A 我 B 喝 C 进去 D 以后，很快就觉得凉快了。(把啤酒)

07) 他 A 昨天 B 把作业 C 交 D 给老师。(没)

08) 请 A 你们明天 B 交 C 给我 D。(把作业)

09) 请 A 你 B 电视 C 关了再 D 去睡觉。(把)

10) 他 A 没有车，一次 B 把这么多东西 C 拿 D 回来。(不能)

2 다음 괄호 안의 정확한 답을 고르시오.

01) 他把( )丢了。

    A 有一些文件　　　　　　　　B 有一份文件
    C 任何文件　　　　　　　　　D 那份文件

02) 暑假里我把这些书都( )。

    A 看了　　　　　　　　　　　B 看着
    C 看过　　　　　　　　　　　D 看完

03) 老师把这个词的用法( )。

    A 讲清楚　　　　　　　　　　B 讲不清楚
    C 讲得清楚　　　　　　　　　D 讲得很清楚

04 老师让我们(　　　　　　　　)。

    A 把写这些生词三遍　　　　　　B 把三篇写这些生词

    C 把这些生词写三遍　　　　　　D 三遍把这些生词写

05 我(　　　　　　　　)。

    A 已经把书架上的书昨天整理好了

    B 昨天整理好了已经把书架上的书

    C 昨天已经把书架上的书整理好了

    D 把书架上的书昨天已经整理好了

3 다음 문장을 '把'를 써서 중작 하시오.

01 그는 과일을 먹었다.

02 당신이 여기의 상황을 저에게 소개 좀 해주세요.

03 당신이 차표를 그에게 주세요.

04 너희는 이 새 단어를 반드시 기억하고 있어야 한다.

05 너는 마땅히 숙제를 제출해야 한다.

06 그녀는 방을 매우 깨끗하게 청소하였다.

07 그는 본문을 두 번 읽었다.

08 그녀는 언제나 그를 무시한다.

09 그는 아직 숙제를 끝내지 못했다.

10 당신은 오늘의 숙제를 다 썼습니까?

09 피동문

주어가 동작의 대상이 되고, 피동을 나타내는 전치사 '被·叫·让'을 써서 동작의 주체를 이끌어내는 문장을 말한다. 주어의 의지와는 무관하게 어떤 일이 일어났거나, 주어가 어떤 손해를 당한 것을 나타낸다. 이 때문에 피동문을 피자문('被'字文)·수동문(受动文)이라고도 한다. '被'자는 문어체에서 주로 쓰이며, '叫·让'는 구어체에서 주로 쓰인다.

피동문은 바로 파자문의 주어와 목적어의 역할이 바뀐 형태라고 보아도 무방하다. 따라서 술어는 타동사이어야 하며 반드시 부가성분을 갖게 된다. 즉 동사 뒤에는 시태조사 '了·着·过'라든지, 가능보어를 제외한 보어, 그리고 목적어의 성분이 올 수 있다. 피동문은 크게 의미상의 피동문과 피동의 전치사가 있는 피동문 두 가지로 구분된다.

01 의미상의 피동문

이 문장은 피동의 전치사를 쓰지 않고 동사만으로 피동의 의미를 나타낸다. 이 문장은 주어가 동작의 주체인 문장과 형식상에서 차이가 없으나, 다음 두 가지 조건이 선행되어야 한다. 첫째는 주어가 사물 즉 동작의 대상이어야 하며, 둘째는 주어의 의지와 무관하게 일이 일어난다든지 또는 주어에게 손해를 끼친 경우가 아니어야 한다.

피동물 + 동사 + 부가성분。

- 信己经写完了。 편지를 이미 다 썼다.
- 所有的钱花尽了。 모든 돈을 다 썼다.
- 练习作完了。 연습문제를 다 했다.

우리말에서는 '편지를 다 썼다' '돈을 다 썼다'라고 말하지, '편지가 다 써졌다' '돈이 다 써졌다'라고 하나하나 피동으로 말하지 않는다. 중국어도 마찬가지이다. 이런 문장을 의미상의 피동문이라 부르며, 이런 문장은 일상생활에서 많이 쓰인다.

O2 전치사를 사용한 피동문

중국어의 피동문은 전치사 '被·叫·让'를 써서 주동자를 끌어들이는데, 주어는 피동자이다.

긍정형 : 주어 + 被 / 叫 / 让 + 전치사목적어 + 동사술어 + 부가 성분。
　　　　〔피동자(A)〕　　　　　　〔주동자(B)〕
　　　　(A는 B에 의해 ~되다)
부정형 : 주어 + 没(有) + 被 / 叫 / 让~。

긍정형
- 敌人被我们打败了。적군은 우리들에 의해 패전했다.
- 那本画报叫人撕破了。그 화보는 누군가에 의해 찢겨졌다.
- 那个门让小孩子推开了。그 문은 어린아이에 의해 열렸다.

부정형
- 那本书没被人借走, 真是太好了。
  그 책이 누군가에 의해 대출되지 않아서, 정말 좋다.

① 용법

① 被

피동전용 전치사이며, 문어체에서 많이 사용된다. 주동자를 생략하고 그대로 동사에 직접 연결할 수 있으며, 생략될 경우 구두어로 자주 사용된다. '被'의 주된 용법은 '피동'에 있는 것이 아니라, '피해를 당한다'는 점에 있다.

- 小宋被解雇了。송 군은 해고당했다.
- 我的护照被小偷偷走了。내 여권은 소매치기에게 도둑맞았다.

② 叫·让

구어체에서 많이 쓰인다. 이 전치사들은 동사에 직접 연결시킬 수가 없으며, 그 뒤에 행위의 주동자가 반드시 있어야 한다. 만약 행위의 주동자를 말할 필요가 없거나 말할 수 없을 때는 일반적인 사람을 나타내는 '人'을 써서 대체해야 한다.

- 茶碗叫小孩子弄坏了。차 접시가 아이에 의해 깨어졌다.
- 我的车让人偷走了。나의 차가 도난당했다.

※ '被' '叫' '让'의 용법비교

피동문에 쓰이는 '被' '叫' '让'은 의미상 약간의 차이가 있다. 즉 '被'는 피해를 입었다는 느낌을 줄 때, '叫'는 강제성을 띠고 있을 때, '让'은 허락하거나 양보한다는 의미를 나타낼 때 사용한다.

· 被他拿走了。

　그가 가져갔다.(내가 쓰려고 했는데 피해를 입었다는 의미 내포됨)

· 叫他拿走吧。

　그에게 가져가라고 하세요.(가져가기 싫어도 강제로라도 가져가게 하라는 의미 내포됨)

· 让他拿走吧。

　그에게 가져가라고 하세요.(그가 원하니까 가져가도록 허락한다는 의미 내포됨)

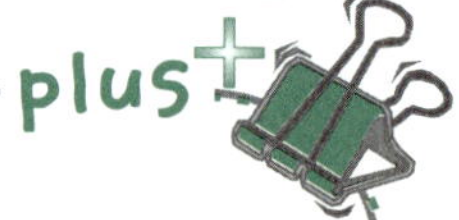

※ '让·叫'의 피동과 사역의 용법비교

이들은 피동의 의미(전치사) 뿐만 아니라 사역의 의미(동사)도 있다.

❶ 피동의 의미

> **형식**
>
> 주어 + 叫 / 让 + 목적어 + 동사 + 결과보어。
> (피동자, 사물·사람)　(주동자, 사람)

· 录音机叫(让)他弄坏了。 녹음기가 그에 의해 망가졌다.
· 那本杂志叫(让)人借走了。 그 잡지는 누군가가 빌려갔다.
· 他叫(让)人抓走了。 그가 누군가에게 잡혀갔다.

❷ 사역의 의미

> **형식**
>
> 주어 + 叫 / 让 + 목적어 + 동사 + (목적어)。
> (사람)　　　　　(사람)

· 妈妈叫(让)她做饭。 엄마께서 그녀에게 밥을 하라고 시키셨다.
· 老师叫(让)他念课文。 선생님께서 그에게 본문을 읽으라고 시키셨다.

② 피동문의 성립조건

① 주어(피동자)는 특정적 사람(사물)으로서, 쌍방이 모두 알고 있는 것이어야 한다.

② 술어는 타동사이어야 한다

③ 술어 뒤에 동작의 결과나 영향을 나타내는 부가성분이 있어야 한다. 시태조사인 '了·过'와 '결과보어·방향보어·수량보어·정도보어' 등은 올 수 있으나, '着'나 가능보어는 올 수 없다.

시태조사 '了' : 那个奴隶被卖给别人了。 그 노예는 다른 사람에게 팔렸다.

시태조사 '过' : 我的家被偷过。 우리 집은 도둑맞은 적이 있다.

결과보어 : 他的腿被人家打断了。 그의 다리는 사람들에게 맞아 부러졌다.

방향보어 : 那几把椅子被同学们搬到外边去了。

그 의자들은 학우들에 의해 밖으로 옮겨졌다.

수량보어 : 他被敌人打了一顿。 그는 적에게 한차례 맞았다.

정도보어 : 我们被骂得抬不起头来。

우리들은 그에게 고개를 들 수 없을 정도로 욕을 먹었다.

plus⁺

※ 평서문·피동문·파자문의 용법 비교

피동문은 의미상 약간의 차이는 있지만 파자문으로 바꿀 수 있다.

❶ **평서문** · 我打破了那个碗。 나는 그 그릇을 깼다.

  피동문 · 那个碗被我打破了。 그 그릇은 나에 의해 깨어졌다.

  파자문 · 我把那个碗打破了。 나는 그 그릇을 깨버렸다.

❷ **평서문** · 孩子们弄脏了屋子。 아이들이 방을 더럽혔다.

  피동문 · 屋子被孩子们弄脏了。 방은 아이들에 의해 더럽혀졌다.

  파자문 · 孩子们把屋子弄脏了。 아이들이 방을 더럽혀 놓았다.

⊛ 조동사(会·应该)·부정부사(不·没)·시간사(昨天·已经·曾)·부사
(也·又·都)는 전치사 앞에 위치한다.

조동사 · 他的谎话迟早会被我揭穿的。

그의 거짓말은 조만간 나에게 들추어질 거야.

부정부사 · 汽车没被小偷开走。자동차는 도둑에게 도난당하지 않았다.

· 他很狡猾，你不要叫他骗了。

그는 너무 교활하니, 당신은 그에게 속지 마라.

시간사 · 我小时候被狗咬了一口。난 어렸을 때 개에게 물렸었어.

부사 · 他又叫人打了。그는 또 남에게 얻어맞았다.

⊛ '叫'나 '让'이 쓰인 피동문에서 술어동사 앞에 '给'를 더하여 피동의
어기를 더욱 강조한다.

· 杯子叫我给打碎了。컵은 나에 의해 깨뜨려졌다.

· 钢笔让她给丢了。만년필은 그녀에 의해 잃어버렸다.

1 다음 문장에서 제시어의 정확한 위치를 고르시오.

01 A 碰到这样的事 B 真 C 叫 D 心里不好受。（人）

02 到桂林游览的人 A 都 B 会 C 吸引住 D。（被那里美丽的景色）

03 A 断了的电话线 B 被 C 修好了 D。（已经）

04 现在的人们 A 都 B 被 C 各种各样的信息 D 包围着。（每天）

05 他的这个住处 A 一直 B 被警察 C 发现 D 过。（没）

2 다음 괄호 안의 정확한 답을 고르시오.

01 他们结婚的房间（　　　　　　　　）。

    A 被已经准备好了　　　　　　　　B 已经让准备好了
    C 叫已经准备好了　　　　　　　　D 已经准备好了

02 灯一亮，床上的人（　　　　　）惊醒了。

    A 被　　　　　　　　　　　　　　B 叫
    C 让　　　　　　　　　　　　　　D 使

03 很多地区的草场（　　　）用作耕地，这（　　　　）环境进一步恶化。

    A 把，使　　　　　　　　　　　　B 使，给
    C 被，使　　　　　　　　　　　　D 被，把

04 那个丢了的孩子（　　　　　　　　）。

    A 让警察昨天找到了　　　　　　　B 昨天让警察找到了
    C 昨天警察让找到了　　　　　　　D 让昨天警察找到了

05 那么难的问题都（　　　　　　　　）。

    A 被他回答得出来　　　　　　　　B 叫他回答得出来
    C 让他回答得出来　　　　　　　　D 被他回答出来了

3 다음 문장을 피동 전치사를 써서 중작 하시오.

01 나의 신청은 허가되었다.

02 나는 선생님께 꾸중을 들었다.

03 방은 이미 복무원에 의해 깨끗이 치워졌다.

04 그 책은 이미 대출되었다.

05 이 디지털 카메라는 고장 났다.

06 영화표는 그가 가져가 버렸다.

07 탁자 위의 과자는 아이들에 의해 먹어치워졌다.

08 나의 자전거는 왕군이 타고 가버렸다.

09 그 책은 그에게 가져가게 하지 않았고, 나에게 있다.

10 이건 비밀의 일이니까, 다른 사람에게 알게 해선 안 된다.

10 반어문

의문문의 형태를 수사적으로 이용해 실제는 의문이 아니고 표현과 반대되는 진의를 강조하는 문장을 말한다. 부정형식의 문장으로서 긍정의 의미를 강화하고, 긍정형식의 문장으로서 부정의 의미를 강화하는 것이다. 이것은 생생한 회화 속에서 자주 쓰인다.

01 부정의문문 형식

(1) 不是~吗?(~가 아닙니까?)

- 我不是给你了吗? 내가 당신에게 준 거 아닙니까?
- 我们不是已经约好了吗? 우리가 이미 약속한 거 아닙니까?
- 今天去或者明天去不是一样吗? 오늘 가나 내일 가나 같은 거 아닙니까?

02 의문사 형식

(1) 谁(누가)

- 那么危险的地方谁敢去?

  그렇게 위험한 곳에 누가 감히 가겠는가?

(2) 怎么(어찌·어떻게)

- 我自己家里的事情, 我怎么会不知道?

  내 집안의 일을 내가 어찌 모르겠는가?

- 北京站人那么多, 我怎么找你呢?

  북경 역에 사람이 그렇게 많은데, 내가 어찌 당신을 찾을 수 있겠는가?

- 从来没有人告诉过我, 我怎么知道?

  지금까지 나에게 말해 준 사람이 없는데, 내가 어찌 알겠는가?

(3) 哪儿 (어디·어찌)

- 他哪儿好啊? 그가 어디가 좋단 말인가?
- 这么忙, 哪儿有工夫啊? 이렇게 바쁜데, 어찌 틈이 있겠니?
- 他哪儿是你的对手? 그가 어찌 너의 상대가 되겠니?

(4) 什么(뭐·무엇)

- 哭什么? 뭘 울어?(울 필요 없다.)
- 这些钱能买什么呀? 이 돈으로 무엇을 살 수 있단 말인가?
- 你笑什么笑? 당신은 뭐가 우습다고 웃니?

(5) 何必~呢? (구태여 ~할 필요가 있겠는가?)

- 为这么一点小事，何必生气呢？

  이렇게 작은 일 때문에, 구태여 화를 낼 필요가 있겠는가?

☀ 문장의 끝에 '啊' 등의 어기조사를 붙이면, 반어의 어기가 더 강해진다.

O3 부사 형식

(1) 难道(说)~吗/不成? (설마 ~한 건 아니겠지?)

- 难道说这个世界上就没有真理了吗？

  설마 이 세상에 진리가 없는 건 아니겠지?

- 难道他回家了吗？ 설마 그가 집에 돌아간 건 아니겠지?

- 难道就这样算了不成？ 설마 이렇게 끝난다고 생각하는 건 아니겠지?

☀ '说'가 더해진다든지 '吗' '不成'이 생략되면, 어기가 더 강해진다.

· 难道我在做梦？ 설마 내가 꿈을 꾸고 있는 건 아니겠지?

(2) 还(~조차도)

- 这还用问! 이것조차도 물어 봐!

- 这么好的条件，你还不满意! 이렇게 좋은 조건에, 너조차도 불만이냐!

O4 접속사 형식

(1) 何况(하물며)

앞 문장에서는 하나의 이유를 말하며, 뒷 문장에서는 '何况'을 사용하여 이유를 하나 더 추가한다. 화자는 '何况'으로 추가한 이유가 더욱 충분하며 더욱 중요하다고 여기며, 의문어기는 없다.

- 他不会唱歌，何况又在许多人面前。

  그는 노래를 부를 줄 모르는데, 하물며 많은 사람 면전에서야.

- 路不太远，何况又是快车，一定能准时赶到。

  길도 그다지 멀지 않고, 하물며 급행열차이니, 반드시 정각에 도착할 수 있다.

(2) (连)A都〜, (更·又)何况B(呢)?

(A조차도 〜한데, 하물며 B는 〜?)

B에는 명사가 올 수도 동사가 올 수도 있다.

- 你都搬不动, 何况我呢?

  너도 움직일 수 없는 것을 하물며 내가 어떻게?

  (나는 더욱 움직일 수 없다.)

- 这本书连大人读都很难, 更何况孩子呢?

  이 책은 어른이 읽기조차도 매우 어려운데, 하물며 아이는?

  (아이가 읽기는 더욱 어렵다.)

1 다음 문장에서 제시어의 정확한 위치를 고르시오.

01) A 我 B 跟你说过 C 不要自己一个人 D 去那儿吗?（不是）

02) 他 A 会 B 这样，C 招呼都不打 D 就走了呢?（怎么）

03) A 我 B 都快急死了，C 还喝 D 茶?（什么）

04) A 坐飞机去多快，B 你 C 要坐火车 D 呢?（何必）

05) 他们 A 特意 B 为你 C 做了这么多准备，你 D 满意吗?（还不）

2 다음 괄호 안의 정확한 답을 고르시오.

01) 这么简单的道理，(　　　　　　)?

    A 不是你不知道吗

    B 你怎么会不知道呢

    C 难道你知道不成

    D 你哪儿知道啊

02) 参加别人的婚礼，(　　　　)你这么不注意衣着整洁的?

    A 有　　　　　　　　　　B 哪儿

    C 哪有　　　　　　　　　D 这不是

03) 还有半个小时才开车呢，你(　　　　)?

    A 急什么　　　　　　　　B 什么急

    C 有什么急　　　　　　　D 什么能急

04) 吃了这么多东西，(　　　　)你还饿吗?

    A 还不　　　　　　　　　B 有

    C 难道　　　　　　　　　D 没

05) 这种问题连专家都不能解决, (　　　　　　　　　　　　　　)?

    A 何况一个不了解情况的人吗

    B 何况一个不了解情况的人呢

    C 一个不了解情况的人何况呢

    D 一个人何况不了解情况呢

3 다음 문장을 중작 하시오.

01) 당신은 춤추는 것을 좋아하지 않나요?

02) 누가 그의 이름을 몰라!

03) 내가 직접 보았는데, 어찌 모르겠니!

04) 이 본문에서 어디가 어렵지!

05) 이 문장이 무엇이 어렵니?

06) 설마 그가 못 본 건 아니겠지?

07) 설마 당신 자전거를 탈 줄 모르는 건 아니겠지?

08) 당신조차도 불만입니까?

09) 당신이 그를 좀 마중가세요. 여기는 찾기도 좋지 않고, 하물며 그는 처음 오는 거니까.

10) 이 말은 선생님조차도 알아들을 수 없는데, 하물며 우리들은?

제5장 복문의 이해

복문이란 두 개(혹은 두 개 이상)의 독립된 절(节,＝단문)이 여러 가지 접속관계로서 하나의 문장을 구성한 것을 말한다. 절끼리의 관계는 접속사나 부사로 표시되나 아무것도 쓰지 않는 경우도 있다. 이런 경우에는 흔히 전후의 문맥을 통해 판단한다. 복문은 절과 절 사이의 의미에 따라 크게 연합복문(联合复文)과 주종복문(主从复文)으로 구분한다.

복문에서 주어가 동일하면 일반적으로 하나의 주어만 말하면 되므로, 뒤 절에서는 주어를 반복할 필요가 없다. 만약 두 절의 주어가 각기 다르면, 두 주어는 ‘虽然’‘不但’‘因为’과 ‘但是’‘而且’‘所以’뒤에 각기 위치한다. 또한 ‘就·才·却·都·又·还·也·越’등의 부사들은 반드시 주어 뒤에 위치해야 한다.

01 연합복문

연합복문은 절이 서로 대등한 관계에 있는 문장을 말하며, 전후 문장의 관계에 따라, 병렬·승접·점층·선택관계의 복문으로 나누어진다.

1 병렬관계

01 平列관계

두 개의 서로 다른 동작이나 상황·성질이 동시에 진행되거나 공존함을 나타낸다.

(1) '又A, 又B'(A하기도 하고, 또한 B하기도 하다)

동사나 형용사를 연결하여, 두 개의 상황이나 성질을 동시에 지니고 있음을 나타낸다. 주로 주어가 동일하며, A·B의 비중이 같다. A·B에 형용사가 쓰이면 상태가 동시에 존재함을, 동사가 쓰이면 동일한 시간대의 전후에 일어난 일을 나타낸다.

- 这项帽子又好看，又便宜。 이 모자는 예쁘고도 싸다.
- 人又多，天气又热。 사람도 많고, 날씨도 덥다.
- 他们高兴极了，又唱又跳。
  그들은 너무 기뻐서 노래를 불렀다가 춤췄다가 한다.
- 他又是我的同事，又是我的同学。 그는 나의 동료이자 동창생이다.

ⓧ 병렬한 형용사로 명사를 수식할 때는 '的'을 넣는다.
  ·这是一项又好看又便宜的帽子。
  이것은 예쁘기도 하고 값이 싼 모자이다.

ⓧ '又'는 조동사나 부정사의 앞에 둔다.
  ·我又要上学，又要工作，每天很忙.
  ·他没有才能，又不会唱歌，又不会跳舞.

(2) '既A, 又B'(A하기도 하고, 또한 B하기도 하다)

동사(구)나 형용사를 연결하여, 두 개의 상황이나 성질을 동시에 지니고 있음을 나타낸다. 주로 주어가 동일하며, B에 비중이 있으며, 뒷 절은 앞 절의 내용을 보충 설명한다.

- 他的妹妹既漂亮，又温柔。 그의 여동생은 예쁠 뿐만 아니라, 또한 온유하다.
- 她既会唱歌，又会跳舞，很有才能。

  그녀는 노래를 부를 줄 알 뿐만 아니라, 춤도 출 줄 알아, 아주 재능이 있다.

(3) '既A, 也B'(A하기도 하고, 또한 B하기도 하다)

동사나 복잡한 동사구를 연결시켜, 두 개의 상황이 동시에 공존함을 나타낸다. 주로 주어가 동일하며, B에 비중이 있으며, 뒷 절은 앞 절의 내용을 보충 설명한다. '既A, 也B'는 '既A, 又B'와 용법이 비슷하나, '既A, 又B'보다 어감이 약하다.

- 他既懂汉语，也懂英语。 그는 중국어를 이해할 뿐 아니라, 영어도 이해한다.
- 学习汉语既要有信心，也要有耐心。

  중국어를 학습하는 데는 자신감을 가져야 할 뿐만 아니라, 인내심도 있어야 한다.

plus⁺

※ '又A, 又B'와 '既A, 又/也B'의 용법비교

❶ '又A, 又B'는 단음절 동사도 쓸 수 있으나, '既A, 又/也B'는 쓸 수 없다.

·晚会上大家又说又笑。(○) 만찬석상에서 모두는 말하며 웃었다.

·晚会上大家既说又/也笑。(×)

❷ '又A, 又B'는 정반형식으로 쓸 수 있으나, '既A, 又/也B'는 쓸 수 없다.

·你猜的，又对又不对。(○) 네가 알아맞힌 것은 맞기도 하고 틀리기도 하다.

·你猜的，既对又/也不对。(×)

※ '既A, 又/也B'와 '不但~, 而且~'의 용법비교

'既A, 又/也B'는 동일한 주어가 두 방면의 다른 내용을 서술하며, '不但~, 而且~'는 서로 다른 주어가 같은 내용을 서술한다.

·不但他懂英语，我也懂英语。

  그는 영어를 이해할 뿐만 아니라, 나도 영어를 이해한다.

(4) '也A, 也B'(~도, ~도)

동사를 연결하여, 두개의 동작이나 상황이 동시에 공존하거나 진행됨을 나타낸다. 주로 주어가 다르며, A·B의 비중이 같다.

- 饭也吃了, 酒也喝了。밥도 먹고 술도 마셨다.
- 你也去, 我也去。당신도 가고 나도 간다.

(5) '一边(儿)/一面A, 一边(儿)/一面B'
(한편으로 ~하면서, 한편으로 ~하다)

두 동작이 동시에 진행됨을 나타낸다. 주어가 같을 수도 다를 수도 있으며, 이때 '一面A, 一面B'로 대체할 수 있다. 일반적으로 구어체에서는 '一边(儿)A, 一边(儿)B'를, 문어체에서는 '一面A, 一面B'를 쓴다.

- 爸爸一边儿喝茶, 一边儿看报纸。아빠는 차를 마시면서 신문을 보신다.
- 我们在这里一边儿工作, 一边儿学习。우리는 여기에서 일하며 공부한다.
- 她一边儿哼歌, 一边儿打扫房间。그녀는 노래를 흥얼거리며 방을 청소한다.
- 他们一面唱歌, 一面跳舞。그들은 노래를 부르며 춤춘다.
- 他一面上学, 一面打工, 很辛苦。
  그는 한편으로는 학교에 다니며, 한편으로는 아르바이트하느라, 매우 고생한다.

☀ 주어가 동일하고, 술어가 단음절 동사일 경우, '一边'은 '边'으로 줄여 쓴다.

· 他边写, 边念。그는 쓰면서 읽는다.

☀ '一边~, 一边~'은 구체적인 동작에만 쓰지만, '一面~, 一面~'은 추상적인 동작에도 쓴다.

· 大家一面喝茶, 一面聊天。
모두들 차를 마시면서, 이야기를 나누고 있다.

plus⁺

※ '一边+ 동사, 一边+ 동사'와 '又+ 동사, 又+ 동사'의 용법비교

'一边+ 동사, 一边+ 동사'는 두 가지 동작이 동시에 진행되는 것을 강조하며, '又+ 동사, 又+ 동사'는 동일한 시간대의 전후에 일어난 일을 나타낸다.

· 一边走一边说。걸으면서 말하였다.

· 又哭又笑。울다가 웃었다.

(6) '一方面A, 一方面B'(한편으로 ～하면서, 한편으로 ～하다)

항상 두 개의 상황·원인·목적 등 추상적인 동작이 공존함을 나타낸다.

- 他们一方面学习，一方面劳动。 그들은 공부하면서 일한다.

(7) '一会儿A, 一会儿B'(잠시 ～하다가, 잠시 ～하다)

'一会儿'는 '잠시'라는 뜻으로, 동작이 빠르게 변하는 것을 나타낸다.

- 她一会儿笑，一会儿哭，精神不太正常。

  그녀는 잠시 웃다가 잠시 우니, 정신이 그다지 정상이 아니다.

(8) '一来A, 二来B'

(첫째는 ～하기 때문이고, 둘째는 ～하기 때문이다)

두 개의 원인이나 목적이 공존함을 나타낸다. 문어체에서는 '一则A, 二则B'를 주로 쓴다.

- 一来是东西好，二来是价钱便宜。

  첫째는 물건이 좋고, 둘째는 값이 싸기 때문이다.
- 他打算下个月去中国，一来要学汉语，二来看看朋友。

  그는 다음 달 중국에 갈 예정인데, 첫째는 중국어를 배우기 위해서이고, 둘째는 친구를 좀 만나기 위해서이다.
- 一则是没有时间，二则是没有钱，所以我没去旅行。

  첫째는 시간이 없고, 둘째는 돈이 없기 때문에, 나는 여행을 가지 않았다.

02 对比关系

두 문장이 대비를 나타낸다.

(1) '是A, 不是B'(～이지, ～가 아니다)

앞 절을 긍정하고 뒤 절을 부정한다.

- 是他不让我去，不是我不愿意去。

  그가 나에게 가지 말라고 한 것이지, 내가 가고 싶지 않아서가 아니다.

(2) '不是A, 而是B'(～가 아니라, ～이다)

앞 절을 부정하고 뒤 절을 긍정한다. A·B는 명사가 올 수도 있고, 동사가 올 수도 있다.

- 我不是医生，而是教师。 나는 의사가 아니라 교사이다.
- 这个方法不是不好，而是不合适。

  이 방법은 나쁜 것이 아니라, 적합하지 않은 것이다.
- 不是人支配环境，而是环境支配人。

  사람이 환경을 지배하는 것이 아니라, 환경이 사람을 지배한다.

03 分合관계

먼저 종합적으로 제기하고, 다음에 나누어서 서술하거나 또는 먼저 나누어서 서술하고 다음에 종합해서 제기한다. 종합하여 제기하는 부분과 나누어서 서술하는 부분은 병렬관계이다.

- 来客也不少，有送行的，有拿东西的，有送行兼拿东西的。

  온 손님 또한 적지 않았는데, 전송하러 온 사람도 있고, 물건을 가져온 사람도 있고, 전송 겸 물건을 가져온 사람도 있었다.
- 或者把老虎打死，或者被老虎吃掉，二者必居其一。

  호랑이를 때려죽이든지, 호랑이에게 먹히든지, 둘 중 반드시 한쪽에 해당되었다.

1 다음 괄호 안의 정확한 답을 고르시오.

01 我(　　　)不想赚钱, (　　　)不想赔钱。

A 又~又~　　　　　　　　　B 要么~要么~
C 宁可~也不~　　　　　　D 与其~不如~

02 这儿人(　　　)多, 空气(　　　)不好, 我真不喜欢这个地方。

A 任~都~　　　　　　　　　B 边~边~
C 再~也~　　　　　　　　　D 又~又~

03 宫保鸡丁(　　　)好吃(　　　)好看。

A 既~又~　　　　　　　　　B 宁可~也不~
C 不是~就是~　　　　　　D 是~还是~

04 这种做法, (　　　)不管用(　　　)不经济。

A 既~又~　　　　　　　　　B 也~也~
C 或~或~　　　　　　　　　D 连~连~

05 他是个大好人, (　　　)不会在背后说人不是, (　　　)绝不在公众中传人不是, 所以我没听到过谁说他不是。

A 既~也~　　　　　　　　　B 不但~反而~
C 若~就~　　　　　　　　　D 与其~不如~

06 你去(　　　)可以, 不去(　　　)可以, 我无所谓。

A 又~又~　　　　　　　　　B 也~也~
C 不但~还~　　　　　　　D 一面~一面~

07 他们几个人(　　　)走, (　　　)谈。

A 一方面~另一方面~　　　B 首先~接着~
C 一边~一边~　　　　　　D 与其~不如~

08 妈妈(　　　　　)要照顾我们，(　　　　　)要工作，很辛苦。

    A 又～也～　　　　　　　　　　B 也～还～

    C 不是～还是～　　　　　　　　D 一方面～另一方面～

09 我不参加去西藏的旅行团，(　　　　　)因为费用太高，(　　　　　)怕高原反应。

    A 不是～而是～　　　　　　　　B 一来～二来～

    C 不但～反而～　　　　　　　　D 虽说～但是～

10 这条河在中国比较特别，它(　　　　　)往东流，(　　　　　)往西流。

    A 不是～就是～　　　　　　　　B 不是～而是～

    C 再～也～　　　　　　　　　　D 愈～愈～

3 다음 문장을 중작 하시오.

01 이 과자는 향기롭고 달다.

02 내가 산 선물은 값이 싸며 실용적이다.

03 북경은 경제적 중심일 뿐만 아니라, 정치문화의 중심이다.

04 그가 온 적도 없지만, 나도 간 적이 없다.

05 바람도 멎고, 비도 그쳤다.

06 그는 한편으로는 라디오를 들으면서, 한편으로는 차를 운전한다.

07 너는 밥 먹으면서, 신문 보지 마라.

08 선생님은 말하면서 쓰신다.

09 그는 한편으로는 중국어를 공부하고, 한편으로는 일을 한다.

10 내가 가고 싶지 않은 것이 아니라, 갈 시간이 없다.

2 승접관계

순차적으로 발생하는 동작들의 상호관계를 나타내며, 절과 절 사이는 서로 연관성이 있어 순서를 바꿀 수 없다. 이러한 경우 접속사는 생략할 수 있으면 생략해도 무방하다. 뒤절에 '就(便) / 然后 / 再 / 于是' 등을 사용한다.

(1) 一 / 刚~, 就~

하나의 동작이나 상황이 발생한 후에, 곧바로 또 다른 동작이나 상황이 발생함을 나타낸다. 즉 시간의 긴밀성을 강조한다. 주어가 있을 때, '一'과 '就'는 모두 주어 뒤에 온다.

① ~하자마자, 곧 ~하다
두 가지 일이 연속적으로 발생하는 것을 나타낸다.

- 他一下班, 就去补习班学习汉语。

  그는 퇴근하자마자, 바로 중국어를 공부하러 학원에 간다.

- 一到七点, 电视就打开了。 일곱 시가 되자마자, 텔레비전을 켰다.

- 我一上电梯, 就让人踩了一脚。

  나는 엘리베이터를 타자마자, 다른 사람에게 발을 밟혔다.

② ~하기만 하면, ~하다
앞의 조건으로 인해, 뒤의 상황이 곧바로 발생함을 나타낸다.

- 一看完这本书, 你就知道。 이 책을 다 읽으면, 너는 알 것이다.

- 一到清明前后, 他们就去春游。

  청명절 전후가 되면, 그들은 봄 소풍을 간다.

- 我一到星期天就出去玩儿。 나는 일요일이 되기만 하면, 곧 놀러 나갔다.

(2) 了~, 就~(~하자마자, 곧~한다)

한 동작이 끝나자마자, 바로 다음 동작이 시작됨을 나타낸다.

- 下了班, 就跟朋友们一起去喝酒。

  퇴근하자마자, 바로 친구들과 함께 술을 마시러 간다.

- 到了那儿, 我就给你写信。

  거기에 도착하자마자, 바로 당신에게 편지를 쓸 게요.

③ 先~, 再~ (먼저 ~하고 나서, 나중에~하다)

두 개의 동작이 앞뒤로 연이어 발생하는 것을 나타낸다.

- 我们现在先学中文，以后再学专业。

  우리는 지금 먼저 중국어를 배우고 나서, 전공을 배운다.

- 起床以后，他先散步，再吃早饭。

  기상한 후, 그는 먼저 산보하고 나서 아침을 먹는다.

④ 先~然后(再/又)~ (먼저 ~한 후에, ~한다/ ~했다)

두 개의 동작이 앞뒤로 연이어 발생하는 것을 나타낸다. '然后' 뒤에는 '再' '又' 등이 오는 경우가 많은데, '再'는 미실현 동작에, '又'는 이미 실현된 동작에 쓰인다.

- 你先选好题目，然后商量怎么写。

  당신은 먼저 제목을 정한 후에, 어떻게 쓸지 상의합시다.

- 我先到大学学习汉语，然后再出国留学。

  나는 대학에 가서 중국어를 배운 다음에, 유학하러 출국할 갈 것이다.

- 我们昨天先去百货商店买点儿东西，然后又看了一场电影。

  우리는 어제 먼저 백화점에 가서 물건을 좀 산 후에, 영화 한 프로 보았다.

⑤ 先~, 接着~ (먼저 ~한 후에, 이어서 ~하다)

두 개의 동작이 앞뒤로 연이어 발생하는 것을 나타낸다.

- 他先走了，接着我也走了。 그가 먼저 떠난 후에, 이어서 나도 떠났다.

1 다음 문장에서 제시어의 정확한 위치를 고르시오.

01) 你先 A 休息 B 休息, C 我 D 下班就去。(一)

02) 每次一 A 下汉语课, 我们 B 都 C 围住老师 D 问这问那。(就)

03) 他打算 A 吃 B 饭 C 就进城 D。(了)

04) A 老李 B 去商店 C 买东西, 然后才 D 回家。(先)

05) 每天下午放学后, 王师傅 A 总是 B 把教室的门 C 锁好 D, 然后再骑自行车回家。

(先)

2 다음 괄호 안의 정확한 답을 고르시오.

01) 李华很聪明, 不管什么问题我(　　　　)说他(　　　　)明白。

    A 任~都~   B 再~也~

    C 一~就~   D 越~越

02) 这些普通的小伙子, (　　　　)穿上军装, (　　　　)被训练成为特殊的人。

    A 不等~才~   B 只要~才~

    C 一~就~   D 不~就~

03) 你(　　　　)去打电话, 我(　　　　)告诉你。

    A 首先~然后~   B 先~再~

    C 又~又~   D 不仅~还~

04) 学习汉语, 应该从最基本的学起, (　　　　)学拼音生字, (　　　　)学词汇和语法。

    A 一~就~   B 不是~就是~

    C 先~再~   D 既~又~

05) 在饭桌上, 男人们总是(　　　　)喝酒吃菜, (　　　　)再吃米饭。

    A 不仅~并且~   B 一方面~一方面~

    C 先~然后~   D 又~又~

3 다음 문장을 중작 하시오.

01 수업이 끝나자마자, 나는 그를 찾아갔다.

02 그녀는 대학을 졸업하자마자, 곧 중국으로 갔다.

03 학교가 방학하자마자, 우리들은 바로 집에 돌아갔다.

04 내가 중국에 도착하자마자, 곧 너에게 편지 쓸게.

05 내가 방안에 막 들어서자마자, 그가 나왔다.

06 나는 상해에 도착하자마자, 부모님께 전화를 드렸다.

07 먼저 밀가루 반죽하고 나서, 소를 다진다.

08 먼저 한국어로 쓰고 나서, 중국어로 번역한다.

09 먼저 손을 씻은 후에, 밥을 먹어라.

10 우리 먼저 차 한 잔 한 후에, 식사하도록 합시다.

3 점층관계

앞 절은 이미 알고 있는 내용이며, 뒤 절은 강조하는 내용이다. 따라서 뒤 절이 앞 절보다 가일층 진전된 것을 나타내며, 뒤 절에 의미의 중점이 있다. '不但'은 '不仅 / 不只 / 不光' 등으로 대신할 수 있으며, '而且'는 '并且 / 还 / 也' 등으로 대신할 수 있다. '不光~, 而且~'는 구어체에서 많이 쓰인다.

(1) 不但~, 还/也~(~할 뿐만 아니라, 또한 ~하다)
不但/不仅/不只/不光~, 而且/并且(还/也)~
(~할 뿐만 아니라, 또한 ~하다)

① 주어가 하나면, 주어는 문장 맨 앞에 오며, 뒤 절에는 '还'을 쓴다. 앞뒤 절의 주어가 다르면, 주어는 '不但'과 '而且'뒤에 각기 위치하며, 뒤 절에는 '也'만 쓸 수 있다.

• 教室里不但暖和, 而且还很安静。

　　실은 따뜻할 뿐만 아니라, 또한 무척 조용하다.

• 他不仅基础好, 而且学得很灵活。

　　그는 기초가 좋을 뿐 아니라, 배우는데도 빠르다.

• 我不只喜欢林荫路, 而且很喜欢街上的小公园。

　　나는 가로수를 좋아할 뿐만 아니라, 거리의 소공원도 좋아한다.

• 他不光会英语, 而且会日语。

　　그는 영어를 할 줄 알 뿐만 아니라, 일어도 할 줄 안다.

• 不但东西好, 而且价钱也不太贵。

　　물건이 좋을 뿐 아니라, 값도 그다지 비싸지 않습니다.

② '不但'이 쓰이면, 뒤 절에는 반드시 '而且' '还' '也'가 온다.

• 首尔不但交通方便, 而且环境很好。

　　서울은 교통이 편리할 뿐 아니라, 환경도 매우 좋다.

• 老刘不但会驾驶汽车, 还能修理汽车。

　　유 선생은 자동차를 운전할 뿐만 아니라, 자동차 수리도 할 수 있다.

• 他不但忘了过去, 也忘了现在。 그는 과거뿐만 아니라, 현재도 잊었다.

③ '而且'는 단독 사용이 가능하지만, '不但'은 불가능하다.

- 他会中文，而且还会法文。

  그는 중국어를 할 줄 알 뿐만 아니라, 프랑스어도 할 줄 안다.

plus

※ '而且·还'와 '而且·也'의 용법비교

주어가 같을 경우에는 '而且'나 '(而且)还'를 쓸 수 있으나, 주어가 다를 경우에는 '而且也~'나 '~也'를 써야 한다.

예1 · 他不但会唱歌，而且会跳舞。

　그는 노래를 부를 줄 알 뿐만 아니라, 춤도 출 줄 안다.

· 他不但会唱歌，而且还会跳舞。

· 他不但会唱歌，还会跳舞。

예2 · 不但你想去，而且我也想去。

　당신이 가고 싶어 할 뿐만 아니라, 나도 가고 싶다.

· 不但你想去，我也想去。

(2) 不但/不仅/不只/不光~, 甚至于~ (~할 뿐만 아니라, 심지어 ~하다)

정도가 더욱 심함을 나타낸다.

- 他不只反对，甚至于劝说别人也反对。

  그는 반대할 뿐만 아니라, 심지어 다른 사람에게도 반대하라고 권한다.

(3) 不但不(没)~, 反而~ (~하기는커녕, 오히려 ~하다)

'不但' 뒤에는 주로 부정형식이 온다. '不仅·不只·不光'은 '反而'과 호응할 수 없다.

- 他不但没生气，反而笑了。 그는 화를 내기는커녕, 오히려 웃었다.
- 雨不但不停，反而越下越大了。

  비가 멈추기는커녕, 오히려 갈수록 더욱 커진다.
- 下课以后，小王不但没马上回家，反而去了电子游戏厅。

  수업이 끝난 후, 왕 군은 곧장 집에 돌아가기는커녕, 전자오락실로 갔다.

1 다음 문장에서 제시어의 정확한 위치를 고르시오.

01 A 我 B 不喜欢吃他 C 做的饭，D 小姜也不太喜欢他做的饭。(不但)

02 A 他 B 说汉语说得很好，C 英语 D 说得也相当不错。(不但)

03 刚才 A 你 B 问的这个问题 C 我 D 回答不了，我的老师也回答不了。(不但)

04 这个小伙子不但聪明 A 能干，B 性格 C 热情 D 活泼。(而且)

05 A 这个小伙子不但长得帅，B 在各方面 C 都很 D 有能力。(而且)

2 다음 괄호 안의 정확한 답을 고르시오.

01 他(　　　　)会开车，(　　　　)会修车。

　　A 不但～而且～　　　　　　　B 与其～宁可～
　　C 由于～所以～　　　　　　　D 就是～也是～

02 这件事(　　　　)他们，我(　　　　)一点都不知道。

　　A 不但～而且～　　　　　　　B 即使～也～
　　C 不仅～也～　　　　　　　　D 或者～或者～

03 师傅(　　　　)把我送到学校，(　　　　)给了我一个月的生活费。

　　A 不是～就是～　　　　　　　B 不光～还～
　　C 不仅～况且～　　　　　　　D 起初～然后～

04 他(　　　　)人和气，(　　　　)很爱帮助人。

　　A 既～又～　　　　　　　　　B 又～又～
　　C 不仅～还～　　　　　　　　D 不仅～更～

05 他们(　　　　)不支持我，(　　　　)向我泼冷水。

　　A 不但～反而～　　　　　　　B 不仅～而且～
　　C 虽然～可是～　　　　　　　D 如果～所以～

3 다음 문장을 중작 하시오.

01 그는 열정적일 뿐 아니라, 인내심도 있다.

02 그녀는 중국어를 할 줄 알 뿐 만 아니라, 영어도 잘한다.

03 그는 중국요리 먹는 걸 좋아할 뿐 아니라, 중국요리를 만들 줄도 안다.

04 이 스탠드는 가격이 쌀 뿐 만 아니라, 또한 예쁘다.

05 그녀는 아름다울 뿐 아니라, 매우 예의가 바르다.

06 그녀는 꽃꽂이를 배울 뿐 만 아니라, 또한 요리도 배운다.

07 그는 화가일 뿐만 아니라, 또한 서예가이다.

08 그는 몸이 튼튼할 뿐만 아니라, 학업 성적도 아주 좋다.

09 오늘은 비가 내리기는커녕, 오히려 아주 쾌청했다.

10 나는 춥다고 느끼기는커녕, 오히려 좀 덥다고 느꼈다.

4 선택관계

각 절이 서술하고 있는 사건이나 상황 속에서 하나를 선택하며, 이들 상황은 동시에 존속할 수 없다.

(1) 或者/或~, 或者/或~ (혹은 ~하거나, 혹은 ~하다)

오직 서술문에만 쓰인다.

- 或者你给他送去, 或者让他来拿, 都可以。

  혹은 당신이 그에게 보내거나, 혹은 그로 하여금 가지러 오게 해도 모두 괜찮습니다.

⊛ '无论·不论·不管'의 뒤에 쓸 수 있는데, 이때는 모든 상황을 포함한다.

· 不管你同意或者不同意, 我都要去。

네가 동의하든지 않든지, 나는 가야 한다.

(2) 要么~, 要么~ (~하든지 ~하든지)

두 가지 이상을 나열하여 그 중 하나를 선택할 때 쓰이며, 술어나 주어 앞에 쓰인다.

- 要么今天去, 要么明天去, 都可以。

  오늘 가든지 내일 가든지 모두 괜찮다.

- 要么他来, 要么我去, 明天总得当面谈一谈。

  그가 오든가 내가 가든가 내일은 꼭 면담을 해야겠다.

(3) 不是A, 就是B (A가 아니면, 바로 B이다)

A·B는 명사일 수도, 동사일 수도 있다.

① '선택'의 의미

둘 중 반드시 하나임을 강조한다.

- 他不是医生, 就是老师。 그는 의사가 아니면 선생님이다.

- 那个人不是他爸爸就是他哥哥。

  그 사람은 그의 아빠가 아니면 그의 형이다.

② '열거'의 의미

어떤 상황을 강조한다.

- 我们每星期见一次面, 不是我去, 就是他来。

우리들은 매주 한차례 만나는데, 내가 가지 않으면 그가 온다.

- 他每天晚上不是下棋, 就是打扑克, 从来不学习。

그는 매일 저녁 장기를 두지 않으면 포커를 치지, 여태껏 공부는 하지 않는다.

(4) A, 还是B

주로 선택의문문이나 서술문에 쓰여 불확실함을 나타낸다.

① 선택의문문(A입니까, 아니면 B입니까?)

- 你喜欢古典音乐, 还是喜欢现代音乐?

당신은 고전음악을 좋아합니까? 아니면, 현대음악을 좋아합니까?.

② 서술문(A이거나, 아니면 B이거나)

- 坐火车还是坐飞机去, 我还没决定。

기차를 탈 것인지, 아니면 비행기를 탈 것인지, 나는 아직 결정하지 못했다.

1 다음 괄호 안의 정확한 답을 고르시오.

01 马丁是英国人(　　　　　)美国人?

A 或者　　　　　　　　　　　B 或是

C 或许　　　　　　　　　　　D 还是

02 (　　　　)买这件衣服, (　　　　)买那件衣服, 反正价钱都一样。

A 或者~或者~　　　　　　　B 一面~一面~

C 先~于是~　　　　　　　　D 宁可~也要~

03 你们(　　　　)写小说, (　　　　)写日记, 反正每人要写一篇文章。

A 要~不如~　　　　　　　　B 或者~或者~

C 不是~而是~　　　　　　　D 与其~不如~

04 每个星期六, 小张(　　　　)去喝酒, (　　　　)去游泳。

A 与其~不如　　　　　　　　B 不是~就是~

C 是~还是~　　　　　　　　D 先~于是~

05 (　　　　)赞成, (　　　　)反对, 你总得发言吧。

A 是~还是~　　　　　　　　B 不但~而且~

C 即使~也~　　　　　　　　D 先~后~

2 다음 문장을 중작 하시오.

01) 진학을 하든지 일을 찾든지, 너 스스로 결정한다.

02) 네가 가든지 내가 가든지, 내가 보기에는 다 가능하다.

03) 바람이 불거나 비가 오더라도, 여행의 계획은 변하지 않는다.

04) 커피를 마시든지 아니면 홍차를 마시겠습니다.

05) 버스를 타고 가든지 택시를 타고 가야지, 걸어서 가면 너무 피곤하다.

06) 그에게 전화를 하든지 편지를 한 통 써서, 일찍 돌아오라고 하세요.

07) 그는 매일 공놀이를 하지 않으면 수영을 한다.

08) 이 음식점의 요리는 너무 달지 않으면 너무 짜다.

09) 소주로 가든지 아니면 항주로 간다.

10) 9번 버스를 탈지 아니면 19번 버스를 탈지, 한때 마음을 정하지 못했다.

02 주종복문

주(主)와 종(从)의 관계를 가진 절들로 구성된 복문을 주종복문이라고 한다. 일반적으로 앞 절은 종속절이고 뒤 절은 주절이며, 중점은 뒤절에 있다. 각 절 간의 관계가 분명하면 종속절의 접속사는 생략이 가능하나, 주절의 접속사는 생략할 수 없다. 주종복문은 종속절이 주절을 설명·수식하는 문장을 말하며, 일반적으로 종속절부터 주절로 해석한다. 전후관계에 따라 주종복문은 인과·역접·가정·조건·양보·취사·목적·연쇄 관계 등 8가지의 복문으로 나누어진다.

1 인과관계

종속절은 원인을 설명하고, 주절은 결과를 이끈다.

01 단순인과문

이 때 주절이 나타내는 것은 이미 실현된 사실이다.

(1) 因为~, 所以~ (~때문에, 그래서~)

주어가 같을 때 '因为'는 주어 뒤에 놓을 수도 있고, 또한 뒤 절에도 놓을 수 있다. 주어가 다를 때 '因为'는 주어 앞에 놓아야 한다.

- 因为他工作认真, 所以大家都信任他。

  그는 일에 성실하기 때문에, 모두들 그를 신임한다.

- 因为今天早上天气很好, 所以我没有带雨伞。

  오늘 아침 날씨가 좋았기 때문에, 나는 우산을 들고 가지 않았다.

(2) 由于~, (所以)~ (~때문에, 그래서~)

- 由于节日快到了, 所以很多人都忙着买礼物。

  명절이 다가오기 때문에, 많은 사람들이 바쁘게 선물을 산다.

※ '因为'와 '由于'의 용법비교

❶ '因为'는 구어체에서 쓰이며, '由于'는 문어체에서 쓰인다.

❷ '由于'는 '因此' '因而' '以致' 등과 함께 사용할 수 있지만, '因为'는 이들과 함께 사용할 수 없다.

· 由于受台风的影响，因此今明两天将有暴雨。

태풍의 영향을 받기 때문에, 오늘과 내일 이틀 동안 폭우가 내릴 것이다.

❸ '因为'는 뒤 절에 쓸 수 있지만, '由于'는 앞 절에만 쓸 수 있다. 단, '由于'가 문장의 뒷부분에 쓰일 때는 보통 '是由于~'라는 형식으로 쓰인다.

· 他今天没上课是由于他爸爸来了。

그가 오늘 수업에 나오지 못한 것은 그의 아빠가 오셨기 때문이다.

(3) (由于)~, 因此~ (~때문에, 그래서~)

'因此'는 결과나 결론을 끌어내는 접속사이다. '因为~, 所以~'의 뜻을 갖고 있어, 종속절에는 원인의 접속사 특히 '因为'는 사용할 수 없으나, 어떤 때 '由于'는 올 수 있다. '因此'는 주어의 앞뒤에 모두 위치할 수 있다.

• 今天早上公共汽车晚点，因此他迟到了十分钟。

오늘 아침 버스가 늦어서, 그는 10분 지각했다.

• 李云比我们大，因此我们都叫他'老李'。

이운은 우리들보다 연상이다, 그래서 우리들은 모두 그를 '李 선생'이라고 부른다.

• 由于大家非常重视，而且事先作了充分准备，因此这次晚会开得非常成功。

모두가 매우 중시하고, 사전에 충분한 준비를 했기 때문에, 이번 만찬회는 매우 성공적으로 개최하였다.

(4) ~, 因为~ (~은 ~ 때문이다)

종속절을 주절 뒤에 놓아, 원인을 강조한다. 이때 '所以'는 쓰지 않는다.

• 我没有陪他们去旅行，因为我昨天没有时间。

나는 그들과 함께 여행을 가지 않았다. 왜냐하면 나는 어제 시간이 없었기 때문이다.

(5) 之所以~, 是因为 (~한 이유는, ~이기 때문이다)

'之所以'는 반드시 주어와 술어 중간에 놓아야 한다.

- 我之所以不同意, 是因为不相信你。

  내가 동의하지 않은 이유는 너를 믿지 못하기 때문이다.

(6) ~, 以至/以致~ (~때문에, ~의 결과를 가져오다)

'以至'와 '以致'는 뒤 절의 처음에 위치하여, 앞 절의 동작이나 상황의 결과를 나타낸다. '以致'는 특히 나쁜 결과를 나타낸다.

- 他工作非常专心, 以至连饭都忘了吃了。

  그는 일하는 데에 매우 열중해서, 밥 먹는 것조차도 잊어버렸다.

- 没有暖气, 以致我们全班同学都感冒了。

  스팀이 없어서, 우리 전체 반 급우들이 감기에 걸렸다.

(7) ~, 不免/难免~ (~때문에, ~의 결과를 피할 수 없다)

'不免'과 '难免'은 뒤 절의 주어 뒤에 위치해야 하며, 앞 절의 동작이나 상황의 결과를 나타낸다. '不免'은 사람의 노력과 무관한 일을 나타내며, 뒤에는 긍정의 결과가, '难免'은 사람의 노력에도 피할 수 없는 일을 나타내며, 긍정과 부정의 결과가 모두 올 수 있다.

- 下雨了, 天不免有点冷。

  비가 왔으니, 날씨가 안 추울 수 없다.

- 他没有复习, 难免考得不好。

  그는 복습하지 않아서, 시험을 잘 못 볼 수밖에 없다.

02 추리인과문

이때 주절이 나타내는 것은 단순 인과문과는 달리, 아직 실현되지 않았거나 실현이 완료되었는지의 여부가 불확실한 사실이다.

(1) 既然~, 就/也~ (이미~된 바에야, ~하다)

종속절은 기정의 사실을 나타내며, 주절은 결론을 이끈다. 주어가 같을 때 '既然'은 주어 뒤에 놓이며, 주어가 다를 때 '既然'은 주어의 앞뒤 모두에 놓아도 된다. '就'는 부사로서, 반드시 주절의 주어 뒤 술어 앞에 놓는다.

• 既然你跟他很熟，就应该给我介绍一下。

이미 당신은 그와 매우 친숙한 바에야, 나에게 한번 소개해야 한다.

• 你既然来了，就别走了。

당신이 기왕 오신 바에야, 가시지 마세요.

• 既然学校已经决定了，我们再要求也没有用。

기왕 학교가 이미 결정한 바에야, 우리들이 또 요구해도 소용없다.

※ '既然'과 '如果'의 용법비교

'既然'은 이미 발생된 혹은 출현된 사실을 나타내며, '如果'는 사실이 아닌 가정적 상황을 나타낸다.

· 既然你一定要去，我也不反对。

기왕 당신이 반드시 가려고 하는 바에야, 저도 반대하지 않겠습니다.

(이미 '반드시 가겠다'고 말했음)

· 如果你一定要去，我也不反对。

만약 당신이 반드시 가려고 한다면, 나도 반대하지 않겠다.

(아직 '반드시 가겠다'고 말하지 않았음)

※ '既然'과 '因为'의 용법비교

❶ 같은 점 : '既然'과 '因为'문장은 모두 원인과 결과의 관계를 나타낸다.

❷ 다른 점 : '既然'의 중점은 뒤 절의 추단에 있어 주관성을 갖고 있으며, '因为'는 일반적인 인과관계를 나타내므로 주관성이 없다.

· 既然领导安排我来，那就是领导相信我。

기왕 영도자가 나를 오도록 안배한 바에야, 그것은 바로 영도자가 나를 믿는 것이다.

('因为'를 사용할 수 없음)

· 因为领导相信我，所以才安排我来。

영도자가 나를 믿기 때문에, 나를 오도록 안배하였다.

(일반적 인과로서 '既然'을 쓰지 않음)

1 다음 문장에서 제시어의 정확한 위치를 고르시오.

01 A 我们 B 都吃涮羊肉，C 张先生吃涮鱼肉，D 他不喜欢吃羊肉。(因为)

02 A 他们 B 的准备工作做得 C 很好，因此顺利地 D 完成了这个项目。(由于)

03 A 我 B 看不懂这张报纸 C，是因为我 D 不懂法语。(之所以)

04 最近 A 他在公司里面的压力 B 特别大，C 每天都在办公室加班 D 工作。(以致)

05 既然雨 A 下得这么大，那 B 咱们 C 改天 D 再见面吧。(就)

2 다음 괄호 안의 정확한 답을 고르시오.

01 (　　　　)这家公司信誉不好，(　　　　)没人跟他们做生意。

  A 即～又～ B 不但～而且～
  C 因为～所以～ D 为了～为了～

02 (　　　　)患有心脏病，老李不能从事紧张激烈的脑力和体力活动。

  A 关于 B 对于
  C 由 D 由于

03 学校已经宣布了纪律，(　　　　)我们就按规定办。

  A ～因为～ B ～为了～
  C ～因此～ D ～只好～

04 那个地方跟别的地方不一样，(　　　　)常会有些很奇怪的事情发生。

  A 只好 B 因此
  C 果然 D 然而

05 陈晓这次考试(　　　　)考得不好，(　　　　)她天天打工，不上课的缘故。

  A 由于～就～ B 只要～就～
  C 无论～都～ D 之所以～是因为～

06 因为他不注意卫生，(　　　　)经常得病。

  A 以至 B 以致
  C 以免 D 其实

07 他的汉语学得很好，（　　　　　）能说一口地道的北京话。

    A 以至　　　　　　　　　　　B 以免

    C 其实　　　　　　　　　　　D 以致

08 他考不上大学，妈妈（　　　　　）不高兴。

    A 难免　　　　　　　　　　　B 以免

    C 不免　　　　　　　　　　　D 以至

09 （　　　　　）你到了非洲，（　　　　　）应该体验一下非洲人的生活。

    A 不论～也～　　　　　　　　B 虽然～可是～

    C 既然～就～　　　　　　　　D 为了～所以～

10 （　　　　　）你的拖鞋那么破，（　　　　　）换一双吧。

    A 既然～就～　　　　　　　　B 要不是～就～

    C 固然～也～　　　　　　　　D 不论～都～

3 다음 문장을 중작 하시오.

01 나는 지금 돈이 없기 때문에, 저 물건을 살 수가 없다.

02 나는 병이 났기 때문에, 학교에 갈 수 없다.

03 내가 늦게 돌아왔기 때문에, 어머니는 매우 화가 나셨다.

04 그 물건은 나쁘기 때문에, 나는 안 샀다.

05 결심이 없기 때문에, 그는 몇 년간 중국어를 공부했어도 잘 배우지 못했다.

06 그녀는 평소에 열심히 공부했기 때문에, 이번 시험에서 일등을 했다.

07 그는 아주 경험이 풍부하기 때문에, 우리는 그에게 배우려고 한다.

08 나는 기차를 타고 갔다. 왜냐면 나는 길가의 풍경보는 것을 좋아하기 때문이다.

09 그가 중국어를 배우는 까닭은, 전적으로 업무상의 필요 때문이다.

10 당신이 중국어를 배우는 바에야, 열심히 배워야 한다.

2 역접관계

종속절과 주절 간에 서로 상반적인 의미를 가진다. 즉 종속절의 어떤 사실을 일단 인정하고, 주절에서 반대되는 의견도 동시에 존재함을 나타낸다. 종속절의 접속사가 생략되고 주절의 '但是'만 올 수 있는데, 이때는 전환의 어기가 약간 완화된다. 주절을 강조하기 위해서 주절을 앞에 두고, '尽管'과 '虽然'이 이끄는 종속절을 뒤에 두기도 한다.

(1) 虽说/虽然~, 但是/可是~ (비록 ~하더라도, ~하다)

주로 '虽说'는 구어체에서, '虽然'은 문어체에서 쓰인다. '虽说' '虽然'이 뒤 문장에 사용될 때는 반드시 주어 앞에 놓아야 하며, 앞 문장에 '但是' 등의 단어를 사용할 수 없다.

- 在大商场买东西虽说比较贵, 但是质量不会有问题。

  큰 상점에서 물건을 사면 비록 값이 비교적 비싸지만, 품질에는 문제가 없을 것이다.

- 虽然他同意了, 但是我们还没有同意。

  비록 그는 동의했지만, 우리들은 아직 동의하지 않았다.

- 我有很多话想说, 可是没有说出来。

  나는 말하고 싶은 것은 매우 많으나, 말하지 않았다.

(2) 尽管~, 但是/可是/不过/然而/还是~ (비록 ~하더라도, ~하다)

'尽管'은 구어체에서 주로 사용하며, '虽然'보다 어감이 강하다. 주절의 '但是' 대신에 '可是' '不过' '然而' '还是' 등이 올 수 있으며, '尽管'은 뒤 문장에서도 사용할 수 있다.

- 尽管他已经六十多岁了, 但是他还很喜欢运动。

  비록 그는 이미 육십 여 세가 넘었지만, 아직도 운동을 좋아한다.

- 尽管他的话不对, 可是你应该让他说完。

  비록 그의 말이 틀렸다 하더라도, 당신은 그에게 말을 마치게 해야 한다.

(3) 固然~, 但是/可是/不过/然而/却 (물론 ~지만, 그러나 ~하다)

종속절의 '固然'은 주로 주어 뒤에 오며, 주절의 '但是' 대신에 '可是'

'不过' '然而'이나 부사 '却' 등이 올 수 있다. 단, '却'은 반드시 주어 뒤에 위치해야 한다.

- 药固然可以治病，但是也会产生副作用。

  약은 물론 병을 치료할 수 있으나, 또한 부작용을 일으킬 수 있다.

(4) ～, 反而/反倒～ (～, 오히려～)

부사로서 반드시 주어 뒤에 위치해야 하며, 종속절과 상반되거나 혹은 예측하지 못했음을 나타낸다.

- 二十年没见，老王反而显得更年轻了。

  이십 년 간을 만나지 못했으나, 왕 선생은 더욱 젊게 보인다.

(5) ～, 不过/只是/却～ (～, 그러나～)

종속절과 상반된 의미를 나타낸다. '不过' '只是' '却'는 '但是'보다 어기가 약하며, '却'은 반드시 주어 뒤에 위치해야 한다.

- 这个房间不错，不过家具不太好。

  이 방은 좋은데, 가구가 그다지 좋지 않다.

- 你的建议很好，只是我现在不想买车。

  당신의 건의는 매우 좋지만, 나는 지금 차를 사고 싶지 않다.

1 다음 문장에서 제시어의 정확한 위치를 고르시오.

01) A 老师没有 B 要求抄写生词 C，但是林林 D 每天都抄好几遍。（虽然）

02) A 跟他 B 谈了几次，C 他还是 D 想不通。（尽管）

03) 虽然老李 A 同意把房子卖掉，B 他太太 C 不 D 同意。（但是）

04) A 他自己理解错了我的意思，B 说我 C 没 D 说清楚。（反而）

05) A 孩子太小 B 需要照顾，C 可老人 D 也不能不管啊。（固然）

2 다음 괄호 안의 정확한 답을 고르시오.

01) （　　　　）很多人都明白水的宝贵，但用起来还是不很节约。

A 既然 　　　　　　　　　　B 因为

C 如果 　　　　　　　　　　D 虽然

02) 这家老字号名气（　　　　）大，服务（　　　　）很一般。

A 虽然～但是～ 　　　　　　B 因为～所以～

C 虽然～却～ 　　　　　　　D 如果～就～

03) 态度（　　　　）不是很好，（　　　　）他对员工还是很有感情的。

A 虽然～却～ 　　　　　　　B 虽说～但～

C 只要～就～ 　　　　　　　D 如果～就～

04) （　　　　）他们互相原谅了对方，最后（　　　　）没有结婚。

A 固然～但是～ 　　　　　　B 尽管～还是～

C 虽然～但是～ 　　　　　　D 不是～而是～

05) 孩子能考上大学（　　　　）好，（　　　　），真的考不上也没什么。

A 如果～那么～ 　　　　　　B 不仅～甚至于～

C 固然～可是～ 　　　　　　D 与其～不如～

_3_ 다음 문장을 중작 하시오.

01) 그는 비록 연세가 많지만, 몸이 아주 건강하다.

02) 나는 중국어를 조금 배웠지만, 여전히 알아듣지 못한다.

03) 이번 여행에 비록 많은 돈을 썼으나, 우리들은 아주 유쾌하게 놀았다.

04) 이 옷은 비록 예쁘지만, 너무 작다.

05) 그는 비록 열심히 노력하지만, 성적은 그다지 좋지 않다.

06) 그는 비록 나이는 어리지만, 매우 경험이 많다.

07) 나는 비록 중국에 매우 가고 싶지만, 기회가 없다.

08) 그는 중국에 오래 살았지만, 중국어를 알아듣지 못한다.

09) 나는 이미 중국을 떠났지만, 늘 중국친구들이 생각난다.

10) 비록 한자가 매우 어렵지만, 나는 꼭 배워야 한다.

3 가정관계

종속절은 가정의 전제나 조건을 제시하고, 주절은 그에 상응하는 결과나 결론을 이끈다. 종속절은 대개 '要是 / 如果 / 假如 / 假使 / 假若 / 倘若' 등의 접속사가 오며, 주절에는 대개 '就'가 온다. '要是 / 如果'는 구어체에 주로 쓰이고, '假如 / 假使 / 假若 / 倘若'는 문어체에 주로 쓰인다.

(1) 要是/如果/假如/假使/假若/倘若~, 就~(만약 ~한다면, ~하다)

종속절의 접속사는 생략해도 좋다. 또 주절의 '就'는 생략할 수 없으나, 부사가 있을 경우에는 생략해도 된다.

- 要是你没有时间, 就叫他去吧。

  만약 당신이 시간이 없다면, 그에게 가게 하시오.

- 你如果有什么困难, 我一定帮忙。

  당신이 만약 어떤 곤란한 일이 있으면, 나는 반드시 도와주겠다.

- 你要是有问题, 就来问我。

  만약 당신에게 문제가 있으면, 나한테 물어보세요.

(2) (要是/如果)~的话, (만약 ~한다면,)

종속절 끝에 쓰여 가정을 나타낸다. 단독으로 쓰이기도 하고, '要是' '如果' 등의 접속사와 같이 쓰이기도 한다.

- 要是今天不去的话, 明天就来不及了。

  오늘 출발하지 않는다면, 내일 늦을 것이다.

- 可能的话, 我想去中国做生意。

  가능하다면, 중국에 가서 사업하고 싶다.

- 有事的话, 随时来找我。

  일이 있으면, 언제든지 나를 찾으러 오세요.

(3) ~, 要不(然)/否则~(~해라, 그렇지 않았다면 ~한다)

종속절은 어떠한 사항을 제의하고, 주절은 부정 후에 나타날 결과를 제시한다.

- 快把衣服穿上吧, 要不然, 会着凉的。

  빨리 옷을 입어라, 그렇지 않으면 감기에 걸릴 것이다.

• 别吃太多了，要不然你会变成胖子的。

너무 많이 먹지 마세요, 그렇지 않으면 뚱보가 됩니다.

• 他很忙，否则他早就来了。

그는 매우 바쁘다, 그렇지 않다면 그는 벌써 왔을 것이다.

(4) 要不是~, 就~ (만약에 ~않았더라면)

종속절에서는 실제 상황과 상반된 가정을 제기하고, 주절에서는 그 상황에 나타날 결과를 제시한다. '要不是'는 주로 구어체에서 쓰이며, 항상 문두에 온다.

• 要不是汽车坏了，我们早就到了。

만약 차가 고장이 나지 않았더라면, 우리들은 일찍 도착했을 것이다.

• 要不是你提醒了我，我就把这件事忘了。

만약 당신이 나를 일깨워주지 않았더라면, 나는 이 일을 잊어버렸을 것이다.

(5) 幸亏~, 否则/不然/要不/要不然~
(다행히 ~했으니 망정이지, 그럴지 않았다면 ~이다)

어떤 이로운 조건으로 인해서 나쁜 결과를 피할 수 있음을 나타낸다. '幸亏'는 항상 주어 앞에 놓인다. '否则'대신에 '不然·要不·要不然' 등을 쓸 수 있다.

• 幸亏我有一张地图，否则就迷路了。

다행히 내가 지도를 한 장 가지고 있었으니 망정이지, 그렇지 않았다면 길을 잃어버렸을 것이다.

1 다음 괄호 안의 정확한 답을 고르시오.

01 (   )天气不好, (   )改天再去。

    A 要是～就   B 只要～就～
    C 幸亏～不然～   D 由于～所以～

02 (   )你接着叫它的名字，小狗一定会很快回来的。

    A 如果   B 除了
    C 尽量   D 趁

03 (   )课堂纪律不好, (   )必然影响同学们的学习。

    A 只要～才～   B 尽管～然而～
    C 别说～就是～   D 如果～就～

04 我自己就可以完成这项工作, (   )你能来帮我，那就更好了。

    A 不但   B 所以
    C 而且   D 要是

05 (   )下个月公司放假，我们(   )出去玩儿几天。

    A 要是～就～   B 只要～就～
    C ～的话～   D 除非～才～

06 你要是再这么不讲理，我(   )不客气了。

    A 才   B 就
    C 却   D 倒

07 (   )要想学好外语, (   )一定得努力。

    A 不但～而且～   B 不管～都～
    C 如果～就～   D 只有～才～

08 (   )我是你，我(   )不让京京离开。

    A 假如～就～   B 幸亏～不然～
    C 尽管～然而～   D 由于～所以～

09 (　　　　　)你叫我，我就睡着了。

　　A 要是　　　　　　　　　　　B 要不是
　　C 因为　　　　　　　　　　　D 只要

10 (　　　　　)有人听得懂广东话，(　　　　　)大家连饭都吃不成。

　　A 假如～就～　　　　　　　　B 尽管～然而～
　　C 幸亏～要不然～　　　　　　D 由于～所以～

2 다음 문장을 중작 하시오.

01 만약 비행기 표를 사지 못하면, 우리 기차 타고 갑시다.

02 그가 아직도 잠을 자고 있다면, 당신은 그를 부르지 마세요.

03 내일 비가 안 오면, 우리는 고궁을 관광할 것이다.

04 만약 비가 내리지 않으면, 우리는 자전거를 타고 갈 것이다.

05 만약 당신이 안 간다면, 나도 가지 않겠다.

06 나에게 전화를 주세요. 그렇지 않으면 당신과 애기하지 않겠어요.

07 휴식할 때는 휴식해야 한다, 그렇지 않으면, 몸이 망가질 것이다.

08 지난 번 시내에 나갔을 때, 만약 선생님을 만나지 않았다면, 나는 바로 돌아올 수 없었을 것이다.

09 어제 만약 당신이 나를 도와주지 않았다면, 나는 분명히 속임을 당했을 것이다.

10 다행히 그가 일러주었으니 망정이지, 그렇지 않았다면 나는 잊어버렸을 것이다.

4 양보관계

종속절은 가정의 양보 상황을 나타내고, 주절은 그 상황에 영향을 받지 않는 결과를 서술한다. 종속절에는 주로 '即使 / 尽管 / 就是 / 就算 / 就算是 / 哪怕' 등을 쓰며, 주절에는 '也'가 주로 오며, 그 밖에도 '还(是) / 总 / 又 / 仍(然)' 등이 오기도 한다. 회화 상에서 어떤 때 종속절의 '即使'는 생략할 수 있으나, 주절의 '也'는 생략할 수 없다.

(1) 即使 / 尽管~, 也~ (설령 ~할지라도, ~이다)

주로 문어체에서 쓰이며, 가정의 양보를 나타낸다. '即使 / 尽管'는 접속사로 주어 앞뒤에 모두 올 수 있으며, 주절의 '也'는 부사로서 반드시 주어 뒤에 위치해야 한다.

- 即使大家都反对, 你也应该坚持自己的意见。

  설령 모두들 반대하더라도, 당신은 마땅히 자신의 의견을 견지해야 합니다.

- 即使今天下雪, 我也要回去。

  설령 오늘 눈이 내릴지라도, 나는 돌아가겠다.

- 这次考试, (即使)我不复习也能及格。

  이번 시험에, (설령) 나는 복습하지 않더라도 합격할 수 있다.

plus⁺

※ '即使'와 '如果'의 용법비교

❶ 같은 점은 종속절은 가정의 조건이나 상황을, 주절은 결과를 나타낸다는 점이다.

❷ 다른 점은 '即使'는 조건과 결과가 순리에 상반되어 앞뒤 문장이 모순적이나, '如果'는 조건과 결과가 순리에 부합하여 앞뒤 문장에 모순이 없다는 점이다. 즉 '即使'는 일반적으로 발생가능성이 적은 것을 가정하며, '如果'는 일반적으로 발생가능성이 있는 것을 가정한다.

예1 · 即使天气不好, 我也要去。

  설령 날씨가 좋지 않더라도, 나는 가야겠다.(종속절: 가정조건. 전후 불일치)

· 如果天气不好, 我就不去了。

  만약 날씨가 좋지 않으면, 나는 가지 않겠다.(종속절: 가정조건. 전후 일치)

예2 ·哪怕价钱很贵，我也要买。

　설령 가격이 매우 비싸더라도, 나는 사야겠다.(종속절: 가정조건. 전후 불일치)

·要是价钱很贵，我就不买了。

　만약 가격이 매우 비싸면, 나는 사지 않겠다.(종속절: 가정조건. 전후 일치)

※ '即使'와 '虽然'의 용법비교

❶ 같은 점은 종속절의 조건과 주절의 결과가 순리에 상반되어 모순된다는 점이다.

❷ 다른 점은 '即使'는 종속절의 상황이 가정적이며, '虽然'은 종속설의 상황이
이미 발생했던 사실이라는 점이다.

예1 ·即使天气不好，我也要去。 설령 날씨가 좋지 않더라도, 나는 가야겠다.

　(종속절 : 가정조건. 전후 불일치)

·虽然天气不好，(但)我还要去。 비록 날씨가 좋지 않더라도, 나는 가야겠다.

　(종속절 : 사실상황. 전후 불일치)

예2 ·他的病即使做手术，也不一定能治好。

　그의 병은 설령 수술을 한다 해도, 반드시 치료될 수 있는 것은 아니다.

　(종속절 : 가정상황. 전후 불일치)

·他的病虽然做了手术，但是也不一定能治好。

　그의 병은 비록 수술을 받았으나, 반드시 치료될 수 있는 것은 아니다.

　(종속절 : 사실상황. 전후 불일치)

②就是 / 就算 / 就算是 / 哪怕~, 也~ (설령 ~할지라도, ~이다)
주로 구어체에 쓰이며, '就是 / 就算 / 就算是 / 哪怕'는 주어 앞뒤에 모두 올 수 있다.

- 就是今天不睡觉, 我也要把这份报告写完。

  오늘 잠을 못 자더라도, 나는 이 보고서를 다 써야 한다.

- 就算他有困难, 也不会太大。

  설령 그는 곤란이 있다 해도, 그다지 심하지는 않을 것이다.

- 这件事就算我不去做, 其他人也会做的。

  이 일은 설사 내가 하지 않는다 할지라도, 다른 사람이 할 것이다.

- 他学习非常刻苦, 哪怕生病, 也从不请假休息。

  그는 공부에 매우 열심이어서, 설령 병이 났더라도, 지금까지 휴가를 내어 쉰 적이 없다.

_1_ 다음 괄호 안의 정확한 답을 고르시오.

01 如果你认为你做得对的话, (　　　　　)大家都反对, 你也应该坚持。
　A 无论　　　　　　　　　　　　B 不管
　C 即使　　　　　　　　　　　　D 既然

02 (　　　　　)最聪明的人, 对现代数学(　　　　　)不可能一看就懂。
　A 凡是～都～　　　　　　　　　B 即使～也～
　C 既然～就～　　　　　　　　　D 不但～还～

03 (　　　　　)你有充分的理由, (　　　　　)不能请假。
　A 要是～就～　　　　　　　　　B 即使～也～
　C 或者～或者～　　　　　　　　D 要么～要么～

04 (　　　　　)明天下雨, 足球赛(　　　　　)要照常进行。
　A 即使～也～　　　　　　　　　B 不管～也～
　C 无论～也～　　　　　　　　　D 虽然～可～

05 (　　　　　)你对他有意见, (　　　　　)不能背后说他的坏话。
　A 不管～也～　　　　　　　　　B 无论～也～
　C 即使～也～　　　　　　　　　D 既然～就～

06 (　　　　　)父母反对, 我(　　　　　)要和秀景结婚。
　A 不是～就～　　　　　　　　　B 不但～还～
　C 就是～也～　　　　　　　　　D 凡是～都～

07 (　　　　　)有时间, (　　　　　)不能管这种闲事。
　A 就是～也～　　　　　　　　　B 不管～也～
　C 要是～就～　　　　　　　　　D 要么～要么～

08 房子光线很暗, (　　　　　)是白天, 也要开着灯。
　A 不管　　　　　　　　　　　　B 怕
　C 恐怕　　　　　　　　　　　　D 哪怕

09 (　　　)剩下我一个人，我(　　　)要坚持下去。

    A　不管～也～　　　　　　B　哪怕～也～

    C　凡是～都～　　　　　　D　要是～就～

10 人民子弟兵有着强烈的使命感，(　　　)牺牲自己，也要保护国家和人民的
财产不受侵犯。

    A　只要　　　　　　　　　B　只有

    C　哪怕　　　　　　　　　D　除非

2 다음 문장을 중작 하시오.

01 설령 당신이 오지 않더라도, 나는 당신을 기다릴 것이다.

02 내일 비가 온다고 할지라도, 우리들은 출근해야 한다.

03 설령 당신이 나를 다시는 안 본다 할지라도, 나는 화내지 않을 것입니다.

04 설령 날씨가 매우 좋다고 해도, 당신은 외출할 수 없다.

05 설령 그가 시간이 있다 할지라도, 그는 오지 않을 것이다.

06 설령 이것이 비교적 비싸더라도, 나는 사겠다.

07 설령 내가 부자라 하더라도, 나는 돈을 낭비하지 않겠다.

08 설령 그 사람과 반나절 말했으나, 그 사람은 여전히 생각이 통하지 않는다.

09 설령 당신이 나를 초청하지 않는다 할지라도, 나는 갈 것이다.

10 설령 네가 늦게 일어난다 할지라도, 수업을 받으러 가야한다.

5 조건관계

종속절은 조건을 설명하고 주절은 그 결과를 나타낸다.

01 특정조건문

(1) 一~, 就~ (~하면 ~한다)

어느 조건이 충족되면 언제나 어떤 결과로 되는 것을 표현한다.

- 一下课, 他就回宿舍了。 그는 수업이 끝나면, 숙사로 돌아간다.
- 他一着急, 就说不出话来。 그는 초조해지면, 말문이 막힌다.
- 这里一到冬天, 就可以滑冰。 여기는 겨울이 되면, 스케이트를 탈 수 있다.

⊛ 또한 시간의 긴밀성을 강조하는 용법도 있다(~하자마자).

· 他一出门, 天就下起雨来了。
  그가 문을 나서자마자, 비가 오기 시작했다.

(2) 只要~, 就~ (~하기만 한다면, ~한다) : 최저의 조건

어떠한 최소한의 조건이 갖춰진다면 어떤 결과가 발생할 수 있음을 나타낸다. '只要'는 주어의 앞뒤에 모두 가능하나, 주절의 '就'는 반드시 주어 뒤에 위치해야 한다.

- 只要你努力, 就一定能成功。
  당신이 노력하기만 하면, 반드시 성공할 것이다.
- 只要我们团结起来, 就能克服一切困难。
  다만 우리들이 단결하기만 하면 모든 곤란을 극복할 수 있다.
- 我们只要打个电话通知他, 他就能马上来。
  우리들이 전화를 걸어 그에게 통지만 하면, 그는 바로 올 수 있다.

⊛ '只要'가 어떤 때는 '부사(只)+ 동사(要)'의 형태로 쓰인다.

他什么也不要, 只要一杯水。
그는 어떤 것도 요구하지 않고, 다만 물 한 잔을 요구하였다.

※ '只要'와 '如果'의 용법 비교

❶ '只要'와 '如果'는 모두 가정조건을 표시하므로, 어떤 때는 서로 바꿀 수 있다.

· 如果(只要)平时努力，就一定能取得好成绩。

만약 평소 노력한다면, 반드시 좋은 성적을 얻을 수 있다.

❷ 다음 상황에서는 그 용법과 뜻이 다르기 때문에 바꿀 수 없다.

㉠ 가정조건의 내용이 다르다. '如果'뒤의 가정내용은 실현불가능한 일이며, '只要'뒤의 가정내용은 실현가능한 일이어야 한다. 따라서 만약 실현불가능한 내용일 경우에는 '如果'만 쓸 수 있다.

· 如果我是学校的领导，我也会这样做的。

만약 내가 학교의 지도자라면, 나도 이렇게 했을 것이다.

· 要是我是女的，我也会爱上他的。

만약 내가 여자였다면, 나도 그를 사랑했을 것이다.

㉡ 가정조건의 시간이 다르다. '如果'는 과거나 미래의 일을 가정할 수 있으나, 현재의 사실을 가정할 수 없다. 그러나 '只要'는 현재의 사실을 가정할 수 있다. 따라서 현재의 사실을 가정한다면, '只要'만 쓸 수 있다.

· 只要我还是你们的老师，你们就应该听我的安排。

내가 아직도 너희들의 선생님이라고 한다면, 너희들은 응당 나의 안배를 들어야만 한다.

· 你只要不死，你就要继续工作。 당신이 죽지만 않는다면, 계속 일해야 한다.

㉢ '如果'는 의문문에 사용할 수 있고, '只要'는 의문문에 사용할 수 없다.

· 如果他不来怎么办呢？ 만약 그가 오지 않는다면 어쩌지?

㉣ '如果'문장은 문중에 '恐怕' '可能' 등의 낱말을 사용하여, 명확하지 않은 내용을 나타낼 수 있다. 그러나 '只要'는 어떤 조건이 있음을 강조하므로, 반드시 뒷문장의 결과가 출현할 수 있으며, 이 때문에 '恐怕' '可能'등의 명확하지 못한 낱말들은 사용할 수 없다.

· 如果我参加，也可能输不了。

만약 내가 참가한다면, 역시 질 수 없을 것이다.

· 只要我参加，就一定能赢。 내가 참가하기만 하면, 반드시 이길 수 있다.

(3) 只有~, 才(能)~ (~해야만, 비로소 ~하다) : 유일의 조건

종속절이 주절의 결과를 끌어내는 유일한 조건이다. '只有'는 접속사로서, 뒤에 주술구·명사(구)·동사(구)·전치사구 등의 성분이 오게 된다.

주술구형
- 只有她去，我才去。 그녀가 가야만, 나는 간다.
- 只有你去请他，他才会来。
  당신이 가서 그를 청해야만, 비로소 그는 올 것이다.

명사(구)형
- 只有你一个人才能了解我。
  오직 당신 혼자만 나를 이해할 수 있다.
- 只有他才能解决这个问题。
  오직 그만이 이 문제를 해결할 수 있다.

동사(구)형
- 只有努力，才能成功。 노력해야만, 비로소 성공할 수 있다.
- 只有这样做，才能解决问题。
  이렇게 해야만, 비로소 문제를 해결할 수 있다.

전치사구형
- 只有对领导，才能说实话。
  지도자를 대하고서만이 사실을 말할 수 있다.
- 只有在大家共同努力下，这个任务才能完成。
  모든 사람들의 공동 노력하에서만 이 임무는 완성될 수 있다.

plus⁺

※ '只有'와 '只要'의 용법비교

❶ 두 접속사가 나타내는 조건이 다르다. '只要'는 어떤 조건이 갖춰지기만 하면, 반드시 뒤 문장의 결과를 가져올 수 있다.다른 조건이 올 수 있으나, 같은 결과를 가져온다.
- 只有找到他，问题才能解决。
  그를 찾아야만, 비로소 문제가 해결될 수 있다.
  (다른 사람은 누구도 해결할 수 없다)
- 只要找到他，问题就能解决。
  그를 찾기만 하면, 문제가 해결될 수 있다.
  (다른 사람을 찾아도 해결할 수 있다)

❷ 강조하는 조건이 다르기 때문에 뒤 문장의 부사도 같지 않다. 즉 '只有'의 뒤 문장에는 '才'만 쓸 수 있고, '只要'의 뒤 문장에는 '就'만 쓸 수 있다.

(4) 除非～, 才～(반드시 ～해야만, 비로소 ～하다) : 유일의 조건

'只有～, 才～'보다 어기가 강하며, '除非'의 위치는 절의 앞뒤 모두 가능하다.

- 除非你也去, 我才去。반드시 당신이 가야만 나도 간다.
- 他的病除非马上做手术, 才能治好。

  그의 병은 반드시 즉시 수술해야만, 치료될 수 있다.
- 这件事除非你去, 才能解决。

  이 일은 반드시 네가 가야만, 해결할 수 있다.

plus⁺

※ '除非'와 '只有'의 용법비교

❶ '除非～才'는 '只有～才～'보다 어기가 더 강하다.

· 除非你答应我的条件, 我才能告诉你。

반드시 당신이 나의 조건에 응답해야만, 내가 당신에게 알릴 수 있다.

· 你别想和我的女儿结婚, 除非我死了!

당신은 내 딸과 결혼할 생각을 하지 말라, 반드시 내가 죽어야만 하니까!

❷ 조건만 말하고 결과는 말하지 않을 때는 보통 '除非'를 쓴다.

· 他能来吗? 그는 올 수 있습니까?

· 除非你去请他。반드시 당신이 그를 청하러 간다면.

(5) 除非～, 否则/不然/要不～

(반드시 ～해야 한다, 그렇지 않으면 ～할 것이다)

- 除非你去请他, 不然他是不会来的。

  반드시 당신이 그를 초청하러 가야한다. 그렇지 않으면 그는 오지 않을 것이다.
- 除非你向我道歉, 否则我不能原谅你。

  당신이 나에게 반드시 사과해야만 한다, 그렇지 않으면 나는 당신을 용서하지 않을 것이다.

☀ '除非'는 '～아니고서는(=除了)'의 뜻도 있다.

· 我新年以前一定要回韩国, 除非有特殊情况。

나는 새해 이전에 반드시 한국에 돌아가야 한다, 특별한 상황이 아니고서는.

① 不管/无论/不论~, 都/也~ (~을 막론하고, ~이다)

'不管' '无论' '不论'은 어떠한 조건에서든 결과 혹은 결론이 변하지 않음을 나타낸다. '不管'은 주로 구어체에 사용하며, '无论' '不论'은 주로 문어체에 사용한다. 종속절에는 주로 반대어·의문대명사·반복의문문·선택의문문의 형식이 온다. 주절의 부사 '都·也' 등은 반드시 주어 뒤에 위치해야 한다.

① '不管+ 반대어' 형식

• 不论男女老幼, 都来参观。

남녀노소를 막론하고, 모두 참관하러 온다.

• 不管大人小孩儿, 都可以参加。

어른 어린이를 막론하고, 모두 참가할 수 있다.

② '不管+ 의문대명사' 형식

• 无论做什么事, 都要有计划。 무슨 일을 하든지, 계획이 있어야 한다.

• 不管遇到什么困难, 我们都能克服。

어떠한 곤란을 만나든지, 우리들은 모두 극복해야 한다.

• 不管价钱多贵, 我都要买。 가격이 얼마나 비싸든지, 나는 사야 한다.

③ '不管+ 반복의문문' 형식

• 不管你爱听不爱听, 这一句话我一定得说。

당신이 듣기 좋튼 말든, 나는 이 말을 반드시 말해야 한다.

• 不管你信不信, 反正我说的都是实话。

당신이 믿든 말든, 어쨰든 내가 말한 것은 사실이다.

• 那时候, 不论放假不放假, 我一定要回家。

그 때는, 방학하든 안하든, 나는 반드시 귀가해야 한다.

④ '不管+ 선택의문문'형식

• 不管刮风还是下雨, 他每天都上课。

바람이 불든 비가 오든, 그는 매일 수업을 받는다.

※ '尽管'과 '不管'의 용법비교

❶ '尽管(접속사)'은 사실을 표현하고, '不管'은 가정을 표현한다.

· 尽管下这么大的雨, 我还是要去。

　비록 이렇게 큰 비가 내린다 하더라도, 나는 가는 편이 낫다.

· 不管下多么大的雨, 我都要去。

　얼마나 큰 비가 내리든지, 나는 가야겠다.

❷ '尽管(부사 : 얼마든지, 마음 놓고)'는 '只管'과 같은 뜻으로, 조건의 제한이 없음을 나타낸다. 일반적으로 상대방에게 권할 때 사용한다.

· 你有什么困难尽管对我说。

　당신은 무슨 곤란이 생기면, 마음 놓고 나에게 말하세요.

_1_ 다음 문장에서 제시어의 정확한 위치를 고르시오.

01) 只要 A 坚持每天 B 练习，C 你的毛笔字 D 能越写越漂亮。(就)

02) 只有收集到 A 足够的 B 研究 C 数据，D 能证明你的假说是对的。(才)

03) A 那里的环境 B 优雅、C 房价 D 便宜，否则我不买那里的房子。(除非)

04) A 比赛的水平怎么 B 低，C 球迷们还是 D 喜欢看足球。(不论)

05) 只有 A 尝试，B 能 C 知道 D 合适不合适。(才)

_2_ 다음 괄호 안의 정확한 답을 고르시오.

01) 李欣喜欢吃中国饭，(　　　　)他兜里有钱，他(　　　　)去饭馆大吃一顿。
  A 一～就～　　　　　　　　　　B 只要～就～
  C 不管～也～　　　　　　　　　D 除非～不然～

02) (　　　　)经过专门训练，(　　　　)能当幼儿园老师。
  A 宁可～也不　　　　　　　　　B 就算～恐怕
  C 只有～才～　　　　　　　　　D 除非～不然～

03) (　　　　)经历过生与死的考验，(　　　　)明白生命的可贵。
  A 即使～也～　　　　　　　　　B 只有～才～
  C 与其～不如　　　　　　　　　D 不管～都～

04) 这种鱼，(　　　　)用火烧熟以后(　　　　)可以吃。
  A 除非～不然～　　　　　　　　B 只有～才～
  C 宁可～也要～　　　　　　　　D 没有～就没有

05) (　　　　)有宿舍管理员签字，(　　　　)能把这些东西拿出宿舍楼去。
  A 除非～否则～　　　　　　　　B 凡是～都～
  C 除非～才～　　　　　　　　　D 要不是～就～

06 ( )找大家帮忙, ( )只靠咱们俩是肯定完不成这么多任务的。

    A 假若～就～　　　　　　　　　B 就算～恐怕

    C 除非～不然～　　　　　　　　D 宁可～也不

07 国家( )大小强弱, 都应互相尊重, 平等相待。

    A 只要　　　　　　　　　　　　B 不论

    C 即使　　　　　　　　　　　　D 尽管

08 ( )谁当班长, 我( )赞成。

    A 一～就～　　　　　　　　　　B 只要～就～

    C 除非～不然～　　　　　　　　D 无论～都～

09 父亲死后, 母亲下决心, ( )遇到多大困难, ( )要把孩子们养大。

    A 凡是～都～　　　　　　　　　B 不管～也～

    C 只要～就～　　　　　　　　　D 除非～才～

10 ( )天气热不热, 阿里( )穿着那件厚衣服。

    A 不管～都～　　　　　　　　　B 假使～就～

    C 由于～因此～　　　　　　　　D 虽说～可是～

3 다음 문장을 중작 하시오.

01 여름이 되면, 우리는 여기에서 수영을 한다.

02 나는 술을 마시면, 얼굴이 붉어진다.

03 당신이 노력하려고만 하면, 반드시 다 배울 수 있다.

04 당신이 가기만 하면, 문제가 해결될 수 있다.

05 많이 말하고 많이 들어야만, 비로소 중국어를 잘 배울 수 있다.

06 굉장히 더울 때에만, 그는 에어컨을 켠다.

07 당신이 참가해야만, 그녀는 참가할 것이다.

08 원하든 원하지 않든, 그는 그 일을 해결해야 한다.

09 무슨 일을 하든지 간에, 인내심이 있어야 한다.

10 얼마나 바쁘든 간에, 그는 신문 보는 것을 잊지 않는다.

두 절은 서로 다른 상황을 제기하고, 말하는 사람이 그중 하나를 선택하고 하나를 포기하는 것을 나타낸다. '宁可～, 也(決)不～'를 쓰면 택하는 것이 앞에 오며, '与其～, 不如～'의 형식을 쓰면 택하는 것이 뒤에 온다. 취사복문이 선택 복문과 다른 점은 취사 복문은 이미 비교를 거쳐서 버리고 취함이 결정되었다는 점이다.

(1) 宁可/宁肯/宁愿～, 也不～ (차라리 ～할지언정, ～하지 않겠다)

앞뒤 문장의 A·B 두 가지 일이 화자의 입장에서 볼 때, 모두 희망이 없는 것이다. 이치상으로는 A의 내용이 B의 내용보다 더 좋지 않은 듯하나, 화자의 입장에서 보면 A에 대한 선택이 B보다 더 강함을 표현하고 있다. 이러한 선택의 목적은 B에 대하여 더욱 희망하지 않음을 강조하기 위함이다. 선택하려는 A는 일반적으로 모두 가설적인 것이고, B의 내용이 화자가 정말 말하려는 것이다. 이런 화법은 어기나 태도가 비교적 결연하다.

- 我宁可吃亏, 也不妥协。

  나는 차라리 손해를 볼지언정, 타협을 하지 않겠다.

- 我宁可死, 也不嫁给那个流氓!

  나는 차라리 죽을지언정, 그 건달에게 시집가지는 않겠다!

- 我宁肯在家闲着, 也不愿干这样的工作。

  나는 차라리 집에서 한가롭게 지낼지언정, 그러한 일을 하는 것을 원치 않는다.

★ 속담이나 금언에서는 '可'나 '也'가 생략되기도 한다.

· 宁为玉碎, 不为瓦全。

옥이 되어 부서지더라도, 기와가 되어 오래 보전하지는 않겠다.

(=정의를 위하여 깨끗이 죽을지언정, 구차하게 살지는 않겠다.)

(2) 宁可/宁肯/宁愿～, 也要～ (차라리 ～할지언정, ～하겠다)

뒤 문장은 앞 문장의 목적을 나타내며, 전체의 문장은 화자의 결심을 나타낸다.

- 今天晚上我宁可少睡点儿觉, 也要把作业写完。

  오늘 저녁 차라리 내가 잠을 적게 잘지언정, 숙제를 다 해야겠다.

• 宁可多花钱，也要买称心的东西。

　차라리 많은 돈을 쓸지언정, 마음에 드는 물건을 사야겠다.

(3) 与其~，(倒·还·真)不如~ (~하느니, 차라리 ~하겠다)
의미를 더욱 명확하게 하기 위해서는 문장 끝에 '更好(더욱 더 좋다)'
등의 어구를 첨가할 수도 있다.

• 病这么重，与其活着，还不如死了。

　병이 이렇게 심하니, 사느니 차라리 죽는 것이 낫겠다.

• 对他来说与其学工，不如学医更好。

　그에게는 공학을 공부하느니, 차라리 의학을 공부하는 것이 훨씬 좋다.

1 다음 괄호 안의 정확한 답을 고르시오.

01 我(　　　)饿死,(　　　)不求你。
　　A 假使～就～　　　　　　　B 与其～不如～
　　C 只有～才～　　　　　　　D 宁愿～也～

02 我们(　　　)都累死,(　　　)愿意让别人笑话。
　　A 假若～就～　　　　　　　B 宁愿～也不～
　　C 宁可～也～　　　　　　　D 与其～不如～

03 我(　　　)少赚钱,(　　　)卖给那样的人。
　　A 与其～不如～　　　　　　B 宁可～也不～
　　C 宁可～也要～　　　　　　D 要么～要么～

04 我(　　　)饿肚子,(　　　)干这种活儿。
　　A 宁可～也不～　　　　　　B 与其～不如～
　　C 或者～或者～　　　　　　D 不是～就是～

05 小李可真有一股钻劲儿,他(　　　)自己花半天时间去研究(　　　)去问别人。
　　A 假若～就～　　　　　　　B 不仅不～还～
　　C 只有～才～　　　　　　　D 宁可～也不

06 我(　　　)一晚上不睡觉,(　　　)要写完这篇文章。
　　A 无论～都～　　　　　　　B 不是～就是～
　　C 与其～不如～　　　　　　D 宁愿～也～

07 这台电视机(　　　)扔掉,(　　　)送给别人。
　　A 不但～而且～　　　　　　B 与其～不如～
　　C 与其说～不如说～　　　　D 首先～然后～

08 我(　　　)看他们的脸色,(　　　)去求别人。
　　A 不是～就是～　　　　　　B 与其～不如～
　　C 虽然～可是～　　　　　　D 如果～那么～

09 (   )我们帮他做，(   )让他自己做。

    A 或者～还是～   B 与其～不如～

    C 无论～都～   D 宁可～也不～

10 (   )匆匆忙忙地交试卷，(   )多花点时间好好地检查。

    A 宁可～也   B 宁愿～也不～

    C 与其～不如～   D 只有～才～

2 다음 문장을 중작 하시오.

01 나는 차라리 내버릴지언정, 그에게 주지는 않겠다.

02 배가 고플지언정, 이런 일은 하지 않겠다.

03 자신이 곤란하게 될지언정, 모두에게 고통을 받게 하지 않겠다.

04 밥을 못 먹고 잠을 못 잘지언정, 임무는 완성해야 한다.

05 커피를 마시느니, 차라리 차를 마시는 것이 좋다.

06 이 책을 보느니, 차라리 잠자는 편이 낫다.

07 그녀에게 돈을 빌리느니, 차라리 굶겠다.

08 집에서 노느니, 차라리 도서관에 가는 것이 낫겠다.

09 당신은 배를 타고 가느니, 차라리 기차를 타고 가는 것이 낫겠다.

10 차를 기다리느니, 차라리 걸어가겠다.

종속절은 목적을 나타내고, 주절은 그 목적을 위한 행위를 나타낸다.
보통 종속절에 '为了 / 为'등을 사용하며, 이때는 종속절이 앞에, 주절
이 뒤에 온다.
 또한 종속절에 '省得 / 免得 / 以免 / 好 / 以便 / 为的是' 등의 접속사를
써서 목적을 나타낼 수도 있는데, 이때는 주절이 앞에 종속절이 뒤에
온다. '省得 / 免得 / 以免'의 문장은 희망하지 않는 일이 발생되는 것을
피할 때 쓰인다. '省得 / 免得 / 好'는 주로 구어체에서 쓰이고, '以免 /
以便'은 주로 문어체에 쓰인다.

(1) 为了～, (～을 위해서,)

- 为了说流利的汉语，得多跟中国人接触。

  유창한 중국어를 말하기 위해서, 중국인과 많이 만나야 한다.

- 为了看你，我到这儿来。 당신을 보기 위해서, 내가 여기에 왔다.

- 为了人生的成功，首先要天天努力学习。

  인생의 성공을 위해서, 먼저 날마다 노력하여 공부해야 한다.

❋ 때로는 먼저 행위를 나타내고, 뒤에 '是为了(=为的是)'를 써서
  행위의 목적을 강조한다.

  · 她不吃猪肉是为了减肥。

    그녀가 돼지고기를 먹지 않는 것은 살빼기 위해서다.

  · 复习是为了记住学过的东西。

    복습은 배운 것을 확실히 기억해두기 위해서다.

  · 他们一天到晚辛苦，都为的是自己的孩子。

    그들이 온종일 고생하는 것은 모두 자신의 아이를 위해서다.

(2) ～, 省得/免得/以免～ (～하지 않도록,)

희망하지 않은 결과가 발생되는 것을 방지함을 나타낸다.

- 出去的时候，把灯关上，省得浪费电。

  전기가 낭비되지 않도록, 외출할 때 등을 끄세요.

- 明天你早点儿来，免得他们等你。

  그들이 당신을 기다리지 않도록, 내일 당신 좀 일찍 오세요.

- 要注意安全，以免发生意外。

  뜻밖의 사고가 생기지 않도록, 안전에 주의해라.

(3) ～, (谁)好～ (～할 수 있도록,)

뒷 문장은 앞 문장이 실현하고자 하는 목적을 나타낸다. 주어가 다를 때 '好'는 뒷 문장의 주어 뒤에 온다.

- 你要坚持治病，好早一点恢复健康。

  일찍 건강이 회복할 수 있도록, 당신은 병 치료를 계속하세요.

- 你留个电话号码，我好通知你。

  당신께 연락할 수 있도록, 전화번호를 좀 남겨주세요.

(4) ～, 以便/以～ (～할 수 있도록,)

뒷 문장은 앞 문장이 실현하고자 하는 목적을 나타낸다.

- 请把名单告诉我，以便办手续。

  수속할 수 있도록, 명단을 나에게 통지해 주세요.

- 学校买了新车，以解决学生们的交通问题。

  학생들의 교통문제를 해결할 수 있도록, 학교는 새 차를 샀다.

plus⁺

※ '以便'과 '以'의 용법비교

❶ '以便'은 목적을 더욱 쉽게 실현함을 나타내고, '以'는 목적만을 나타낸다. 또한 '以'는 주어 없이 바로 동사가 뒤따른다.

- 坐车吧，以便我们能准时赶到。(여기에 '以'로 대체할 수 없음)

  차를 타자, 우리들이 정시에 서둘러 도착할 수 있도록.

- 他努力学习汉语，以实现自己做翻译的理想。

  그는 중국어 공부에 열심이다, 자신이 번역자가 되는 이상을 실현하기 위해서.

❷ '以'가 '以便'보다 더욱 문어체이다.

(5) ～, 为的是～ (～하는 것은 ～하기 위해서이다)

'为的是'는 어기가 더욱 강하며, 뒤 문장의 문두 혹은 주어 앞에 온다.

- 他努力学习，为的是取得好成绩。

  그가 학습에 노력하는 것은 좋은 성적을 얻기 위해서이다.

1 **다음 괄호 안의 정확한 답을 고르시오.**

01) ( )高水平地建设这个地区，他邀请了世界上著名的规划师来设计。
  A 由于   B 为了
  C 为的是   D 因为

02) 朋友们劝她仔细考虑婚事，( )结婚后后悔。
  A 因此   B 所以
  C 以便   D 省得

03) 快穿上雨衣吧，( )淋湿你的衣服。
  A 以便   B 免得
  C 只好   D 还是

04) 我把一切都告诉了他，( )他怀疑我。
  A 但是   B 以便
  C 免得   D 只好

05) 你开快点，( )赶在他们之前到那儿。
  A 以免   B 免得
  C 好   D 省得

06) 你要认真学习，( )上个好大学。
  A 好   B 由于
  C 为的是   D 免得

07) 通知提前发给大家，( )大家早做准备。
  A 以便   B 还是
  C 接着   D 可见

08) 你要多做调查，( )能做出最准确的判断。
  A 所以   B 以便
  C 又   D 于是

09 他把所有的枪都上好子弹, ( )防止那伙野人再次上岛。

A 以 B 以免

C 免得 D 省得

10 父母没黑没夜的工作, ( )给孩子们创造好的生活条件。

A 以便 B 为的是

C 免得 D 省得

2 다음 문장을 중작 하시오.

01 좋은 성적을 얻기 위해서, 그는 노력해서 공부한다.

02 예매권을 사기 위해서, 나는 5시간을 기다렸다.

03 감기에 들지 않기 위해서, 옷을 좀 많이 입으세요.

04 우리가 당신을 기다리지 않도록, 내일 좀 일찍 오세요.

05 가족이 걱정하지 않도록, 당신은 좀 빨리 집으로 편지를 쓰세요.

06 교통사고를 막기 위해서, 운전할 때 과속하지 말아요.

07 제가 지나갈 수 있도록, 당신 조금만 비켜 주세요.

08 모두가 들을 수 있도록, 좀 큰소리로 말씀해 주세요.

09 진일보 수정할 수 있도록, 모두들 많이 발표해 주시오.

10 그가 중국에 간 것은 중국어를 잘 배우기 위해서이다.

주절과 종속절이 밀접하게 연결되며, 주절은 종속절에 따라서 변한다. 이 때 주절과 종속절은 서로 같은 상관어나 의문대명사를 사용한다.

(1) 越~, 越~ (~할수록 ~하다)

- 天气越冷, 结冰越厚。 날씨가 추워질수록, 얼음은 더욱 두껍게 언다.
- 时间越长, 效果越明显。 시간이 길어질수록, 효과가 더욱 뚜렷해진다.

(2) 동일 의문대명사의 연용 – 의문대명사의 범지(泛指)용법

범지(泛指)란 일정한 범위의 사람(사물)·시간·장소·방법 등을 총괄하여 가리키는 것을 뜻한다. 하나의 복문에 2개의 같은 의문사를 '就' 앞뒤에서 호응하게 하여 범지를 나타낸다. 종속절의 의문사는 '임의(任意)의 것 전부'를, 주절의 의문사는 '앞 절에 의해 제한된 범위 내의 전부'를 나타내는 표현법이다. 즉 두 개의 의문사는 일정한 범위의 사람(사물)·시간·장소·방법 등을 총괄하여 가리킨다. 이때 주절에는 일반적으로 '就'를 사용한다.

의문사의 위치는 그 역할(주어·목적어·부사어)에 따라,

① 종속절, 주절 모두 주어 위치

② 종속절, 주절 모두 목적어 위치

③ 종속절, 주절 모두 부사어 위치

④ 종속절 주어, 주절 목적어 위치

등으로 구분할 수 있다.

해석은 일반적으로 '~ 누구든지(어느 것이든, 무엇이든, 언제든지, 어디든지, 대로, 만큼) ~하다' 등으로 할 수 있다. 예를 들어 '谁' 의문사가 주어에 오는 경우 '누구인가 ~하면, 그 누구는 ~한다' 라고 직역하지 않고, '~ 누구든지 ~한다'로 해석한다.

형식

~의문대명사~, 就 ~의문대명사~。
　(종속절)　　　　　　 (주절)

(谁~谁)

- 谁想去，谁就去。 가고 싶은 사람은 누구든지 가라.
- 谁饿，谁先吃。 누구든지 배고픈 사람이 먼저 먹어라.
- 谁先做完，谁先走。 누구든지 먼저 다 하는 사람이 먼저 간다.

(哪~哪)

- 哪种便宜，就买哪种。 어떤 것이든 싼 것으로 사라.
- 你喜欢哪个，就选哪个。 어느 것이든 네가 좋아하는 것으로 사라.
- 你想吃哪个，就吃哪个。 어느 것이든 네가 먹고 싶은 것을 먹어라.

(什么~什么)

- 你喜欢什么，就拿什么。 네가 좋아하는 것은 무엇이든 가져라.
- 什么快，就吃什么。 무엇이든 빠른 것을 먹겠다.

(什么时候~什么时候)

- 你什么时候有空儿，我就什么时候来。 언제든지 네가 시간 있을 때 내가 가겠다.
- 你什么时候来，我就什么时候出发。 언제든지 당신이 오는 시간에 나는 출발하겠다.

(哪儿~哪儿)

- 你去哪儿，我就去哪儿。 당신이 가는 곳이면 어디든지 나도 가겠다.
- 哪儿热闹，他就去哪儿。 붐비는 곳이면 어디든지 그는 간다.

(怎么~怎么)

- 他怎么想，就怎么说。 그는 생각나는 대로 말한다.
- 你怎么决定，我们就怎么做。 당신이 결정하는 대로 우리는 하겠다.
- 你想怎么办，就怎么办吧。 당신이 하고 싶은 대로 해라.
- 你愿意怎么去，就怎么去。 네가 가고 싶은 대로 가라.

(多少~多少)

- 你卖多少，我就买多少。 당신이 파는 만큼 사겠다.
- 你要多少，就给你多少。 당신이 필요한 만큼 주겠다.
- 你要多少，就可以拿多少。 당신이 원하는 만큼 가져가도 좋다.

(几~几)

- 几点想睡，就几点睡吧! 몇 시든 자고 싶을 때 자라.
- 几点起来，就几点叫醒我吧。 몇 시든 일어나는 대로 나를 깨워줘.

1 다음 문장을 중작 하시오.

01) 누구든지 시간이 있는 사람이 밥을 한다.

02) 어머니께서 만든 것이라면, 우리들은 무엇이든지 먹겠다.

03) 살 수 있는 만큼 사겠다.

04) 네가 사고 싶은 것은 무엇이든지 사거라.

05) 네가 가고 싶어 하는 곳이면, 우리는 어디든지 간다.

06) 빠르다면, 나는 어느 차든지 타겠다.

07) 예쁘기만 하다면 그렇게 포장하세요.

08) 일이 다 끝나면, 나는 언제든지 집에 돌아가겠다.

09) 그들은 노래를 정말 잘 불러. 어떻게 부르든지 모두 듣기 좋다.

10) 네가 다 보고 나면, 그 때 내가 보겠다.

03 기타 복문

1 의합복문

접속사(구)가 생략되어 있어 문절끼리의 관계를 전후의 문맥에서 판단한다.

예1 · 他有很多经验, 我们要向他学习.

해석1 그는 매우 경험이 풍부하므로, 우리들은 그에게 배워야 합니다.

해석2 그가 경험이 풍부하다면, 그를 본받지 않으면 안 된다.

예2 · 他不来, 她也不来.

해석1 그는 오지 않고, 그녀도 오지 않는다.(병렬관계)

해석2 그가 오지 않으면, 그녀도 오지 않는다.(가정관계)

해석3 그가 오지 않으므로, 그녀도 오지 않는다.(인과관계)

2 긴축복문

단문 형식으로 복문의 내용을 나타내는 문장을 말한다. 따라서 문중에 ' , '가 사용되지 않고, 또 접속사의 일부분이 생략될 때도 많다.

- 你去就能解决。(=如果你去, 就能解决。) 당신이 가면 해결된다.
- 下雨不去。(=如果下雨, 我就不去。) 비가 오면, 나는 안 가겠다.
- 今天走明天走?(=今天走还是明天走?) 오늘 가니, 내일 가니?
- 他有事不能来。(他因为有事, 所以不能来。)
  그는 일이 있어서 올 수 없다.

3 다중복문

하나의 복문에 세 가지 혹은 세 가지 이상의 단문이 포함되어 있는 글을 말한다. 이러한 단문들은 하나의 구조로 이루어져 있지 않기 때문에, 다중복문이라고 말한다.

- 一个人即使没有太大的才能，但只要有恒心，一心一意地工作，也可以做出成绩来。

  사람이란 설사 큰 재능이 없더라도 다만 변하지 않는 마음이 있어 필사적으로 일한다면 성과를 올릴 수 있다.

  ('既使～也'와 '只要～就'가 겹쳐 있음)

- 因为我们是为人民服务的，所以，我们如果有缺点，就不怕别人批评指出。

  우리들은 인민을 위해 복무하기 때문에, 만약 결점이 있으면, 다른 사람의 비평과 지적을 두려워 말아야 한다.

  ('因为～所以'와 '如果～就'가 겹쳐 있음)

연습문제 정답

1 ①A ②B ③C ④C ⑤B

2 ① 今天星期一。

② 她上海人。

③ 小王二十岁。

④ 这件衣服三十块钱。

⑤ 他在家休息。

⑥ 我学习汉语。

⑦ 昨天我很忙。

⑧ 韩国的地铁很方便。

⑨ 她头发很长。

⑩ 他个子很高。

1 ①C ②C ③C ④B ⑤C

2 ①D ②D ③A ④B ⑤D

3 ① 我们今天不上课。

② 明天我不去学校。

③ 我妹妹不吃日本菜。

④ 我不喜欢他。

⑤ 我以前不会做饭。

⑥ 这种习惯不好。

⑦ 我没有预习今天的生词。

⑧ 我昨天没有喝酒。

⑨ 我没有钱。

⑩ 衣服还没有干。

⑪ 这个苹果不太贵。

⑫ 我不怎么喜欢运动。

⑬ 做汉语翻译非他不可。

⑭ 这件事没人不知道。

⑮ 我不是不想去。

1 ①B ②B ③B ④B ⑤D

2 ①D ②B ③B ④D ⑤C

3 ① 他连游泳都不会。

② 我以前连一次运动会也没参加过。

③ 这种话我听都听烦了。

④ 这个月他连一天也没休息过。

⑤ 他最近很忙，连周末都没时间休息。

1 ①A ②C ③A ④D ⑤C

2 ①A ②D ③B ④D ⑤C

3 ① 你去看电影吗？

② 我明天上课，你呢？

③ 明天是星期二吧？

④ 你去哪儿？

⑤ 妈妈什么时候回来？

⑥ 你们班一共有多少人？

⑦ 你有没有录音机？

⑧ 你们最近几点吃早饭？

⑨ 你们明天去还是后天去？

⑩ 老师我想去厕所，可以吗？

⑪ 我们一起去旅行，好不好？

⑫ 你是新来的留学生，是不是？

⑬ 我们吃面条吧，怎么样？

⑭ 咱们一块儿吃饭吧，好吗？

⑮ 你这次来中国是学习汉语，对不对？

연습문제 ○5

1. 01 滚出去!
   02 快起来!
   03 甭废话!
   04 别开玩笑。
   05 别着急。
   06 别难过。
   07 禁止停车。
   08 请勿动手。
   09 咱们走吧。
   10 请帮我照张相。

연습문제 ○6

1. 01 这个孩子多么可爱啊!
   02 多么明丽的秋天啊!
   03 瞧, 今天天气多么闷热!
   04 这儿的风景多么美呀!
   05 天安门广场多大呀!
   06 他对我们多关心啊!
   07 这办法太好了!
   08 这个东西太贵了!
   09 能到中国来, 我太高兴了!
   10 那部电影真有意思啊!

연습문제 ○7

1. 01 B 02 D 03 C 04 D 05 A
   06 C 07 C 08 C 09 B 10 C
2. 01 明天是我哥哥的生日。
   02 今天九月一号, 星期四。

03 开学后的前三星期最忙。
04 这是一个月以前的消息。
05 图书馆里有很多学生。
06 百货商店旁边有公园。
07 图书馆在操场西边。
08 我哥哥在屋子里。
09 前边的楼都是新建的。
10 去年来过一封信, 后来再没有来过信。

연습문제 ○8

1. 01 A 02 A 03 D 04 C 05 C
2. 01 B 02 B 03 A 04 C 05 A
3. 01 你自己去跟他说。
   02 考试几点开始?
   03 我们哪天开学?
   04 那儿的风景美极了。
   05 那样的发型最近很流行。
   06 刚才谁来找我了?
   07 你在哪儿工作?
   08 这个菜怎么做?
   09 最近你身体怎么样?
   10 你家有几口人?

연습문제 ○9

1. 01 要下雨了。
   02 快要上课了。
   03 请等一下, 他就要来了。
   04 快开演了, 我们进去吧!
   05 火车五点钟就要开了, 快点走吧!

연습문제 10

1 ❶ C ❷ D ❸ C ❹ D ❺ C

2 ❶ A ❷ D ❸ A ❹ D ❺ C

3 ❶ 我跟他见过面。

❷ 我吃过这种药。

❸ 我去过北京两次。

❹ 我从来没有生过病。

❺ 我没给他写过信。

❻ 你吃过生鱼片吗?

❼ 你吃过饭了吗?

❽ 你和中国人谈过话吗?

❾ 你看过京剧没有?

❿ 你看没看过那部电影?

연습문제 11

1 ❶ D ❷ D

2 ❶ C ❷ B

3 ❶ 我们在喝茶。

❷ 他在打电话呢。

❸ 他在宿舍睡觉呢。

❹ 我在给我的朋友留条儿。

❺ 昨天我去他家的时候, 他在吃饭。

❻ 他没在看电视, 在做作业。

❼ 我没看小说, 看杂志呢。

❽ 他在给谁打电话?

❾ 他们在做什么呢?

❿ 他来的时候, 你们正在上课吗?

연습문제 12

1 ❶ C ❷ A ❸ B ❹ D ❺ C

2 ❶ D ❷ A ❸ B ❹ C ❺ B

3 ❶ 外边下着雨呢。

❷ 墙上挂着几张画儿。

❸ 桌子上放着一本相册。

❹ 他房间的灯还亮着。

❺ 门没有开着, 窗户开着呢。

❻ 护照没有在桌子上放着。

❼ 他站着吃面条。

❽ 他笑着跟我们打招呼。

❾ 桌子上放着什么?

❿ 衣柜开着没有?

연습문제 13

1 ❶ D ❷ D ❸ D ❹ D ❺ D
❻ D ❼ C ❽ D ❾ D ❿ D

2 ❶ B ❷ C ❸ C ❹ C ❺ A

3 ❶ 我们昨天在长城照了相。

❷ 我给他买了三张光盘。

❸ 明天中午下了课, 我们要去他家。

❹ 我没有看今天的早报。

❺ 你看了这本书没有?

❻ 现在是秋天了, 天气凉快了。

❼ 上课了, 大家快进来吧。

❽ 他刚才很高兴, 现在不高兴了。

❾ 他吃了饭就出去了。

❿ 我们已经学了一年汉语了。

1 01 A 02 C 03 D 04 B 05 B
2 01 B 02 A 03 B 04 B 05 C
  06 C 07 D 08 A 09 A 10 B
3 01 请等一下，让我想想。
  02 能不能把你的照片给我看看?
  03 你闻闻这个房间里有什么味儿?
  04 咱们吃了晚饭出去散散步吧。
  05 我给你们介绍介绍。
  06 这是我做的菜，请你尝尝。
  07 这双鞋很漂亮，你试试看。
  08 这件衣服很合适，你穿穿看。
  09 这种茶很香，你尝尝看。
  10 刚才我查了查词典，才知道这个
     字我写错了。

1 01 B 02 B 03 B 04 A 05 D
2 01 B 02 C 03 D 04 C 05 A
3 01 你能吃中国菜吗?
  02 我不会弹钢琴。
  03 这儿可以停车吗?
  04 问问题时，不可以用韩语。
  05 念生词要注意声调。
  06 孩子们今天要去动物园。
  07 我不想去他的家。
  08 我想问老师这个问题。
  09 学生们应该认真学习。
  10 你得办这件事。

1 01 B 02 C 03 A 04 C 05 D
2 01 C 02 B 03 D 04 A 05 C
  06 A
3 01 这种苹果两块二一斤。
  02 她的薪水大概一千块钱。
  03 我有两千二百块钱。
  04 步行大概需要十几分钟。
  05 他爸爸的年纪大概五十岁左右。
  06 晚上七点半前后我去接你。
  07 他学了两年多汉语。
  08 我在北京呆了二十多天。
  09 他一天跑了三十来里路。
  10 从我们公司到展览会要一个来小时。

1 01 B 02 C 03 C 04 C 05 B
2 01 A 02 B 03 C 04 C 05 B
  06 B 07 B 08 C 09 B 10 C
3 01 他会说一点儿汉语。
  02 星期天可以晚点儿起床。
  03 第七课的语法有点儿难。
  04 今天他有点儿不太高兴。
  05 你爬过这座山吗?
  06 我买了他一只鸡。
  07 今天早上我吃了两碗饭。
  08 我们对这个问题讨论了三次。
  09 到大连的船一天两趟。
  10 我刚才听了三遍录音。

1 01) C 02) B 03) C 04) D 05) C
2 01) A 02) A 03) C 04) D 05) C
3 01) 请你少放一点儿盐。
   02) 你别客气，多吃点儿啊!
   03) 今天我早来了十分钟。
   04) 飞机晚到了一个钟头。
   05) 汉字难写。
   06) 那辆自行车好贵。
   07) 汉语不容易，我要好好儿地学。
   08) 别急，慢慢儿地吃吧!
   09) 他们谈完话，就高高兴兴地出去了。
   10) 我已经清清楚楚地告诉他了。

1 01) C 02) D 03) D 04) C 05) B
   06) C 07) D 08) A 09) C 10) C
   11) D 12) C 13) A 14) B 15) C
2 01) C 02) B 03) B 04) B 05) C
   06) A 07) D 08) D 09) C 10) A
3 01) 明天这个时候，他大概已经走了。
   02) 咱们下午还是坐出租车吧，坐公共
       汽车太挤了。
   03) 今天咱们还是学习第5课。
   04) 刚好老师在这儿，你就跟他谈谈吧。
   05) 我们当然也想休息。
   06) 这件事我实在不知道。
   07) 他说话的声音太小，我们几乎听不见。
   08) 姐姐比妹妹倒显得年轻。
   09) 这酒度数很大，难怪喝几口就醉了。

10) 看起来他在笑，其实他心里很难过。
11) 天这么黑，恐怕要下雨了。
12) 下课以后，他仍然想着老师提的那
    个问题。
13) 他们到底来了没有?
14) 他也许早就来过了。
15) 你难道还不知道吗?
16) 天气太热了，只好开空调。
17) 他吃完饭就出去了。
18) 他在五岁的时候就开始学小提琴。
19) 他大学一毕业，就到外国去工作了。
20) 他一直学到十二点才睡。
21) 他又生我的气了。
22) 你先吃午饭，再出去玩吧。
23) 等他回来再吃饭吧。
24) 咱们先喝一杯茶，然后再吃饭吧。
25) 你别再给她打电话了。
26) 我再也不想去了。
27) 这个问题可不简单。
28) 我跑到车站的时候，汽车刚开走。
29) 刚学的生词怎么已经忘了?
30) 我们刚搬家，还没装电话呢。

1 01) B 02) C 03) D 04) A 05) C
   06) B 07) B 08) C 09) B 10) D
2 01) A 02) A 03) D 04) C 05) D
   06) D 07) A 08) C 09) C 10) D
3 01) 我在图书馆看书。
   02) 考试从九点开始到十一点结束。
   03) 他对学习汉语很感兴趣。

04 他替父亲办这件事情。

05 他给李老师寄一封信。

06 这辆火车开往首尔。

07 离上课还有十分钟。

08 请向王老师问好。

09 我们要向老师表示感谢。

10 一直走到红绿灯那儿，往右拐。

11 我跟他一起去看电影。

12 为了学习汉语，他来到中国。

13 他读了两本关于中国文化的书。

14 关于这个题目的论文他写过一篇。

15 他们的工作由领导安排。

16 根据我们的调查，这件事跟他无关。

17 按照规定，在这儿不可以停车。

18 今天除了去那儿以外，我没有约会。

19 在教室除了他以外，还有四个人。

20 我爸爸整天想的是他的公司，至于家里的事，他从来没问过。

연습문제 21

1 01 A 02 A 03 A 04 D 05 A
  06 D 07 A 08 B 09 D 10 B

2 01 你到底是谁呀？

02 今天啊，我心情不太好。

03 草莓啊、香蕉啊、苹果啊，都是水果。

04 我才不会忘记呢！

05 老板，再来一碗米饭吧。

06 有话就说吧！

07 累吧，歇一会儿吧。

08 这个问题嘛，其实很简单。

09 这个道理很清楚嘛。

19 你不要着急，他今天会回来的。

11 他是聪明的。

12 不过说句笑话罢了。

13 你不会骑车就学呗。

14 这种黄瓜好吃着呢。

15 昨天咱们学什么来着？

연습문제 22

1 01 啊！原来是你呀！

02 啊！他病了？

03 哦，我想起来了。

04 哦，我了解了。

05 哟，长这么高了！

06 唉，是我不好！

07 哼，你小心点儿！

08 噢！我明白了！

09 喂，你上哪儿去？

10 嗯，填好了。

11 噢！小张，好久不见了！

12 噢！原来是这么安装。

13 嗨，我说的你听见没有？

14 哈哈！那就行了！

15 哈哈！我开玩笑！

연습문제 23

1 01 我们爱祖国。

02 妈妈给我一万块钱。

03 他教我们英文。

04 我们叫他金博士。

05 他借给我一个台灯。

⁰⁶ 我寄给爸爸一筒绿茶。

⁰⁷ 他送给女朋友一朵鲜花。

⁰⁸ 你通知他明天上课。

⁰⁹ 我希望你明天来。

¹⁰ 我连他的姓名也忘了。

¹¹ 她结过两次婚。

¹² 我洗了一个澡，感觉轻松多了。

¹³ 我们好像见过面，是吗？

¹⁴ 你能不能帮我的忙？

¹⁵ 你得请我的客呀。

연습문제 24

1 ⁰¹ D ⁰² B ⁰³ C ⁰⁴ A ⁰⁵ C

2 ⁰¹ A ⁰² C ⁰³ A ⁰⁴ D ⁰⁵ B

3 ⁰¹ 这是我哥哥的书。

⁰² 停车场的入口在哪儿？

⁰³ 他就是我们的汉语老师。

⁰⁴ 我妹妹买了吃的东西。

⁰⁵ 小金是很老实的学生。

⁰⁶ 蓝蓝的天真好看。

⁰⁷ 去上海玩儿的游客很多。

⁰⁸ 看比赛的同学都回学校了。

⁰⁹ 妈妈做的菜非常好吃。

¹⁰ 那是哥哥给我的钢笔。

연습문제 25

1 ⁰¹ B ⁰² C ⁰³ D ⁰⁴ C ⁰⁵ D

2 ⁰¹ A ⁰² D ⁰³ B ⁰⁴ C ⁰⁵ B

3 ⁰¹ 大家怀疑地看着他。

⁰² 他们的事业顺利地推进。

⁰³ 她们很愉快地生活着。

⁰⁴ 大家高高兴兴地玩了一天。

⁰⁵ 医生仔细地诊察病人的病情。

⁰⁶ 经理急急忙忙地跑进会议室来了。

⁰⁷ 他总是非常认真地听讲。

⁰⁸ 大家都热烈欢迎我。

⁰⁹ 妹妹今天格外高兴。

¹⁰ 他慢慢(地)说话。

연습문제 26

1 ⁰¹ D ⁰² C ⁰³ C ⁰⁴ D ⁰⁵ D

2 ⁰¹ B ⁰² A ⁰³ B ⁰⁴ A ⁰⁵ D

3 ⁰¹ 我学了两年汉语。

⁰² 我等了两个小时了。

⁰³ 小张走了三年了。

⁰⁴ 他们结婚三年了。

⁰⁵ 他问过三次这个问题。

⁰⁶ 我坐过两次长途汽车。

⁰⁷ 我以前见过她一次。

⁰⁸ 长江比黄河长八百公里。

⁰⁹ 他比我重五公斤。

¹⁰ 这个班的学生比那个班少十个。

연습문제 27

1 ⁰¹ A ⁰² D ⁰³ B ⁰⁴ C ⁰⁵ B

2 ⁰¹ C ⁰² C ⁰³ B ⁰⁴ C ⁰⁵ C

3 ⁰¹ 她长得很漂亮。

⁰² 小李跑得很快。

⁰³ 他回答得很正确。

⁰⁴ 他骑自行车骑得很快。

05 我闲得难受。

06 冬天冷得要命。

07 我们跑得满身都是汗。

08 最近我忙得一点时间也没有。

09 师傅，前面的头发能不能理得短
一些?

10 她唱歌唱得好不好?

연습문제 28

1 01 D 02 D 03 C 04 D 05 A

2 01 D 02 C 03 C 04 D 05 A

3 01 他读完了那本小说。

02 他写错了三个字。

03 他找到了那支铅笔。

04 他能看懂简单的中文书。

05 我听见了他唱歌的声音。

06 他妈妈洗乾净了孩子们的衣服。

07 你必须记住这些生词。

08 弟弟还没做完作业。

09 你能看清楚这些字吗?

10 明天就要考试了,你准备好了吗?

연습문제 29

1 01 D 02 C 03 C 04 C 05 D
06 C 07 D 08 C 09 C 10 C

2 01 D 02 C 03 C 04 C 05 B
06 A 07 B 08 A 09 D 10 A

3 01 外边很冷, 快进来吧。

02 我要给妈妈寄一个包裹去。

03 他跑的速度慢下来了。

04 天气逐渐冷起来了。

05 下课后, 大家把作业交上来。

06 这本书没意思, 我不想看下去了。

07 这个人我以前见过, 实在想不起来了。

08 那个孩子看起来很健康。

09 他想了半天, 终于想出来(了)一个
好主意。

10 老师先进教室里来了。

11 外面突然下起雨来了。

12 门口进来了一个学生。

13 他们买了三斤葡萄来。

14 他带回了很多水果。

15 我刚才从外边回来了。

연습문제 30

1 01 B 02 B 03 C 04 D 05 C

2 01 C 02 D 03 D 04 D 05 B
06 A 07 C 08 B 09 B 10 D

3 01 这么贵的菜, 我吃不起。

02 这么多的菜, 我们俩吃不了。

03 那座山太高, 我爬不上去。

04 这个谜语, 我猜得着。

05 我想不起他的名字来。

06 电影八点半开始, 现在走还来得及。

07 就要毕业了, 大家真舍不得离开
学校和老师。

08 孩子手太小, 拿不住这个大杯子。

09 小张真了不起, 一个人能说五国语言。

10 这个工作太复杂了, 我干不了。

11 怪不得衣服这么合身, 原来是定做的。

12 看见了照片, 不由得又想起我的妈妈。

13) 这么大的行李你一个人拿得动吗？

14) 这些句子你看得懂吗？

15) 我们明天回得来回不来？

연습문제 31

1 01) D 02) D 03) B 04) D 05) D
   06) C 07) B 08) B 09) D 10) B

2 01) 这个菜是我做的。

02) 那盘磁带是在中国买的。

03) 他是昨天到的北京。

04) 我们是在公园照的相。

05) 这件衣服不是在中国买的。

06) 我不是在大学学习的汉语。

07) 你是哪年当的老师？

08) 这件事是谁告诉你的？

09) 我要买一百块的。

10) 这儿的冬天是很冷的。

연습문제 32

1 01) 打雷了。

02) 下着雨。

03) 打铃了。

04) 开花了。

05) 祝你健康。

연습문제 33

1 01) 黑板上画着一只狗。

02) 墙上挂着我家人的照片。

03) 桌子上放着一个茶杯。

04) 我们宿舍里来了一个新同学。

05) 那边发生了一起交通事故。

06) 我们班走了两个同学。

07) (从)那边儿跑过来一个孩子。

08) 大路上走过来两个人。

09) 车里走下两个人。

10) 今天李先生家送来了礼物。

연습문제 34

1 01) 张老师有很多中文书。

02) 教室里有一张中国地图。

03) 我们办公室里有一台电脑。

04) 那个商店有没有红茶？

05) 那个书店在邮局旁边。

06) 昨天这个时候我不在图书馆。

07) 桌子上是一本书。

08) 操场南边是我们的体育馆。

09) 天安门后边是故宫。

10) 床下边是我的箱子，箱子里有不
   少东西。

연습문제 35

1 01) D 02) C 03) D 04) C 05) B

2 01) C 02) C 03) B 04) C 05) C

3 01) 你的汉语发音比他更好。

02) 我学的单词比他多得多。

03) 你比去年胖多了。

04) 他的汉语一天比一天好了。

05) 他写字比我写得快。
   (=他写字写得比我快。)

06) 北京的夏天没有上海热。

07 这个西瓜有糖那么甜。

08 汽车没有火车那么快。

09 北京有首尔那么热闹吗?

10 步行不如坐车快。

11 两个人见面以后好像不认识似的。

12 我的意见跟他的不一样。

13 今天跟昨天一样凉快。

14 我的爱好跟你差不多。

15 学习汉语的人越来越多了。

연습문제 36

1 01 B 02 B 03 C 04 A 05 A

2 01 A 02 B 03 B 04 A 05 A

3 01 我去旅行社买飞机票。

02 我们六点起床散步。

03 他倒了凉开水喝了。

04 他去小卖部买了牛奶。

05 中国人也用筷子吃饭。

06 我坐地铁去公司。

07 我不坐火车去首尔。

08 老王每天骑自行车上班。

09 我没有空去看她。

10 你最近有钱用吗?

연습문제 37

1 01 B 02 D 03 C 04 B 05 A

2 01 A 02 B 03 A 04 D 05 B

3 01 他的话让我十分生气。

02 老师叫我们背生词。

03 老师叫我告诉你这件事。

04 这件事使他非常为难。

05 我的朋友请我到他家吃饺子。

06 公司派我去中国工作。

07 我们选他当班长。

08 妈妈不让我们吃糖果。

09 我没请他去。

10 明天的比赛老师让不让我们参加?

연습문제 38

1 01 B 02 B 03 D 04 B 05 B
　 06 B 07 B 08 B 09 B 10 B

2 01 D 02 A 03 D 04 C 05 C

3 01 他把水果吃了。

02 你把这儿的情况给我介绍介绍。

03 请你把车票给他。

04 你们应该把这些生词记住。

05 你应该把作业交上去。

06 她把房间里打扫得很干净。

07 他把课文读了两遍。

08 她一向不把他放在眼里。

09 他还没把作业做完。

10 你把今天的作业写完了吗?

연습문제 39

1 01 D 02 C 03 B 04 A 05 B

2 01 D 02 A 03 C 04 B 05 D

3 01 我的申请批准了。

02 我被老师批评了。

03 房间已经被服务员收拾干净了。

04 那本书已经被借出去了。

05 这个数码相机被弄坏了。

06 电影票叫他拿走了。

07 桌子上的饼干叫孩子们吃光了。

08 我的自行车让小王骑走了。

09 那本书没让他拿走，在我这儿呢。

10 这是秘密的事，不要被人知道。

05 风也住了，雨也停了。

06 他一边儿听收音机，一边儿开汽车。

07 你不要一边吃饭，一边看报。

08 老师边说边写。

09 他一方面学习汉语，一方面工作。

10 不是我不想去，而是我没有时间去。

연습문제 40

1　01 B　02 A　03 D　04 C　05 D

2　01 B　02 C　03 A　04 C　05 B

3　01 不是喜欢跳舞吗?

02 谁不知道他的名字!

03 我亲眼看见的，怎么不知道!

04 这篇课文哪儿难啊!

05 这个句子难什么?

06 难道他没看见吗?

07 难道你不会骑自行车?

08 你还不满意吗?

09 你去接他一下，这儿不好找，何况他又是第一次来。

10 这句话老师都听不懂，何况我们呢?

연습문제 42

1　01 D　02 B　03 B　04 B　05 B

2　01 C　02 C　03 B　04 C　05 C

3　01 一下课，我就去找他。

02 她大学一毕业，就到中国去了。

03 学校一放假，我们就回家。

04 我一到中国，就给你写信。

05 我刚进房间去，他就出来了。

06 我刚到上海，就给父母打了个电话。

07 先和面，再剁馅儿。

08 先用韩语写，再译成汉语。

09 先洗手，然后吃饭吧。

10 我们先喝一杯茶，然后再吃饭吧。

연습문제 41

1　01 A　02 D　03 A　04 A　05 A
　06 B　07 C　08 D　09 B　10 B

2　01 这块点心又香又甜。

02 我买的礼物既便宜又实用。

03 北京既是经济的中心，又是政治文化的中心。

04 他既没来过，我也没去过。

연습문제 43

1　01 A　02 B　03 C　04 B　05 B

2　01 A　02 C　03 B　04 C　05 A

3　01 他不但热情，而且很耐心。

02 她不但会汉语，而且英语也很好。

03 他不但喜欢吃中国菜，而且会做中国菜。

04 这个台灯不但便宜，也好看。

05 她不但漂亮，而且很有礼貌。

06 她不光学插花，而且还学烹饪。

07 他不仅是画家，也是书法家。

08 他不仅身体结实，功课也很好。

09 今天不但没下雨，反而十分晴朗。

10 我不但不觉得冷，反而觉得有点儿热。

연습문제 44

1 01 D 02 A 03 B 04 B 05 A

2 01 或者昇学，或者找工作，由你自己
      决定。

   02 或者你去，或者我去，我看都可以。

   03 无论刮风或者下雨，旅行的计划不变。

   04 要么喝咖啡，要么喝红茶。

   05 要么坐公共汽车去，要么坐出租
      汽车去，步行去就太累了。

   06 要么你给他打个电话，要么你写
      封信，让他早点儿回来。

   07 她每天不是打球，就是游泳。

   08 这个饭馆儿的菜不是太甜，就是太咸。

   09 不是去苏州就是去杭州。

   10 坐九路车，还是坐十九路车，一时
      拿不定主意。

연습문제 45

1 01 D 02 A 03 B 04 C 05 C

2 01 C 02 D 03 C 04 B 05 D
   06 B 07 A 08 A 09 C 10 A

3 01 因为现在我没有钱，所以买不起
      那个东西。

   02 因为我生病了，所以不能上学。

03 因为我很晚回家，所以母亲很生气。

04 因为那个东西不好，所以我没买。

05 由于没有决心，所以他学了好几
   年汉语也没学好。

06 由于她平时认真学习，因此这次
   考试得了第一名。

07 他有很丰富的经验，因此我们要
   向他学习。

08 我是坐火车去的，因为我喜欢看
   沿途的风景。

09 他之所以学汉语，完全是因为工
   作的需要。

10 你既然学中国话，就要认真学习。

연습문제 46

1 01 A 02 A 03 B 04 B 05 B

2 01 D 02 C 03 B 04 B 05 C

3 01 他虽然年纪很大，但是身体很健康。

   02 我虽然学了一点儿汉语，可是还
      是听不懂。

   03 这次旅行虽然用了很多钱，可是
      我们玩儿得很愉快。

   04 这件衣服虽然好看，可是太小。

   05 虽然他很努力，但是成绩却不太好。

   06 他虽然很年轻，可是很有经验。

   07 我虽然很想到中国去，可是没有机会。

   08 他虽然在中国住了很久，可是听
      不懂汉语。

   09 我尽管已经离开中国，但是常常
      想起中国朋友。

   10 虽然汉字很难，可是我一定要学。

1 ①A ②A ③D ④D ⑤A
  ⑥B ⑦C ⑧A ⑨B ⑩C

2 ① 要是买不到机票，我们就坐火车去吧。
  ② 他要是还睡觉呢，你就别叫他。
  ③ 要是明天不下雨，我们就去游览故宫。
  ④ 如果不下雨，我们就骑车去。
  ⑤ 要是你不去的话，我也不去。
  ⑥ 请给我打电话，要不然我不跟你说话。
  ⑦ 该休息就休息，否则的话，身体会垮的。
  ⑧ 上次去市里，要不是遇到了老师，我可能就回不来了。
  ⑨ 昨天要不是你帮助我，我肯定会受骗的。
  ⑩ 幸亏他提醒了我，不然我就忘了。

1 ①C ②B ③B ④A ⑤C
  ⑥C ⑦A ⑧D ⑨B ⑩C

2 ① 即使你不来，我也会等你的。
  ② 即使明天下雨，我们也得上班。
  ③ 即使你不再见我，我也不会生气的。
  ④ 即使天气很好，你也不能出去。
  ⑤ 即使他有空，他也不会来的。
  ⑥ 即使这个比较贵，我也要买。
  ⑦ 即使我是个有钱的人，我也不会浪费金钱的。
  ⑧ 尽管跟他谈了半天，他还是想不通。
  ⑨ 就算你不邀请我，我也会来。
  ⑩ 你就是起来晚了，也应该去上课。

1 ①D ②D ③A ④A ⑤B
2 ①B ②C ③B ④B ⑤C
  ⑥C ⑦B ⑧D ⑨B ⑩A

3 ① 一到夏天，我们就在这儿游泳。
  ② 我一喝酒，就脸红。
  ③ 只要你肯努力，就一定能学好。
  ④ 只要你去，问题就能解决。
  ⑤ 只有多听多说，你才能学好汉语。
  ⑥ 只有热得不得了的时候，他才开空调。
  ⑦ 除非你参加，她才会参加。
  ⑧ 不管愿不愿意，他得解决那件事。
  ⑨ 不管做什么事情，都要有耐心。
  ⑩ 无论多么忙，他也不忘记看报。

1 ①D ②B ③B ④A ⑤D
  ⑥D ⑦B ⑧B ⑨B ⑩C

2 ① 我宁愿扔掉，也不给他。
  ② 宁可饿肚子，也不能干这种活儿。
  ③ 宁可自己为难，也不让大家受苦。
  ④ 宁可不吃饭不睡觉，也要完成任务。
  ⑤ 与其喝咖啡，不如喝茶。
  ⑥ 与其看这本书，倒不如睡觉。
  ⑦ 与其向她借钱，不如不吃饭。
  ⑧ 与其在家玩，不如去图书馆。
  ⑨ 你与其坐船去，不如坐火车去。
  ⑩ 与其等车，不如走路去。

1 01 B 02 D 03 B 04 C 05 C
  06 A 07 A 08 B 09 A 10 B

2 01 为了取得好的成绩，他努力学习。
  02 为了买张预售票，我等了五个小时。
  03 多穿点衣服，省得感冒。
  04 明天你早点来，省得我们等你。
  05 你早一点给家里写信，免得家人担心。
  06 开车不要超速，以免发生交通事故。
  07 你躲开点儿，我好过去。
  08 你大点儿声说，好让大家都能听见。
  09 大家多发表意见，以便进一步修改。
  10 他到中国去，为的是学好汉语。

연습문제 52

1 01 谁有时间，谁就做饭。
  02 母亲做什么，我们就吃什么。
  03 能买多少，就买多少。
  04 你想买什么，就买什么。
  05 你想去哪儿，我们就去哪儿。
  06 哪辆快，我就坐哪辆。
  07 怎么好看，就怎么包装。
  08 什么时候做完，我就什么时候回家。
  09 他们唱得真好。怎么唱，怎么好听。
  10 你什么时候看完，我就什么时候看。

실전 모의고사

실전 모의고사 (30문제 20분)

✳ 第一部分

1 A 服务质量的好坏 B 应该由 C 广大消费者 D 评判。（来）

2 和陌生人 A 在一起 B 的时候，她 C 变得 D 很沈默、很安静。（往往）

3 A 就是这工程 B 那工程，好像 C 离开了"工程"二字就不能 D 说明其规模了。

（动不动）

4 A 攒了 B 那么一点儿钱，一下子 C 让你 D 赔进去了一大半。（好不容易）

5 A 漂亮的女孩 B 都 C 是，可 D 哪一个是属于我的呢？ （到处）

6 你看你 A，怎么 B 把东西堆 C 到处都是 D？ （得）

7 妈妈从家乡给我寄 A 来 B 一包新鲜的龙井茶，我又可以喝到 C 那清心爽肺的家乡茶 D。（了）

8 我 A 觉得 B 比替别人拿主意更 C 让人 D 烦恼的事情了。（没有）

9 那天我 A 坚持给你拍照，B 不是我想为难你，是因为 C 报道新闻 D 是一个记者的职责。（之所以）

10 A 中国体育代表团的选手们 B 正在 C 参加 D 雅典的奥运会作各种准备。（为）

✳ 第二部分

11 据说常喝这种啤酒的人，多年来都未曾患＿＿＿＿任何炎症。

  A 着　　　　　B 过　　　　　C 了　　　　　D 的

12 哈尔滨＿＿＿＿美丽的冬日景色而闻名全国。

  A 以　　　　　B 用　　　　　C 把　　　　　D 让

13 在辽宁省的各市县中，凤城算不＿＿＿＿是大的县。

  A 出　　　　　B 进　　　　　C 上　　　　　D 下

14 真没想到，时隔八年＿＿＿＿他的性格丝毫没有改变。

  A 都　　　　　B 却　　　　　C 而　　　　　D 并

15 整个大厅布置得富丽堂皇，尤其是那两______古香古色的吊灯更是耀眼夺目。

    A 件   B 架   C 盏   D 双

16 奔腾不息的黄河随地势______西向东流入渤海。

    A 朝   B 向   C 往   D 由

17 他那铿锵有力的话语，______在场的每一个人都兴奋起来。

    A 给   B 把   C 被   D 使

18 开学仅仅一个月，她旷课就已达8次______多。

    A 的   B 地   C 得   D 之

19 不知是哪一句话刺激了他的神经，他忽然激动______。

    A 过来   B 出来   C 来   D 起来

20 农贸市场里的东西多得______，蔬菜呀、水果呀、鱼呀、肉呀、什么都有。

    A 非常   B 很   C 更   D 最

21 ______时间很紧，我们只参观了东陵、北陵两个景点。

    A 对于   B 为了   C 由于   D 即使

22 丹尼尔希望在伤愈之后参加英国皇家空军，____念拯救他生命的威尔斯上校。

    A 好   B 以   C 为   D 以便

23 科学家们发现，吸烟______可以引起呼吸系统疾病，______会导致神经系统的病变。

    A 既然～那么～   B 即使～也～   C 不仅～还～   D 固然～可是～

24 ______有多少理由，这么做______是不对的。

    A 只要～就～   B 要是～就～   C 虽然～却～   D 不管～都～

25 老了，这身体______________了。

    A 不行说就不行   B 说不行就不行   C 就不行说不行   D 就说不行不行

26 你______________，何必委屈自己呢？

    A 要是想不去不去就好了   B 要是不想去就不去好了

    C 想不去要是好了就不去   D 要是好了想不去就不去

27 ______________，中式快餐仍然以其独特的优势引领着中国人的饮食潮流。

    A 同时在引进西式的快餐   B 西式的快餐在同时引进

    C 在引进西式快餐的同时   D 引进的西式快餐在同时

28 夜里，我躺在床上，_____________________。

    A 睡不着怎么也　　B 怎么也睡不着　　C 睡也不着怎么　　D 怎么睡不着也

29 小说家总是充满了想像力，无论什么结局_____________________。

    A 想像可以都是在他们的看来　　　　B 在他们看来都是可以想像的

    C 在他们看来都是想像可以的　　　　D 是可以想像的在他们都看来

30 你说的_____________________。

    A 让人信服的是这些话　　　　　　　B 这些话是让人信服的

    C 是这些话让人信服的　　　　　　　D 是让人信服的这些话

실전 모의고사 (30문제, 20분)

✳ 第一部分

1 和女朋友分手之后, 小张 A 觉得自己应该 B 忘了她, 可是最后发现自己 C 无论如何 D 做不到。(都)

2 夜深人静, 他经常 A 一个人 B 躺在床上问自己 C 这些天你都 D 做些什么?(在)

3 A 考试马上就要开始了, B 自行车却 C 坏在了半路上, D 小明急得快要哭了出来。(把)

4 领导已经提醒大家 A 今天的任务 B 很重要, 他 C 仍然迟到了, D 是没有把这事放在心上。(分明)

5 A 你已经来了, B 就坐下喝碗茶吧, 我 C 想也不会 D 耽误你太多的时间。(反正)

6 A 你今天来, B 明天我们老板 C 就要去外地了, D 一去就是十天。(幸亏)

7 由于 A 北方地区植被遭到严重的破坏, 沙漠 B 离北京已经越来越近, 北京城区今年春天 C 几次遭到了风沙的 D 袭击。(一连)

8 以我们目前的水平, A 能冲出亚洲 B 去参加世界比赛 C 也不会取得很好的成绩, D 被人踢个五比零也不好看。(即使)

9 你明知自己 A 斗不过他却偏要去, B 是拿鸡蛋碰石头, C 非要碰个头破血流 D 才肯放手。(好比)

10 你看你, A 早不说晚不说, B 这个时候来凑什么热闹, C 我哪有时间去管你的 D 这点小事! (这会儿)

✳ 第二部分

11 这些孩子是多么可爱啊! 那一______笑脸就像盛开的花朵那样灿烂!

    A 块块　　　　B 面面　　　　C 张张　　　　D 朵朵

12 从飞机上看去, 黄河就______一条弯弯曲曲的布带静静地躺在华北大地上。

    A 比如　　　　B 似乎　　　　C 像　　　　D 同

13 这栋房子外表_______十分普通, 里面的装饰却格外地豪华。

   A 看上去   B 看下去   C 看出来   D 看进去

14 从大学毕业那年起, 他_______这一行已经整整十年了。

   A 来   B 从事   C 进行   D 参加

15 这个地区有丰富的自然资源, 但交通却_______不便。

   A 极大   B 很大   C 很多   D 极为

16 参加这次国际语言学术研讨会的有_______世界各地的近三百名代表。

   A 从来   B 由于   C 来自   D 自从

17 这座图书馆的藏书量十分丰富, 我们可以好好地_______利用。

   A 给予   B 加以   C 得以   D 给以

18 你是湖南人, 我是江西人, _______我们也算是半个老乡。

   A 说起来   B 听起来   C 想起来   D 看起来

19 世上没有免费的午餐. 也就是说, 人家不会白白地送东西_______你。

   A 为   B 给   C 向   D 对

20 网络_______一种快捷的通迅方式并没有普及到所有的中国家庭当中, 因为目前的
条件还不成熟.。

   A 对于   B 以   C 当做   D 作为

21 既要发展当地的工业, 又要保护环境, 这确实让当地的官员们很伤_______。

   A 脑力   B 脑筋   C 脑袋   D 头脑

22 我虽然六岁起就开始练习写毛笔字, 但也还谈不_______精通书法。

   A 上   B 来   C 着   D 料

23 他曾经有_______两个女朋友, 后来都分手了。

   A 了   B 着   C 过   D 的

24 小明本以为这次考试成绩会相当不错, 可是当他从老师手里拿到试卷时立刻就
_______在了原地。

   A 愣   B 惊   C 傻   D 笨

25 新时代的大学生_______要学好自己的专业知识, _______要接触其他学科, 为将来
走上社会做准备。

   A 既然~就~   B 即使~也~   C 不但~还~   D 凡是~都~

26 一个人______想获得别人的尊重, ______要先尊重别人。

   A 因为~所以~   B 要~就~   C 只有~才~   D 不但~而且~

27 孩子是未来的希望, 所以我们_____穷_____不能穷孩子。

   A 既然~也~   B 除非~否则~   C 无论~也~   D 再~也~

28 网上购物已经成为________________________________。

   A 消费方式当前比较流行的一种

   B 当前一种比较流行的消费方式

   C 比较流行的一种当前消费方式

   D 一种比较流行的消费方式当前

29 他那种表情________________________________。

   A 好像都不在乎对什么似的

   B 都不在乎好像对什么似的

   C 对什么似的都不在乎好像

   D 好像对什么都不在乎似的

3О 这个公司________________________________。

   A 对每一名新员工都要进行30天的正式培训

   B 都要进行30天的正式培训对每一名新员工

   C 正式培训对每一名新员工30天的都要进行

   D 30天的正式培训都要进行对每一名新员工

＊ 第一部分

1 母亲 A 临终前, B 跟儿子说希望通过他 C 实现她生前没有实现的愿望 D。(来)

2 政府 A 通过菜篮子工程的实施, B 使农民 C 更快地 D 富裕起来。(要)

3 据说那段已经倒塌的城墙原来有十 A 五 B 米宽, 八 C 米 D 高。(多)

4 如果 A 你 B 要 C 先走 D 先走吧, 没人会拦你。(就)

5 原本 A 生着气的她 B, 被他的幽默 C 弄 D 笑了。(一下子)

6 对于今天的演讲, 他 A 早 B 有准备, C 表现 D 得沈着而幽默。(似乎)

7 这个结局并未 A 出乎他的预料, 可 B 他却 C 接受不了 D 这个现实。(无论如何)

8 A 夜已经 B 很深了, C 外面马路上 D 就没人了, 哪儿还会有卖水果的? (早)

9 人在高兴的时候 A 往往会 B 把好多 C 不该忘记的事也 D 忘记了。(给)

10 她 A 生活在一个不是在教室 B 就是在宿舍 C 封闭环境里 D。(的)

＊ 第二部分

11 昨天, 这个与家人走散了的孩子在警察的护送________, 安全地回到了家。

    A 中   B 内   C 下   D 上

12 我终于还是控制不住那发________内心的愤怒, 跟他大吵了一场。

    A 从   B 自   C 在   D 出

13 一个小小的疏忽, 使我再________见不到那个最爱我的人了。

    A 连   B 又   C 还   D 也

14 每逢春节, 家家户户都要把自己的家里打扫得________的。

    A 干净干净   B 干干净净   C 干净极了   D 很干干净净

15 我看您也别操心了, ________他都不在乎, 您还在乎什么?

    A 尽管   B 虽然   C 既然   D 只有

16 李燕在业务上的确有一股子钻劲儿, 遇到难题, 她________自己花半天时间去研究________去问别人。

    A 假若～就～   B 不仅不～还～   C 只有～才～   D 宁可～也不～

17 对国有大企业仍然存在的问题, 我们还要继续进行________。

   A 改革   B 改革改革   C 改革一下   D 改革下去

18 毒贩子们无论如何也没想到, 仅仅半个小时就会________抓获。

   A 被   B 把   C 使   D 让

19 学习汉语难________难, 可是很有意思。

   A 一   B 了   C 是   D 不

2O 我想________了, 她是我的老同学王晓力。

   A 上来   B 起来   C 下来   D 出来

21 你的那________论文发表了吗?

   A 章   B 篇   C 部   D 张

22 过去我们商业部门总是害怕听到顾客挑剔的声音, 其实正是这种声音才促使商品走________了多样化。

   A 向   B 朝   C 往   D 由

23 世界上________母爱更无私、更伟大的了。

   A 没有什么东西比

   B 比什么东西没有

   C 什么东西没有比

   D 没有比什么东西

24 这是我们到达天山后________, 大家的心情都异常兴奋。

   A 高原之夜的第一个的真正度过

   B 第一个的高原之夜度过真正的

   C 第一个的真正度过的高原之夜

   D 度过的第一个真正的高原之夜

25 人们都是________探望小雪的。

   A 前往医院看到报道后从《沈阳晚报》上

   B 看到报道后从《沈阳晚报》上前往医院

   C 从《沈阳晚报》上看到报道后前往医院

   D 前往医院从《沈阳晚报》上看到报道后

26 也许就是因为这些可爱的孩子, 韩老师对＿＿＿＿＿＿＿＿＿＿并不感到后悔。

    A 一直没有离开这所自己乡村小学

    B 自己一直没有离开这所乡村小学

    C 自己没有一直离开这所乡村小学

    D 没有自己离开这所乡村小学一直

27 这个人我肯定认识, 可是我却怎么也＿＿＿＿＿＿＿＿＿＿。

    A 想起不来他的名字了

    B 不想起来他的名字了

    C 想不起他的名字来了

    D 他的名字想不起来了

28 ＿＿＿＿＿＿＿＿＿＿这一对可怜的小姐妹。

    A 那个丧尽良心的房主欺骗了是

    B 是那个丧尽良心的房主欺骗了

    C 那是个丧尽良心的房主欺骗了

    D 欺骗了那个丧尽良心的房主是

29 如果从现在开始, ＿＿＿＿＿＿＿＿＿＿, 用不了多长时间你准会成个大胖子。

    A 你吃多少饭就爱吃多少饭

    B 你爱多少饭吃就吃多少饭

    C 你爱吃多少饭就吃多少饭

    D 你爱吃饭多少就吃饭多少

30 这个我思考了两天后作出的决定无疑是在告诉自己:我的生活＿＿＿＿＿＿。

    A 将某种重大的改变发生

    B 将发生某种重大的改变

    C 将发生重大的某种改变

    D 将某种改变的重大发生

실전 모의고사 정답 및 해설

1	D	2	C	3	A	4	A	5	B
6	C	7	D	8	B	9	A	10	C
11	B	12	A	13	C	14	C	15	C
16	D	17	D	18	D	19	D	20	B
21	C	22	B	23	C	24	C	25	B
26	B	27	C	28	B	29	B	30	B

1 D

'来'가 동사 앞에서 주체자를 강조하는 용법이다. 누가 장차 그러한 행동을 완성하려함을 표시하며, 주로 주체자를 강조하는 '由'와 호응하여 사용된다. 이 문장의 뜻은 '소비자가 서비스 질의 좋고 나쁨을 평가한다'이므로, '来'는 응당 '评判'앞에 놓아야 한다.

2 C

'往往(늘, 항상)'은 부사로서, 동사 앞에 놓여, 과거부터 현재까지의 시간 속에서, 특정한 조건하에서의 어떤 행위나 상황이 일상적으로 규칙적으로 나타남을 표시한다. 이 문제에서 '和陌生人在一起(생소한 사람과 함께 있다)'는 특정한 조건이며, '变得很沈默很安静(매우 침묵적으로 매우 조용하게 바뀐다)'은 일상적 상황이다. 따라서, '往往'은 '变得' 앞에 와야 한다.

3 A

'动不动(걸핏하면)'은 술어 앞에 오며, (원하지 않거나 싫어하는) 어떤 행동이 매우 쉽게 발생함을 나타내며, 뒤에 항상 '就'와 함께 연용된다. 이 문제에서 '这工程那工程(이 공사 저 공사)'은 '工程'이 항상 나타난다는 것을 설명하며, 술어 앞에 '就'가 있으므로, '动不动'은 '就' 앞에 놓아야 한다.

4 A

'好不容易(겨우, 간신히)'는 '好容易'와 용법이 같으며, 동사 앞에 놓여 '쉽지 않음'을 나타낸다. 이 문장에서는 아주 명확하게 돈 버는 것이 어렵다는 것을 설명하고 있다. 따라서 '好不容易'은 동사 '攒' 앞에 와야 한다.

5 B

'到处(곳곳, 어느 곳이든)'는 부사로서, 주로 뒤에 '都'가 연용된다. 따라서 '到处'는 '都' 앞에 와서, 예쁜 여자아이들이 도처에 있음을 나타낸다.

6 C

'得'은 결구조사로서, 동사나 형용사 술어 뒤에서 사용되어 정도보어를 이끈다. 따라서 '堆' 동사술어 뒤에 쓰여, '어디든지 책이 가득 쌓여 있음'을 나타낸다.

7 D

'了'는 동사 뒤에 놓여 동태조사로 쓰여, 동작의 완성을 나타내기도 하며, 또한 문미에 놓여 어기조사로서 상태의 변화를 나타내기도 한다. 이 문제에서 '来'는 '寄'의 방향보어이므로, 응당 '寄'의 뒤에 붙어야 하므로, A는 부적당하며, '喝到'앞에는 '可以'가 있으므로, 동작의 완성을 말할 수 없으므로, C도 틀린다. B와 D의 위치에 모두 '了'가 올 수 있으나, 이 문제의 첫째 구절은 주절이 아니고, 조건이나 원인을 나타내는 종속절로, 결코 '寄来' 동작이 완성되는지 아닌지를 설명하기 위한 것이 아니므로, B에 놓을 수도 안 놓을 수도 있다. 그러나 둘째 구절은 앞절의 원인 때문에, 하나의 상황이 이미 생겨났으므로, 문미에 반드시 변화를 나타내는 '了'를 사용해야 한다.

8 B

'觉得' 뒤의 목적어는 명사가 아니다. 이 문제에서 "觉得"의 목적어 중심어는 명사 '事情'이며, '比~恼'는 '事情'의 관형어이다. 따라서 '比' 앞에 '没有'가 와야 한다.

9 A

　‘之所以~是因为’는 인과관계의 　복문으로, ‘之所以’는 앞절에서 결과를 이끈다. 이 문제에서 ‘坚持给你拍照(당신에게 사진을 찍어주려고 고집부리다)’는 결과이므로, ‘之所以’는 　A에 와야 한다.

10 C

　‘为~做准备’는 전치사와 동사의 고정형식으로, ‘为’는 행위의 목적을 이끈다. 이 문제에서 준비를 한 목적은 ‘参加雅典的奥运会(아테네의 올림픽에 참가하다)’이므로, ‘为’는 응당 ‘参加’ 앞에 와야 한다.

11 B

　‘未曾’과 ‘不曾’은 모두 ‘曾经’의 반대어로, 이전에 없었던 행위나 상황을 나타내며, 뒤에 항상 ‘过’와 연용된다. 따라서 B가 정답이다.

12 A

　‘以’는 전치사로서 주로 전치사구를 이루어 상황어를 만들며, 주로 동사 앞에 쓰여, 의지의 대상, 행위의 방식이나 원인 등을 나타낸다. 항상 뒤에 ‘而’가 호응하여, ‘以~而’의 고정형식을 만든다. 이 문제에서 하얼빈시가 전국적으로 유명한 원인은 ‘美丽的冬日景色(아름다운 겨울경치)’때문이므로, ‘以’를 사용하여 대상과 원인을 이끌어 내었다.

13 C

　‘算不上(~라고 할 수 없다, ~계산에 넣을 수 없다)’은 어떤 수준이나 정도에 도달하지 못함을 나타낸다. 이 문제에서는 ‘凤城’현이 큰 현의 표준에 도달하지 못했음을 설명하므로, C가 정답이다.

14 C

　이 문장은 역접의 문장이다. 이 문제는 8년이라는 긴 세월이 흐르면, 사람의 성격은 응당 약간씩 변하나, 그의 성격은 조금도 변하지 않았음을 뜻한다. 4개의 답안 중 ‘而’와

‘却’이 역접을 나타내나, ‘却’은 부사이어서 주어 앞에 사용할 수 없으며, ‘而’는 접속사로 주어 앞에 올 수 있다.

15 C

　이 문제는 양사에 관한 문제이다. ‘灯’의 양사는 네 개의 양사 중 오직 ‘盏’만 사용된다.

16 D

　이 문제는 황하가 서쪽에서 동쪽으로 흘러 발해에 유입됨을 설명하고 있다. 네 개의 답안 중 ‘由’만 ‘从(~으로부터)’의 의미를 갖고 있으며, 항상 ‘向’과 호응하여 사용된다.

17 D

　이 문제는 사역의 의미를 갖고 있는 전형적인 겸어문에 관한 문제이다. 이런 겸어문의 앞 술어는 주로 청구나 사역의 동사를 사용하며, 뒷부분은 이 동사가 도달한 목적이나 발생된 결과를 나타낸다. 이 문장에서 ‘在场的每一个人都兴奋起来(장중에 있는 모든 사람을 흥분시켰다)’는 앞부분‘他那铿锵有力的话语(그의 그 곱고 낭랑한 힘있는 말은)’가 끌어낸 결과이므로, 중간에 사역의 의미를 나타내는 동사가 있어야 하며, 4개 답안 중 ‘使’만이 그 의미를 구체적으로 갖고 있다.

18 D

‘수량사+之多/之久’는 　고정용법으로, 수량이 많거나 시간이 김을 강조한다.

19 D

　‘起来’는 동사나 형용사 뒤에 쓰여서, 개시나 지속을 나타낸다. 이 문제에서 표현하려는 것은 바로 ‘그의 신경이 자극을 받아 갑자기 격동하기 시작했다.’이므로, 바로 ‘起来’가 정답이다.

20 B

　‘동사+得+很’은 고정용법으로, 정도가 높음을 나타낸다. 기타 3개의 부사는 이런 용법이 없다.

21 C

‘只参观了东陵、北陵两个景点(단지 동릉과 북릉 두 명승지만 참관했다)’의 원인은 ‘时间很紧(시간이 촉박하다)’이므로, 여기에서는 원인을 나타내는 단어를 선택하면 된다. 4개 답안 중 ‘由于(~때문에)’만이 원인을 나타낸다.

22 B

이 문장은 목적의 복문이다. 다니엘이 영국 왕실공군에 참가하는 목적은 그의 생명을 구조한 윌리엄스 상교를 기념하기 위한 것이다. 4개 답안 모두 목적을 나타낸다. 그러나 ‘以便(~하기에 편리하도록)’은 뒷절이 말하는 목적이 쉽게 실현됨을 나타내므로, 본문의 내용과 부합하다. ‘为’가 목적을 나타낼 때는 뒷절에 사용할 수 없으며, ‘好’는 ‘便于’‘以便’의 의미를 갖고 있으며, 뒷절이 앞절의 도달하려는 목적임을 나타내며, 주로 구어체에서 많이 사용되는데, 여기에서는 서면어의 색체가 짙으므로 부적합하다. ‘以’는 목적을 나타내며, 또한 서면어에 많이 사용하기 때문에 이 문제에서 가장 적합하다.

23 C

이 문장은 흡연의 해로움을 말하고 있다. ‘神经系统的疾病(신경계통의 질병)’이 ‘呼吸系统疾病(호흡계통의 질병)’보다 더욱 심하므로, 뒷절이 앞절의 의미보다 한층 강하다. 따라서 이 두 문장은 점층관계이다. 4개의 답안 중 ‘不仅~还~’가 점층관계를 나타낸다.

24 D

이 문장은 조건복문이다. ‘都是不对的(모두가 틀리다)’문장을 통해, 어떠한 조건하에서의 결과나 결론이 모두 변하지 않는다는 것을 알 수 있다. 4개의 답안 중에 ‘不管~都~(~을 막론하고)’만이 이 뜻을 나타낸다. 또한 ‘有多少理由(다소의 이유가 있다)’문장은 ‘不管+의문대사(什么、怎么、哪儿、多小、谁)’의 문형과 일치하고 있다.

25 B

‘说A就A(매우 빠르게 A 하다)’는 고정형식으로, 어떤 행동이나 상황의 발생(출현)이 아주 빠름을 나타낸다. 이 문장은 ‘사람이 늙으면, 신체도 매우 빠르게 나빠진다’는 뜻이므로, 답은 B이다.

26 B

‘要是~就~’는 가정관계의 복문이다. ‘要是’는 가정의 정황을 나타내고, ‘就’는 가정을 전제로 해서 추론된 결론을 이끌어낸다. ‘要是’는 주어 앞 혹은 주어 뒤에 놓을 수 있으므로, 응당 ‘你’뒤에 와야 한다. 또한 ‘好了’는 항상 문장의 끝에 와서 어기를 가볍게 하는 작용을 한다. 이로 볼 때, C、D는 정답에서 제외된다. A에서 조동사 ‘想’ 뒤의 ‘不去不去’ 문장은 문법에 어긋난다. 따라서 정답은 B이다.

27 C

명사 ‘同时’는 ‘같은 시간’이란 뜻으로, 항상 ‘在…同时’의 고정형식을 취하여 문장의 앞에 위치하며, 부사어로서 뒷 상황이 앞 상황과 동일한 시간에 발생됨을 나타낸다. 따라서 C가 정답이다.

28 B

의문대사 ‘怎么’가 임의의 사람이나 사물을 강조할 때, 뒤에는 ‘也’나 ‘都’가 호응하며, ‘어떤 방법에도 관계없이’ ‘어째든’의 뜻을 갖는다. 이 문장에서는 부정을 강조하여, 밤에 잠을 잘 수 없음을 강조한다. 따라서 ‘怎么也’ 뒤에는 응당 강조하는 내용 ‘睡不着(잠을 잘 수 없다)’가 와야 한다.

29 B

고정구인 ‘在~看来’사이에는 명사나 대명사가 들어가며, 문두 혹은 술어 앞에 위치하여, 어떤 관점이나 태도를 구체적으로 설명한다. 이렇게 볼 때, A나 D는 답에서 제외된다. 또한, 조동사 ‘可以’는 응당 동사 ‘想像’앞에 놓아야 하므로, 정답은 B이다.

이 문장은 ‘是~的’ 강조문으로 화자의 견해나 태도를 강조한다. ‘是’와 ‘的’사이는 강조하는 내용이 온다. 이 문장의 뜻은 ‘你说的这些话(당신이 말한 이 말들)’이 ‘让人信服(사람들을 신복하게 하였다)’는 내용이다. 따라서, ‘让人信服’은 응당 ‘是’와 ‘的’사이에 놓아야 한다. 따라서 정답은 B이다.

○2 실전 모의고사

1	D	2	D	3	D	4	D	5	A
6	A	7	C	8	A	9	B	10	C
11	C	12	C	13	A	14	B	15	D
16	C	17	B	18	A	19	B	20	D
21	B	22	A	23	C	24	A	25	C
26	B	27	D	28	B	29	D	30	A

1 D

‘都’는 총괄을 표시하며, 총괄하는 성분은 그 앞에 있다. ‘无论如何都’는 ‘어떠한 상황하에서도 모두’란 뜻이다.

2 D

‘在’는 부사로서, 동작의 진행이나 상태의 지속을 나타낸다. 이 문장에서는 시간사 ‘这些天’의 제한이 있기 때문에, 과거부터 지금까지의 장기적 지속상태를 표시한다. 만약 C를 정답으로 선택한다면, ‘做’뒤에 ‘了’를 넣어야 한다.

3 D

‘把’는 전치사로서 여기서는 처치를 나타내는 것이 아니라 사역의 의미로 쓰여, ‘소명을 울게 할 뻔 했다’는 뜻이다. 동사나 형용사 뒤에서 보통 ‘得’자로 정도보어를 이끌기도 한다. 만약 B를 선택한다면, ‘却’은 반드시 문두에 와야지, 문중에 놓을 수는 없다.

4 D

‘分明(분명히, 확실히)’은 부사로서, 여기서는 부사어로 쓰였다. 예: ‘他这样做, 分明是想消耗对方的体力.(그가 이렇게 한다는 것은 분명히 상대방의 체력을 소모하고 싶다는 것이다)’

5 A

‘反正(어차피, 어쨌든, 아무튼)’은 부사이다. 용법은 두 가지로, 첫째는, 어떠한 상황에서도 결론이나 결과가 변하지 않음을 강조한다. 앞절에는 항상 ‘无论, 不管’이 오거나 혹은 상반되는 두 가지 상황을 나타내는 말들이 온다. 주로 주어 앞에 위치한다. 둘째는 앞 절에서 상황이나 원인을 강조하며, 뜻은 ‘既然(이미 이렇게 된 이상)’과 비슷하나, 어기는 좀 강하다. 주로 동사나 형용사 혹은 주어 앞에 위치한다. 뒷 절은 보통 ‘就’가 호응하여, 추론한 결론을 서술한다. 예: ‘反正也晚了, 就不必走那么急了.(이미 늦은 바에야, 그렇게 급하게 걸을 필요 없다)’ 본 문제는 두 번째 용법에 해당한다.

6 A

‘幸亏(다행히, 운좋게)’는 부사로서 우연히 나타난 유리한 조건 때문에, 요행히 나쁜 뒤의 결과를 피함을 나타낸다. 예 : ‘幸亏有你作证, 否则我真说不清楚(운좋게도 증명할 네가 있구다, 그렇지 않았다면, 나는 정말로 정확하게 말하지 못했을 것이다)’

7 C

‘一连(계속해서, 연이어)’은 부사로, 동작이나 상황의 연속적인 발생을 나타내며, 뒤에는 주로 동사나 수량사가 온다. 예 : ‘一连下了三天雨.(계속해서 사흘간 비가 내렸다)’ ‘一连三年获得丰收.(연이어 3년간 풍작을 거두었다)’

8 A

‘即使(설령 ~하더라도)’는 접속사로서 가정의 양보를 나타내며, 주절에는 ‘也’가 호응하여 그 상황에 영향을 받지 않는 결과를 서술한다. 이 양보복문은 아직 발생되지 않은 일을 나타낸다. 예 : '即使让他发现了，也没什么大不了的.(설령 그에게 발각된다하더라도, 뭐 그리 대단한 것도 아니다)'

9 B

'好比(흡사 ~과 같다)'는 '如同'의 의미로, 이 말 이후의 상황과 같다는 뜻이다. 뒤에는 반드시 명사나 동사(구)가 목적어로 와야 하며, '好比'뒤에는 '是'가 올 수 있다. 예 : '你这样做，就好比是搬起石头砸自己的脚.(네가 이렇게 하는 것은, 돌을 들어서 자신의 발을 내리치는 것과 같다)'

10 C

'这会儿'는 '지금, 이 때'의 뜻이다. 예 : '这会儿我抽不出空儿来，过会儿吧!(지금 나는 틈을 낼 수 없다, 좀 지나고 보자!)'

11 C

'张'은 '脸'의 양사이며, '张张'은 많은 아이들의 얼굴을 나타낸다. 또한, '块块'는 덩어리 모양의 사물의, '面面'은 편평한 사물의, '朵朵'는 꽃과 구름의 양사를 나타낸다.

12 C

'像'은 비유함을 나타내며, '比如'는 예를 들어 설명하며, '似乎'는 '인 듯하다'는 뜻으로, 부정확한 느낌이나 판단을 나타낸다. '同'은 가리키는 사물이나 상황과 같음을 나타낸다.

13 A

'看上去'는 '보아하니'란 뜻으로, 겉을 보고 평가하거나 예측함을 나타낸다. 또한 '看下去(내려다 보다)'는 위에서 아래로 향함을, '看出来(알아내다)'는 식별해냄을, '看进去(들여다 보다)'는 밖에서 안으로 향함을 나타낸다.

14 B

'从事(종사하다)'는 사업에 투신함을 나타내

며, 기타는 '行(직업)'과 상관이 없으므로, 답은 B이다.

15 D

'极为(매우)'는 정도부사로, 정도가 매우 심함을 나타내며, 주로 多音节의 형용사나 동사 술어를 앞에서 부사어로 쓰인다. 주로 서면어에 많이 쓰이며, 어기가 비교적 장중하다. '极大'는 부사어로 뒤에 반드시 '地' 붙여야 하며, '很大'는 관형어로 쓰이지, 부사어로는 쓰이지 않으며, '很多'는 술어나 관형어로 쓰이며 부사어로는 쓰이지 않는다.

16 C

'来自'는 동사로서, '~로부터 오다'는 뜻이다. '从来(지금까지)'는 부사로서 과거부터 지금까지를 나타내며, '由于(~때문에)'는 접속사로 원인을 나타내며, '自从(~이래)'은 전치사로서 과거의 시간기점을 나타낸다.

17 B

'加以(~을 가하다)'는 동사로서, 뒤에는 반드시 2음절 동사나 동목구조가 와야 하며, 앞에 제시된 사물에 대하여 동작을 가함을 나타낸다. '加以'는 형식적인 동사이며, 진짜 동사는 뒤의 동사이다. 예 : 加以改进(개선을 가하다), 加以解决(해결을 가하다) '给以(주다)'와 '给予(주다)'는 동사로서, 어떤 대상에게 사물이나 대우를 주는 것을 나타낸다. 예 : 给予他人民英雄的荣光称号.(그에게 인민영웅의 영광칭호를 주었다). '得以(~할 수 있다)'는 조동사로서, 어떤 조건에 의지하여, '할 수 있음'을 나타낸다. 서면어에 사용하며, 단독으로 대답할 수 없으며 부정문의 형태도 없다. 이 때 '以'는 아무런 뜻이 없다. 따라서 정답은 B이다.

18 A

'说起来'는 관용어로서, 어떤 방면이나 각도로부터 '말하자면'의 뜻이다. 예 : '说起来, 我还是你的校友呢!(말하자면, 나는 그래도 너의 교우이다!)' '听起来'는 '들어보니'의 뜻이며,

'想起来'는 '생각나다'는 뜻이며, '看起来'는 '보아하니'의 뜻이다. 예 : '这首曲子听起来有些熟悉(이 곡은 들어보니 약간 익숙하다)' '那场面我想起来就恶心.(그 장면이 생각나면, 나는 곧 구역질이 난다)' '这头野兽看起来十分凶恶.(이 야수를 보아하니 매우 흉악스럽다)'

19 B

이 문제에서 '给'은 '주다'는 뜻이다. 예 : '这件衣服我穿有点儿小, 给你吧.(이 옷은 내가 입기에는 좀 작으니, 너에게 주겠다)' '你'는 동작의 접수자이지, 目的宾语나 对象宾语가 아니므로, '为' '向' '到'를 사용할 수 없다.

20 D

'作为(~의 신분(자격)으로서)'는 동사로, 사람의 신분이나 사물의 성질에 관하여 말할 때 쓰이며, 뒤에는 반드시 명사 목적어가 뒤따르며, 부정식은 없다. '一种快捷的通迅方式(일종의 빠른 통신방식으로서)'는 바로 네트워크의 한 성질을 가리키는 것으로, 주어 '网络(네트워크)'와 동일한 사물이다. '对于(~에 대하여)'는 전치사로, 사람, 사물, 행위 사이의 대응 관계를 나타낸다. 예 : '我们对于任何问题都要做具体的分析.(우리들은 어떠한 문제에 대해서도 구체적인 분석을 해야 한다)' '以(~으로써)'는 전치사로 쓰여, 어떤 방식과 수단을 의지함을 나타낸다. 예 : '他以飞快的速度到达了终点.(그는 재빠른 속도로 종점에 도달하였다)' '当做(~로 여기다, ~로 간주하다)'는 동사로 쓰이며, 뒤에 '了'를 동반할 수 있으며, 주로 把字文이나 被字文에 쓰인다. 예 : '他被别人当做了宣传的工具使用.(그는 다른 사람에게 선전의 공구로 간주되어 사용되었다)'

21 B

'伤脑筋'은 숙어로 '골머리를 앓다, 골치 아프다'의 뜻으로 쓰인다. 따라서 정답은 B이다.

22 A

'谈不上'은 '(~라고 까지) 말할 수 없다'는 뜻으로, 수준이나 정도가 사실과 동떨어져 있음을 나타낸다. 예 : '我只是爱好, 谈不上专业.(나는 단지 취미일 뿐이지, 전공이라고 말할 수는 없다)' '谈不来'는 '대화가 안 된다'는 뜻으로, 서로 간에 공통화제가 없음을 나타낸다. 예 : '我和他根本就谈不来.(나는 그와 근본적으로 대화가 안 통한다)' '谈不着'은 '说不通'의 의미로, '서로 말이 통하지 않는다'는 뜻이며, '谈不了'는 '대화를 할 방법이 없다, 말할 수 없다'는 뜻이다.

23 C

'有'동사 뒤에는 '了、过、着' 등이 올 수 있다. '过(~한 적이 있다)'는 동작이나 행위를 경험했거나 종결했음을 나타내며, 문중의 '了'는 주로 동작의 완료를 나타내며, '着'은 상태의 지속을 나타낸다. 예를 들면, '他答应过.'는 '그는 대답한 적이 있다'는 뜻이며, '有了'는 '찾았다'는 뜻이며, '有着'은 '있다, 가지고 있다'는 뜻이다. 또한 '了'와 '着'는 시간부사인 '曾经'이나 '后来' 등과 호응할 수 없다.

24 A

'愣(멍청하다, 어리둥절하다)'은 뜻밖에 발생한 일 때문에 생겨난 반응을 나타내며, '惊(놀라다, 의아해하다)'은 단독으로 술어가 되지 못한다. '傻(어리석다, 미련하다)'는 머리가 멍청하여, 사리가 분명치 않음을 나타내며, '笨(어리석다, 둔하다)'은 머리회전이 느리고 손발이 둔함을 나타낸다.

25 C

이 문제는 복문에 대한 것으로, '不但~, 还~(~할 뿐만 아니라, 또한~한다)'는 점층관계의 복문으로, 앞 절은 이미 알고 있는 내용이며 뒷 절은 강조하는 내용이다. '既然~, 就~(이미~된 바에야, ~하다)'는 추리인과문으로, 종속절은 기정의 사실을 나타내며 주절은 결론을 이끈다. '即使~, 也~(설령~할지라도, ~이다)'는 양보관계의 복문으로, 종속절은 양보나 가설 상황을 나타내며, 주절은 그 상황에 영향을 받지 않는 결과를 나타낸다. '凡是(대체로, 무릇)'는 부사로서, 주어 앞에서 일정한 범위내에서 예외가 없음을 나타내며, 주로 '都'와 호응한다.

26 B

'要~, 就~(~할려면, ~해야한다)'는 가정복문으로, '要' 뒤에는 주로 동사구가 오며, 종속절은 가정을, 주절은 가정을 실현할 수 있는 필수조건을 나타낸다. 또한 '因为~, 所为~(~때문에, 그래서~)'는 인과관계를, '只有~, 才~(~해야만, 비로소~하다)'는 유일의 조건을, '不但~, 而且~(~할 뿐만 아니라, 또한~하다)'는 점층관계를 각각 나타낸다. 예 : '要想学好汉语, 就得下苦공부.(만약 중국어를 잘 할려면, 힘들여 공부해야 한다)' '只有提高服务质量, 客流量才会增加.(서비스 품질을 높여야만, 승객들의 흐름량을 증가시킬 수 있다)' '不但会写, 还会算.(쓸줄 알 뿐만 아니라, 계산할 줄도 안다)'

27 D

'再~也~(설령~할지라도, 어쨌든)' 가정의 양보문으로, 뒤에는 '也, 还是'가 호응한다. 예 : '再苦也要坚持下去.(설령 고통스럽다 할지라도, 견지해야 한다)' 또한 '然~, 也~(이미~된 바에야,~하다)' 추리인과문으로 종속절은 기정의 사실을 나타내며, 주절은 결론을 이끌며, '非~否则~(반드시~해야 한다, 그렇지 않으면~할 것이다)' 조건복문으로, 종속절은 조건을, 주절은 그 결과를 설명한다. '论~也~(~을 막론하고,~이다)' 무조건문으로, 어떠한 조건에서든 결과 혹은 결론이 변하지 않음을 나타낸다.

28 B

이 문제는 문장 순서에 관한 것이다. 수량사, 시간사, 장소사와 묘사성 형용사가 동시에 명사를 수식할 때는 시간사, 장소사, 수량사, 묘사성 형용사 순서로 배열해야 한다.

29 D

'好像~似的(마치~과 같다)'은 고정구로서, 비교를 나타낸다. '什么'는 '都'앞에 위치하며, 말하려는 범위 내에서 예외가 없음을 나타낸다. '对什么都'는 '不在乎'의 부사어이다.

30 A

'要进行'은 '正式培训'의 술어이며, '都'는 부사어이다. '对每一名新员工'은 부사어로서 술어 앞에 놓아야 한다.

1	C	2	A	3	D	4	D	5	C
6	A	7	C	8	D	9	D	10	C
11	C	12	B	13	D	14	B	15	C
16	D	17	A	18	A	19	C	20	B
21	B	22	A	23	A	24	D	25	C
26	B	27	C	28	B	29	C	30	B

1 C

여기에서 '来'는 동사 앞에서 주체자를 강조한다. 누가 장차 그러한 행동을 완성하려함을 표시한다. 이 문장의 뜻은 어머니는 그녀가 생전에 이루지 못한 바람을 실현시키는 것이다. 따라서 '来'는 '实现' 앞에 와야 한다.

2 A

조동사 '要'는 어떤 일에 대한 바람을 나타내며, '希望'의 뜻을 가지고 있으며, 동사 앞에 놓아야 한다. 만약 동사 앞에 부사어가 있으면, 부사어 앞에 와야 한다. 이 문장에서 정부가 희망하는 것은 '使农民更快地富裕起来(농민에게 더 빨리 부유해지도록 하는 것)'으로, '通过~'는 '使~'의 부사어이다. 따라서 '要'는 '通过'앞에 와야 한다.

3 D

‘多’는 대략의 수를 나타낸다. 정수 뒤에 놓으며, 나머지를 나타낸다. 만약 숫자가 十、百、千、万 등이 오면, ‘多’는 양사 앞에 와야 하며, ‘수사+多+양사’의 순이 되며, 만약 위수사가 오면, ‘多’는 양사 뒤에 와야 하며, 형식은 ‘수사+양사+多’의 순서가 된다. 따라서 ‘多’는 D에 와야 한다.

4 D

‘如果~就~’는 가정관계의 문장으로, ‘如果’는 가정의 상황을 끌어내며, ‘就’는 가정의 전제하에 생겨난 결론을 이끈다. 이 문장에서 가정의 상황은 ‘你要先走’이므로, ‘就’는 응당 D에 놓아야 한다.

5 C

부사 ‘一下子(돌연, 단번, 일시)’는 행위나 상태가 짧은 시간에 신속히 발생하거나 출현함을 나타내며, 반드시 동사 앞에 쓰인다. A는 문제의 의도에 맞지 않고(신속하게 발생된 것이 ‘화남’이 아님), B、C는 어법규칙에 맞지 않으므로, ‘一下子’는 C에 놓아야 한다.

6 A

‘似乎(마치~인 것 같다)’는 부사로서, 동사 앞에 놓아야 하며, ‘好像’과 같은 의미로, 그다지 긍정하지 않은 느낌이나 판단을 나타낸다. 따라서 D는 배제된다. ‘早’는 부사로서, 동사 앞에 사용되며, ‘오래 전에’라는 의미를 나타내며, 문장에서는 ‘有准备’를 수식한다. 문제의 의도에 의거하면, 그다지 긍정하지 않는 판단은 ‘早有准备’이지, ‘有准备’가 아니다. 즉, ‘早有准备’는 ‘表现得沈着而幽默’으로부터 이끌어낸 일종의 추측이므로, ‘似乎’는 ‘早’앞에 와야 한다.

7 C

‘无论如何’는 조건이 어떻게 변하든 간에, 결과는 모두 같음을 나타내며, 결과를 강조하는 어기이다. 뒤에는 항상 ‘也’나 ‘都’가 호응하여 사용된다. 이 문제는 역접의 문장으로, 일반적인 정황에 의하면, 결말은 예측할 수 없어도, 응당 받아들여야 하나, ‘그’는 받아들일 수 없었다. 즉 뒤의 결과는 앞이 어떤 상황이든 그 영향을 받을 수 없음을 강조하는 것이다. 따라서 ‘无论如何’는 마땅히 C에 놓아야 한다.

8 D

‘早’는 부사로서, 동사나 형용사 앞에 사용되어, 상황의 발생이 아주 일찍 발생했음을 나타낸다. 문미에는 항상 ‘了’가 사용되며, ‘早’ 뒤에는 항상 ‘就’나 ‘已’등이 사용된다. A, B, C는 모두 어법규칙에 어긋난다. 이 문제의 의도는 ‘哪儿还会有卖水果的’를 강조하는데 있으므로, ‘早’는 ‘就’앞에 놓아야 한다.

9 D

‘给’는 여러 용법이 있다. 동사로 쓰여서, ‘주다’는 뜻을 나타내기도 하고, 전치사로 쓰여 대상을 이끌기도 하며, 또한 파자문이나 피동문에서 동사 앞에 놓여 조사로 쓰여 동작 행위의 대상, 즉 동작의 지배를 받는 사람이나 대상을 강조한다. 동사나 전치사로 쓰일 때는 뒤에 명사나 명사구 와야 하므로 A, B는 배제된다. 또한 ‘给’은 ‘好多’ 뒤에 놓을 수 없으므로, 이 문장에서의 ‘给’은 조사 용법으로 쓰였으므로, ‘忘记’ 앞에 놓아야 한다.

10 C

주어와 술어 사이에는 결구조사 ‘的’이 올 수 없으니, A는 배제한다. 또 ‘不是~就是~’는 선택을 나타내는 고정구이므로, ‘就是’앞에도 ‘的’이 올 수 없다. 여기에서 이 선택복문이 관형어이므로, 당연히 관형어와 중심어 사이에 ‘的’이 와야 한다.

11 C

‘在~下’는 고정형식으로, 중간에 명사나 혹은 수식(한정)관계의 명사구가 들어가며, 장소, 정황이나 조건을 나타낸다. 이 문제의 의도는 이 아이가 ‘안전하게 집에 돌아갈’ 수 있는 전제조건에는 ‘경찰의 호송’이 있음을 말하고 있다. 따라서 C가 정답이다.

12 B

전치사 '自(~에서(부터))'는 서면어에서 사용되며, 장소의 기점이나 래원을 나타내기도 하며, 동사 앞뒤에 모두 올 수 있다. 이 문제에서 '愤怒'는 '内心'으로부터 나오므로, 동사 '发'후에 '自'를 놓아야 한다. '从'은 비록 장소의 기점이나 래원을 나타내나, 동사 뒤에는 놓을 수 없다. 또한, '在' '出'은 동사 뒤에 올 수 있으나, 결과만 나타내지, 내원은 나타내지 않는다. 따라서 정답은 B이다.

13 D

'再+也+동사의 부정형식'은 고정용법으로, 부정을 강조하여, '영원히~하지 않는다'라는 뜻을 갖는다. 따라서 답은 D이다.

14 B

이 문제에서 방을 청소한 이후가 어떤지를 설명하는 정도보어가 필요하다. C가 비록 정도보어이지만, 뒤에 '的'이 올 수 없다. 또한 형용사의 중첩형식은 AABB로 정도가 높음을 나타내며, 앞에는 정도를 표시하는 부사를 사용할 수 없으며, 보어로 쓰일 경우 문미에 '的'을 사용할 수 있다. 따라서 A, D는 부적합하며, B가 정답이다.

15 C

이 문제에서 세 문장은 인과관계이다 : 둘째구절은 첫째구절과 셋째구절의 원인이며, 둘째 구절 앞에는 원인을 끌어내는 접속사가 필요하다. 4개 답안 중에, '尽管'과 '虽然'이 이끄는 문장은 역접을 나타내는 복문이며, '只有'가 이끄는 문장은 유일의 조건을 이끌므로, A, B, D 는 모두 부적합하다. 오직 '既然'이 이끄는 종속절은 이미 존재하는 원인 혹은 조건을 나타내며, 주절은 '就'가 호응하여 결론을 이끈다. 따라서 정답은 C이다.

16 D

이 문장은 李燕이 어려운 문제를 만났을 때의 해결법을 설명하고 있다. '스스로 시간을 써서 연구하는 것'과 '다른 사람에게 가서 묻는 것'은 두 가지의 별개의 방법으로, 이 문제가 요구하는 것은 선택관계를 나타내는 접속사이다. '假若~就~'는 가정복문이며, '不仅~还~'은 점층복문이며, '只有~才~'는 조건복문이므로, A, B, C 모두 부적합하다. 그러나 '宁可~也不~(차라리~할지언정, ~하지 않겠다)' 이끄는 문장은 선택복문으로, 전자를 선택하고 후자를 버리는 것을 나타낸다. 따라서 D가 정답이다.

17 A

동사 '进行'은 단독으로 술어가 될 수 없고, 쌍음절 동사 앞에 놓여, 앞에서 언급한 사물에 대하여 어떻게 대응하는가를 나타낸다. 이 쌍음절동사 앞에는 기타 수식성분을 놓을 수 있으나, 뒤에는 기타성분이 올 수 없다. 따라서 C, D는 부적합하다. 그 외에, 동사의 중첩형식 ABAB가 나타내는 의미는 'AB一下'이므로, B도 부적합하다.

18 A

주어 '마약상'과 동사술어 '붙잡다'의 의미관계로 볼 때, 이 문장은 피동문이다. 따라서 '抓获'동사 앞에는 피동을 나타내는 단어가 필요하다. 전치사 '被'와 '让'은 모두 피동을 나타낸다. 그 차이점은 '让'은 피동을 나타낼 때, 뒤에는 반드시 전치사의 목적어가 와서 전치사구를 이루어야 하나, '被'는 전치사의 목적어가 없어도 된다. 따라서 정답은 A이다.

19 C

'A是A(비록 A이나~,)'는 고정용법으로, 역접의 주절이 뒤따른다. 이 문장은 '중국어 공부하는 것은 비록 어려우나, 매우 재미있다.'의 뜻으로 정답은 C이다.

20 B

이 문장은 '동사+방향보어'구문이다. '出来'와 '起来'는 모두 '想'의 방향보어가 될 수 있다. '想出来(생각나다)'는 이전에 몰랐던 사물이 창조됨을 가리키나, '想起来(생각나다)'는 이전에 알고 있던 사물을 생각해내는 것을 말한다. 문장의 '옛 급우'란 단어로부터, 이전에 알았던 사람임을 알 수 있다. 따라서 정답은 B이다.

21 B

이 문제는 양사에 관한 것이다. 양사 '篇'은 문장, 소설, 산문, 보도, 논문 등에 쓰이는 양사이므로, B가 정답이다.

22 A

문제의 의도로 볼 때, 이 문장은 동작방향을 나타내는 단어가 필요하다. '由'가 이끄는 것은 동작의 기점, 방식, 내원, 주체자 등이지 방향을 표시하지는 않는다. '向' '朝' '往'은 모두 동작의 방향을 이끄나, 그 위치는 다소 다르다. '朝'는 동사 앞에만 사용할 수 있고, '向'과 '往'은 동사 앞뒤에 모두 가능하다. 동사 뒤에 놓을 경우 '往'은 장소명사와 결합해야 하며, '向'은 이런 제한이 없다. 이 문제의 전치사 뒤 '多样化'는 장소명사가 아니므로, 정답은 A이다.

23 A

'没有比~更~'은 어떤 사물이나 행위의 속성이 모든 동류를 초과하여, 비교범위의 정점에 도달해 있음을 나타낸다. '没有'와 '比' 사이에는 동류사물의 임의의 지시를 나타내는 '什么' '任何' 등을 넣을 수 있다. 이 문제의 의미는 세계상에서 모성애가 가장 위대함을 설명하므로, 4개 답안 중 A만이 이 고정구의 요구에 부합한다.

24 D

이것은 판단구로, '是' 이후는 명사성 목적어가 와야 하는데, 이 4개 답안 중 C, D의 중심어 '高原之夜'만이 명사이므로, A, B는 배제된다. 그러나 C는 여러 관형어가 올 때의 배열순서가 옳지 않다. 성질을 나타내는 형용사성 관형어 '真正的' 단어는 응당 중심어 바로

앞에 위치하여야 한다. D의 관형어 순서는 『주술구조 '我们~度过' + 서수사 '第一个' + 성질 형용사 '真正的' + 중심어 '高原之夜'』로서, 정답은 D이다.

25 C

이 문장은 '是~的' 강조문이다. 문제는 '是~的'의 안 부분이 연동문이므로, 당연히 동작발생의 전후순서에 의하여 배열해야 한다. 먼저 '보도를 본(看到报道)' 연후에, '병원으로 가서(前往医院)', 최후에 '소설을 문병하며(探望小雪)', '《沈阳晚报》로부터(从《沈阳晚报》上)'은 전치사구로 부사어에 해당되므로, '看到' 앞에 놓아야 한다. 따라서 정답은 C이다.

26 B

이 문제는 전치사 '对'의 목적어를 올바로 배열하는 문제이다. 중국어의 기본어순(주어+술어+목적어)에 의거하면, 이 문장의 정확한 순서는 '自己+离开+小学'이어야 하므로, A, D는 정답에서 배제된다. 부사어 부분에서, 부정을 나타내는 '没有'는 응당 동사술어 앞에 위치해야 하며, 상태부사 '一直'은 '没有' 앞에 위치해야 하므로 정답은 B이다.

27 C

이 문제는 가능보어의 부정형식(동사+不+결과보어/방향보어)을 묻는 문제로, '想'과 '不'은 반드시 함께 붙어 있어야 하므로, A, B는 정답에서 제외된다. 또한 부사 '也' 뒤에는 명사를 연이을 수 없으므로 D도 부적합하다.

28 B

이것은 강조문으로 전체문장의 주체자인 '양심을 잃은 그 집주인(那个丧尽良心的房主)'을 강조하는 문장이다. 따라서 '是'는 문두에 놓여야 하며, 강조하는 주체자 앞에 붙어야 한다. B만 이 점들에 부합한다.

29 C

이것은 동일 의문대명사의 연용법문제로, 같은 두 개의 의문사가 '就' 앞뒤에서 호응하여, 동일한 사람, 동일한 사물 혹은 상황, 동일한 방식 혹은 같은 수량을 가리키며 앞 절은 주절의 조건을 나타낸다. 본 문제의 '爱'는 '기쁘다' '하고 싶다'는 의미로, 동사 앞에 놓아야 하며, 앞 절에 사용되어 조건을 나타낸다.

30 B

주어 '我的生活' 뒤는 동목구조가 와야 한다. 동사술어 '发生'은 목적어 앞에 와야 하므로, A, D는 정답에서 제외된다. 목적어 '改变'의 관형어에서, 성질형용사인 '重大的'은 중심어에 붙어야 하므로 C도 부적합하다. 따라서 정답은 B이다.

신 HSK 5급 실전 모의고사

실전 모의고사 (8문제)

第一部分

第 1-8 题：完成句子。

例如： 表达　　　　　　　这篇论文　　　　什么时候　　　是　　　的

　　　　这篇论文是什么时候发表的。

1. 过　　大家　　地　　一个　　了　　轻轻松松　　周末

2. 那位　　穿　　的　　高　　黑　　老师　　衣服　　个子　　找　　你

3. 两个　　电视　　他　　了　　的　　看　　小时

4. 车　　我　　骑　　学校　　不　　了　　回　　去　　的

5. 上个月　　认识　　我　　朋友　　在上海　　了　　一位　　新

6. 一次　　上星期　　见　　王教授　　和　　面　　过　　我

7. 汉语名字　　认真地　　他　　的　　读　　把　　了　　很　　自己　　三遍

8. 早　　坐　　到　　火车　　汽车　　坐　　四十分钟　　比

실전 모의고사 (8문제)

✳ 第一部分

第 1–8 题：完成句子。

例如： 表达　　　　　这篇论文　　　　什么时候　　　是　　　的

　　　　<u>这篇论文是什么时候发表的。</u>

1. 一个　　漂亮　　刘太太　　的　　年轻　　有　　聪明　　女儿

2. 地　　要　　看　　我们　　历史　　问题　　这个

3. 他　　两次　　过　　不在　　都　　我　　找　　他

4. 应该　　的　　礼物　　圣诞节　　送　　在　　出去　　时候

5. 在　　清华大学　　了　　四年　　电子专业　　学习　　他

6. 没　　老师　　过　　他　　被　　批评　　从来

7. 考试　　不比　　轻松　　以前　　以后　　我　　考试

8. 让　　都　　我们　　去　　他　　下午　　办公室

실전 모의고사 (8문제)

第一部分

第 1–8题：完成句子。

例如： 表达　　　　　　这篇论文　　　什么时候　　　是　　　的

　　　<u>这篇论文是什么时候发表的。</u>

1. 常常　　　在北京　　　去　　　也　　　时　　　我　　　那儿.

2. 开会　　　我　　　十分　　　钟　　　昨天　　　来　　　晚　　　了

3. 的确　　　说　　　很好　　　他　　　汉语　　　说得

4. 君子兰　　　我　　　一　　　回来　　　花市　　　盆　　　从　　　买

5. 坐　　　没　　　同学们　　　着　　　教室里　　　在

6. 没　　　说　　　这个　　　你　　　清楚　　　把　　　问题

7. 没有　　　爱　　　弟弟　　　游泳　　　她　　　那么

8. 看　　　没有　　　我　　　最近　　　时间　　　朋友　　　去

신 HSK 5급
실전 모의고사 정답 및 해설

1 大家轻轻松松地过了一个周末。
2 那位穿黑衣服的高个子老师找你。
3 他看了两个小时的电视。
4 我的车骑不回学校去了。
5 上个月我在上海认识了一位新朋友。
6 上星期王教授和我见过一次面。
7 他很认真地把自己的汉语名字读了三遍。
8 坐火车比坐汽车早到四十分钟。

1. 大家轻轻松松地过了一个周末。
(모두가 매우 홀가분하게 주말을 보냈다.)

본 문제는 '중첩 동사' 부사어의 위치를 묻는 문제이다. '중첩 동사' 부사어는 술어 앞에 위치해야 한다. 문장성분을 분석하면 다음과 같애 한다 : 大家(주어)/轻轻松松地(부사어)/过了(술어)/一个周末(목적어)。

2. 那位穿黑衣服的高个子老师找你。
(검정 옷을 입은 그 키가 크신 선생님께서 너를 찾는다.)

본 문제는 '관형어'의 위치를 묻는 문제이다. 관형어는 주어나 목적어 앞에 위치해야 한다. 목적어 '老师'는 한 개의 제한성 관형어와 두 개의 묘사성 관형어로 한정되거나 수식받고 있다. 한 문장에 제한성과 묘사성 관형어가 동시에 쓰이면 먼저 제한성 관형어를 배열해야 한다. 또한 여러 개의 묘사성 관형어가 동시에 병렬되면 '지시대명사+동사(구)+성질을 나타내는 명사'의 순으로 배열한다. 따라서 문장을 배열하면 다음과 같다 : 那位(제한성 관형어, 지시대명사)+穿黑衣服(묘사성 관형어, 동사구)+的(결구조사)+高个子(묘사성 관형어, 성질을 나타내는 명사)+老师(주어)+找(술어)+你(목적어)。

3. 他看了两个小时的电视。
(그는 텔레비전을 두 시간 보았다)

본 문제는 '시량보어'의 위치를 묻는 문제이다. 시량보어는 일반명사 목적어가 오는 경우

그 앞에 위치해야 한다. '的(결구조사)'는 써도 되고 안 써도 된다. 쓸 경우에는 시량보어와 목적어 사이에 와야 한다. 따라서 문장을 배열하면 다음과 같다 : 他(주어)+看了(술어)+两个小时(시량보어)+的(결구조사)+电视(목적어)。

4. 我的车骑不回学校去了。
(나의 자전거는 학교로 타고 돌아갈 수 없다.)

본 문제는 '복합방향보어가 결합된 가능보어'의 위치를 묻는 문제이다. 본 문장은 복합방향보어가 '不'과 결합하여 가능보어가 된 문장이다. 복합방향보어 문장에 '이동할 수 없는 목적어'(장소목적어)가 올 경우에는 그 목적어는 제2방향보어 앞에 위치해야 한다. 시태조사 '了' 역시 장소목적어가 올 경우, 단순방향보어 문장이나 복합방향보어 문장 모두 문미에 놓아야 한다. 따라서 문장을 배열하면 다음과 같다 : 我的车(주어)+骑(술어)+不回(가능보어)+学校(목적어)+去(가능보어)+了(어기조사)。

5. 上个月我在上海认识了一位新朋友。
(지난 달 나는 상해에서 새 친구 한 명을 사귀었다.)

본 문제는 '시태조사 了'의 위치를 묻는 문제이다. 시태조사는 '동작의 완료'를 나타내며, 술어와 목적이 사이에 위치해야 한다. 따라서, 문장을 배열하면 다음과 같다 : 上个月(부사어)+我(주어)+在上海(부사어)+认识(술어)+了(시태조사)+一位新朋友(목적어)。

6. 上星期王教授和我见过一次面。
(=上星期我和王教授见过一次面。)
(지난 주 왕 교수와 나는 한번 만났다)

본 문제는 '동량보어'의 위치를 묻는 문제이다. '동량보어'는 일반명사 목적어 앞에 위치해야 한다. 또한 '见面'은 이합사이므로 '一次'를 '见'과 '面'사이에 위치시켜야 함에도 주의해야 한다. 따라서, 문장을 배열하면 다음과 같다 : 上星期(부사어)+王教授和我(주어)+见(술어)+过(경험태 조사)+一次(동량보어)+面(일반목적어)。

7. 他很认真地把自己的汉语名字读了三遍。
(그는 자신의 중국어 이름을 아주 진지하게 세 번 읽었다)

　본 문제는 '파자문'의 배열순서를 묻는 문제이다. 파자문의 기본형식은 '주어+부사어(대부분의 부사, 부정부사, 조동사, 시간사 등)+把+把의 목적어+동사술어+부가성분'이다. 따라서 문장을 배열하면 다음과 같다 : 他(주어)+很认真地(부사어)+把(전치사)+自己的汉语名字('把'의 목적어)+读了(술어)+三遍(부가성분, 동량보어)。

8. 坐火车比坐汽车早到四十分钟。
(기차를 타는 것이 자동차를 타는 것보다 40분 일찍 도착한다)

　본 문제는 '비교문'의 배열 순서를 묻는 문제이다. 이 비교문의 기본문형은 '주어(A)+比+비교대상(B)+早/晚/多/少+동사+(了)+수량사+(목적어)'이다. 따라서 문장을 배열하면 다음과 같다 : 坐火车(A)+比(전치사)+坐汽车(B)+早(부사어)+到(술어)+四十分钟(차량보어)。

○2 실전 모의고사

1　刘太太有一个年轻聪明漂亮的女儿。
2　我们要历史地看这个问题。
3　我找过他两次，他都不在。
4　礼物应该在圣诞节的时候送出去。
5　他在清华大学学习了四年电子专业。
6　他从来没被老师批评过。
7　我考试以后不比考试以前轻松。
8　他让我们下午都去办公室。

1. 刘太太有一个年轻聪明漂亮的女儿。
(유 부인은 젊고 총명하며 예쁜 딸이 하나 있다.)
　본 문제는 '관형어'의 위치를 묻는 문제이다. 목적어 '女儿'은 한 개의 제한성 관형어와 세 개의 묘사성 관형어로 한정되거나 수식받고 있다. 한 문장에 제한성과 묘사성 관형어가 동시에 쓰이면 먼저 제한성 관형어를 배열해야

한다. 또한 '一个'와 '女儿' 사이, 세 개의 성질이나 상태를 나타내는 묘사성 관형어가 병렬로 수식하고 있다. 이런 경우는 전후 순서를 바꿔 말할 수도 있으나, 대체로 습관적인 순서에 의해 배열한다. 따라서, 문장을 배열하면 다음과　같다 : 刘太太(주어)+有(술어)+一个(제한성 관형어, 수량)+年轻(묘사성 관형어, 성질)+聪明(묘사성　관형어, 성질)+漂亮(묘사성 관형어, 상태)+的(결구조사)+女儿(목적어)。

2. 我们要历史地看这个问题。
(우리들은 역사적으로 이 문제를 봐야 한다.)
　본 문제는 '부사어'의 위치를 묻는 문제이다. '地'를 붙이는 대부분의 묘사성 부사어는 주어 뒤에 위치해야 하며, 문장에 조동사가 오면 조동사 뒤에 위치하면 된다. 따라서, 문장을 배열하면 다음과　같다 : 我们(주어)+要(조동사)+历史地(부사어)+看(술어)+这个问题(목적어)。

3. 我找过他两次，他都不在。
(나는 그를 두 번 찾았으나, 그는 모두 없다.)
　본 문제는 '동량보어'의 위치를 묻는 문제이다. '동량보어'는 인칭대명사 목적이 뒤에 위치해야 한다. 따라서 문장을 배열하면 다음과 같다 : 我(주어)+找(술어)+过(경험태　조사)+他(목적어)+两次(동량보어)，　他(주어)+都(부사어)+不在(술어)。

4. 礼物应该在圣诞节的时候送出去。
(선물은 응당 성탄절 때 보내야 한다.)
　본 문제는 '방향보어'의 위치를 묻는 문제이다. 방향보어는 술어 위에 위치해야 한다. 따라서 문장을 배열하면 다음과 같다 : 礼物(주어)+应该(조동사)+在圣诞节的时候(부사어)+送(술어)+出去(방향보어)。

5. 他在清华大学学习了四年电子专业。
(그는 청화대학에서 전자 전공을 4년간 배웠다.)
　본 문제는 '시량보어'의 위치를 묻는 문제이다. '시량보어'는 일반명사 목적어의 앞에 위치해야 한다. 따라서 문장을 배열하면 다음과

같다 : 他(주어)+在清华大学(부사어)+学习了(술어)+四年(시량보어)+电子专业(목적어).

6. 他从来没被老师批评过。
(그는 여태껏 선생님에게 꾸지람을 받은 적이 없다.)
　　본 문제는 '피동문'의 배열 순서를 묻는 문제이다. 피동문의 기본형식은 '주어+부사어(대부분의 부사, 부정부사, 조동사, 시간사 등)+被+被의 목적어+동사술어+부가성분'이다. 따라서 문장을 배열하면 다음과 같다 : 他(주어)+从来(부사어, 시간부사)+没(부사어, 부정부사)+被(전치사)+老师('被'의 목적어)+批评(술어)+过(경험태 조사).

7. 我考试以后不比考试以前轻松。
(나는 시험 이후가 시험 이전보다 홀가분하지 않다.)
　　본 문제는 '비교문의 부정형식'의 배열 순서를 묻는 문제이다. 비교문의 부정형식은 '주어+不+比+비교대상+술어+(목적어)'이다. 따라서 문장을 배열하면 다음과 같다 : 我考试以后(주어)+不(부정부사)+比(전치사)+考试以前(비교대상)+轻松(술어).

8. 他让我们下午都去办公室。
(그는 우리들에게 모두 오후에 사무실로 가라고 하였다.)
　　본 문제는 '겸어문'의 배열순서를 묻는 문제이다. 겸어문의 기본형식은 '주어+제1동사1+겸어+제2동사+(了)+~'이다. 따라서 문장을 배열하면 다음과 같다 : 他(주어)+让(제1동사)+我们(겸어)+下午(부사어, 시간)+都(부사어, 범위)+去(제2동사)+办公室(제2동사의 목적어).

1　我在北京时也常常去那儿。
2　昨天开会, 我来晚了十分钟。
3　他说汉语的确说得很好。
4　我从花市买回来一盆君子兰。
5　同学们没在教室里坐着。
6　你没把这个问题说清楚。
7　她没有弟弟那么爱游泳。
8　最近我没有时间去看朋友。

1. 我在北京时也常常去那儿。
(나는 북경에 있을 때에도 항상 거기에 갔다.)
　　본 문제는 '여러 개의 제한성 부사어'의 위치를 묻는 문제이다. 모두 주어 다음에 오는 부사이지만, 시간을 나타내는 부사어 '在北京时'가 맨 먼저 오고, '也'와 '常常'은 한 문장에 동시에 쓰이면 '也'가 '常常' 앞에 와야 한다. 따라서 문장을 배열하면 다음과 같다 : 我(주어)+在北京时(제한성 부사어, 시간)+也(제한성 부사어, 중복)+常常(제한성 부사어, 빈도)+去(술어)+那儿(목적어).

2. 昨天开会, 我来晚了十分钟。
(어제 회의를 할 때, 나는 10분 늦게 도착하였다.)
　　본 문제는 '결과보어'의 위치를 묻는 문제이다. 결과보어 '晚'은 술어 뒤에 위치해야 한다. 따라서 문장을 배열하면 다음과 같다 : 昨天(주어)+开(술어)+会(목적어), 我(주어)+来(술어)+晚(결과보어)+了(시태조사)+十分钟(시량보어).

3. 他说汉语的确说得很好。
(그는 확실히 중국어를 유창하게 말한다.)
　　본 문제는 '목적어 있는 정도보어'문장의 배열 순서를 묻는 문제이다. 목적어 있는 정도보어의 기본 형식은 '주어+술어+목적어+앞의 술어 중복+得(결구조사)+정도보어 ~'이다. 이때 부사어는 중복된 술어 앞에 위치해야 한다. 따라서 문장을 배열하면 다음과 같다 : 他

(주어)+说(술어)+汉语(목적어)+的确(부사어)+说(앞의 술어 중복)+得(결구조사)+很好(정도보어).

4. 我从花市买回来一盆君子兰。
(나는 꽃시장에서 군자난 하나를 사왔다. =我从花市买回一盆君子兰来.)

　본 문제는 '복합방향보어' 문장의 배열 순서를 묻는 문제이다. 방향보어는 술어 뒤에 위치해야 하나, 본 문제처럼 일반명사 목적어가 올 경우 둘째 복합방향보어는 일반 목적어 앞뒤에 모두 올 수 있다. 또한 부사어는 술어 앞에 위치해야 한다. 따라서 문장을 배열하면 다음과 같다 : 我(주어)+从花市(부사어)+买(술어)+回来(복합방향보어)+一盆君子兰(일반명사 목적어).

5. 同学们没在教室里坐着。
(급우들이 교실에 앉아 있지 않다)

　본 문제는 '지속태 조사'의 위치를 묻는 문제이다. 지속태 조사 '着'는 동사 뒤에 위치해야 한다. 부사어 '没(부정부사)'과 '在教室里(전치사구)'의 위치에도 주의해야 한다. 따라서 문장을 배열하면 다음과 같다 : 同学们(주어)+没(부사어)+在教室里(부사어)+坐(술어)+着(지속태 조사).

6. 你没把这个问题说清楚。
(너는 이 문제를 명확하게 말하지 못했다)

　본 문제는 '파자문'의 배열 순서를 묻는 문제이다. 부정형식은 부정부사 '没'를 전치사 '把'자 앞에 위치해야 한다. 문장을 배열하면 다음과 같다 : 你(주어)+没(부사어)+把(전치사)+这个问题('把'의 목적어)+说(술어)+清楚(결과보어).

7. 她没有弟弟那么爱游泳。
　(=弟弟没有她那么爱游泳。)
　(그녀는 동생만큼 수영을 좋아하지 않는다.)
　본 문제는 '有비교문'의 배열 순서를 묻는 문제이다. '有비교문'의 문장형식은 '주어(A)+有+비교대상(B)+(这么/那么)+형용사 술어/동사 술어+목적어'이다. 부정문은 '有'앞에 '没'을 붙이면 된다. 따라서 문장을 배열하면 다음과 같다 : 她(주어)+没(부정부사)+有+弟弟+那么+爱(동사)+游泳(목적어).

8. 最近我没有时间去看朋友。
(최근에 나는 친구를 찾아볼 시간이 없다)

　본 문제는 '有연동문'의 배열 순서를 묻는 문제이다. '有'연동문의 문형은 '주어+有(제1동사)+제1동사의 목적어+제2동사+(제2동사의 목적어)'이다. 부정문은 '有'앞에 '没'을 붙이면 된다. 따라서 문장을 배열하면 다음과 같다 : 最近(부사어)+我(주어)+没(부정부사)+有(제1동사)+时间(제1동사의 목적어)+去(제2동사)+看(제3동사)+朋友(제3동사의 목적어).